Karin Leja • Kanada – Handbuch für Auswanderer

Karin Leja

Handbuch für Auswanderer

pietsch

Einbandgestaltung: Heinz Holzgräbe unter Verwendung eines Dias von Tom Leja

Bildnachweis: Wenn in den Bildlegenden nicht anders angegeben, stammen die Fotos von Tom Leja.

Die Ratschläge und Angaben in diesem Buch sind von Autorin und Verlag sorgfältig erwogen und geprüft, dennoch kann eine Garantie nicht übernommen werden. Eine Haftung der Autorin oder des Verlages und seiner Beauftragten für Personen-, Sach- und Vermögensschäden ist ausgeschlossen.

Preise ändern sich schnell. Deshalb dienen die Preis- und Kostenangaben in diesem Buch lediglich der Orientierung. Der Leser wird gebeten, sich in jedem Einzelfall immer nach den aktuellen Preisen zu erkundigen. Weder die Autorin noch der Verlag oder seine Beauftragten können bei Verwendung dieses Handbuchs einen erfolgreichen Bescheid über einen Antrag auf Bewilligung eines Einwanderungsvisums bzw. den Erwerb der kanadischen Staatsbürgerschaft garantieren oder darauf in irgendeiner Weise Einfluss nehmen. In jedem Einzelfall entscheiden darüber ausschließlich die zuständigen kanadischen Behörden.

ISBN 3-613-50404-9

Copyright © by Pietsch Verlag, Postfach 103743, 70032 Stuttgart
Ein Unternehmen der Paul Pietsch Verlage GmbH + Co.
1. Auflage 2003
Nachdruck, auch einzelner Teile, ist verboten. Das Urheberrecht und sämtliche weiteren Rechte sind dem Verlag vorbehalten. Übersetzung, Speicherung, Vervielfältigung und Verbreitung einschließlich Übernahme auf elektronische Datenträger wie CD-ROM, Bildplatte usw. sowie Einspeicherung in elektronische Medien wie Bildschirmtext, Internet usw. sind ohne vorherige schriftliche Genehmigung des Verlages unzulässig und strafbar.

Lektorat: Martin Gollnick
Innengestaltung: Viktor Stern
Reproduktion: digi bild reinhardt, 73037 Göppingen
Druck: Bosch Druck, 84 030 Ergolding
Bindung: Conzella, 84347 Pfarrkirchen
Printed in Germany

Inhalt

Vorwort	9
Teil 1: Vorbereitungen	13
Einreisebestimmungen	13
Einreise für Besucher	13
Einreise mit Arbeitserlaubnis	14
Einreise mit Studienerlaubnis	16
Einwanderungsbestimmungen	20
Skilled Worker Class	22
Berufeliste	24
Bewertungssystem/Punktesystem	26
Selbstbewertungstest	26
Business Class	29
Entrepreneur (Unternehmer)	30
Investor (Kapitalanleger)	31
Self-employed (Selbständige)	32
Geldanlagen	33
Kanadische Vertretungen	38
Family Class	40
Refugee (Flüchtlinge)	42
Rentner	44
Der Einwanderungsantrag	45
Medizinische Untersuchung	46
Das Interview	48
Verhalten bei Ablehnung	49
Einwanderung in die USA	49
Einwanderung in Quebec	50
Gebührenverzeichnis	58
Permanent Resident Card	61
Teil 2: Abbruch der Zelte in der Heimat	63
Vor dem Kofferpacken	63

Rückwanderung 65
Umzug/Verschiffung 66
Packliste 69
Checkliste für den Umzug 70
Einfuhr- und Zollbestimmungen 73
    Einfuhr von Tieren 75
Ankunft in Kanada 78
    Ankunft per Flugzeug 78
    Ankunft per Schiff 79
    Ankunft am Niederlassungsort 80

Teil 3: Kanada für Einwanderer 90

Das Land 90
    Kanada auf einen Blick 90
    Zeit und Zeitzonen 92
    Feiertage und Urlaub 94
    Maße und Gewichte 94
Das Volk 95
    Land und Leute 95
    Essen und Trinken 96
    Einkaufen 99
    Lebensmittel 99
    Alkohol 100
Die Regierung 102
    Politik und Wirtschaft 102
    Natur und Umwelt 106
Arbeitsleben 107
    Anerkennung europäischer Qualifikationen 107
    Berufsbezeichnungen (Deutsch/Englisch) 114
    Berufsbezeichnungen (Englisch/Deutsch) 117
    Der Arbeitsmarkt 120
    Arbeitssuche 125
    Volunteer 129
Gesundheits- und Sozialwesen 131
    Arbeitslosenunterstützung 131
    Sozialwesen 133
    Gesundheitswesen 136
Ausbildung 146

Die Sprache	146
Das Schulsystem	146
Die Lehre	149
Studium in Kanada	149
Steuer- und Finanzwesen	152
Steuern	152
Finanzwesen	155
Wohnen	156
Hauskauf und Finanzierung	156
Kleines Immobilien-Lexikon	162
Mietwohnungen	166
Wohnungseinrichtung	167
Elektrogeräte	168
Transport- und Fernmeldewesen	172
Auto	172
Bus, Flugzeug und Bahn	178
Das Postsystem	181
Das Telefonsystem	184
Kanadische Staatsbürgerschaft	186
Deutsche Staatsangehörigkeit	188

Teil 4: Provinzen und Territorien Kanadas (A–Z) 190

Alberta	190
British Columbia	203
Manitoba	223
New Brunswick	239
Newfoundland and Labrador	257
Northwest Territories	269
Nova Scotia	278
Nunavut Territory	289
Ontario	293
Prince Edward Island	309
Quebec	320
Saskatchewan	333
Yukon Territory	342

Anhang 353

Nützliche Adressen 353
    Auswandererberatungsstellen 353
    Einwanderungsberater 355
    Adressen der Provinz-Regierungen 360
    Adressen zur Mobilität 361
    Spediteure / Versandhäuser 364
    Zeitungen 366
    Empfehlenswerte Magazine und Bücher 369
    Hilfreiche Internet-Seiten 372
Anmerkung 378
Die Autorin 379

Vorwort

Liebe Leserin und lieber Leser,

Ich bin erstaunt und erfreut, wie viel Widerhall die erste Ausgabe dieses Buches von 1993 erreichte. Nach seinem erfreulichen Start und der regen Nachfrage, die es auf dem Markt gefunden hat, erscheint dieses Buch nun in neuer, überarbeiteter und erweiterter Form. Dank an alle Leser, die mir geschrieben haben, Gefallen fanden, Kritik ausübten und mir in verschiedener Weise geholfen haben, dass das Buch so wird, wie es ist. Sie haben mit dazu beigetragen, das Buch noch besser zu machen, was nun anderen Auswanderungswilligen zugute kommen wird. In diesem Handbuch habe ich für Sie Informationen zusammengestellt, von denen ich meine, dass sie für Ihre Auswanderung nach Kanada wichtig und nützlich sind. Vor allem eine Vielzahl sorgfältig ausgewählter Adressen und aktueller Literaturhinweise ergänzt dieses Handbuch, das als umfassende Orientierungshilfe nicht nur Auswanderern, sondern auch Neugierigen oder Weltenbummlern, die einen längeren Kanada-Aufenthalt planen, kompetent Auskunft gibt. Es enthält einige grundlegende Tatsachen über das Land und die kanadischen Lebensbedingungen.

Das vorliegende Handbuch ist für alle Europäer geeignet, da für sie in Kanada die gleichen Einwanderungsbedingungen gelten und die gleiche Ausgangssituation für den Neuanfang besteht. Alle in diesem Buch angegebenen Kontakt- und Beratungsadressen sind somit von Nutzen. Einzelne regionale Adressen, wie zum Beispiel die von Speditionsfirmen, sollen in diesem Buch sowieso nur der Veranschaulichung dienen und müssen in jedem Einzelfall vor Ort zweckdienlichst recherchiert werden.

Es empfiehlt sich auch, sich über die nationalen Auswanderungsbedingungen (vor allem hinsichtlich der Möglichkeit einer doppelten Staatsbürgerschaft) selbst zu informieren. Wären nationale Gesetze und Rechtsprechungen in dieses Buch mit einbezogen worden, hätte dies den an sich schon sehr weit gesteckten Rahmen vollends gesprengt.

Ich will ehrlich sein: Durch die anhaltend hohe Arbeitslosigkeit im Lande wird das Einwandern nach Kanada auch in Zukunft nicht leichter. In Kanada können Einwanderer weder mit einem höheren Lebensstandard noch mit einer günstigeren Arbeitsmarktsituation und auch nicht mit einem ausgeprägten Wohlfahrtsstaat rechnen.

Kanada ist neben Deutschland und England nach wie vor eines der beliebtesten Auswanderungsziele aller Migranten aus meist armen Staaten, die Asyl und Arbeit suchen. Noch immer nehmen Menschen mitunter tödliche Strapazen auf sich, um in ein Land des besseren Lebens zu gelangen. Zwischen 70 und 100 Millionen Menschen suchen weltweit nach einer besseren Zukunft jenseits der Grenzen ihrer Heimat.

Trotz aller bürokratischen Hürden und erheblichen Energieaufwands aber sollten Sie das Auswandern nicht gleich als Möglichkeit für sich ausschließen, sondern diese kleinen Widrigkeiten als ersten Test für ein erfolgreiches Bestehen ansehen. Die meisten Fragen und Probleme lassen sich tatsächlich im Vorfeld klären: Wie sieht es auf dem Wohnungs- und Arbeitsmarkt aus? Oder ist zum Beispiel eine deutsche Schule in der Nähe? Ist die medizinische Versorgung für mich ausreichend?

Seit 1988 lebe ich mit meinem Mann in Westkanada in der Provinz British Columbia. Die letzten Wochen vor unserer Abreise waren so hektisch gewesen, dass wir kaum zur Ruhe kamen. So viel gab es zu erledigen. Und immer wieder musste Abschied genommen werden, von Freunden, Verwandten, Kollegen, von Orten und auch Dingen, die wir nicht mitnehmen konnten. In die Vorfreude auf einen neuen Anfang in Kanada mischte sich auch ein Gefühl der Traurigkeit beim Abschiednehmen von Familie und Freunden.

Heute kommt mir Deutschland nach jedem Besuch klein, eng und voll vor. Das Leben scheint mir viel hektischer und unruhiger zu sein. Jedenfalls überstanden wir alle Strudel der Bürokratie, die Fallen und Schlingen der Einwanderungsbestimmungen und schließlich auch den Transfer nach Übersee. Doch zurückblickend überkommen mich heute noch Wut und Ärger, wenn ich an die Unsummen von Geld und Zeit denke, die verloren gingen, weil es für unser Vorhaben keine umfassenden Informationsquellen gab. Denn Tatsache ist: Auswanderungswillige dürfen weder von kanadischen noch deutschen Behörden Hilfe erwarten. Auch bei privaten oder kirchlichen Organisationen werden Sie bis auf ganz wenige Ausnahmen (die in diesem Buch genannt sind) vergeblich nachfragen.

Es gibt viele Gründe, nach Kanada einzuwandern. Die einen tun es aus Abenteuerlust, andere fliehen vor der in Europa um sich greifenden Überbevölkerung und Zubetonierung; wieder andere wollen ihren Kindern eine lebenswertere Umwelt bieten.

Das »Einwanderer-Paradies« (der Tourismus des 21. Jahrhunderts ist zur modernen Völkerwanderung geworden) dürfen Sie nicht durch eine rosarote Brille sehen. Der klassische Aussteigertraum ist eine Illusion: »… nur ich allein und die Wildnis; sich irgendwo in unberührter Natur mit Muskelkraft und Säge ein Blockhaus zimmern, von Jagd und Fallenstellen leben und ab und zu einen Elch erlegen« – das ist schon lange vorbei. Tatsache ist: In Kanada gibt es kein herrenloses Land mehr, das einfach in Besitz genommen werden kann. Und bei den heutigen Natur- und Tierschutzbestimmungen erwarten ungerufene Abenteurer eher hohe Geldstrafen und Gefängnis als ein vergnügtes Trapperleben, sofern sie überhaupt die Einwanderungserlaubnis erhalten. Und auch die ist keine Freifahrkarte zum Glück. Denn viele Auswanderer kehren aus den verschiedensten Gründen (Schwierigkeiten, Arbeit zu finden oder sich der kanadischen Mentalität anzupassen, Heimweh) oft schon nach kurzer Zeit ins alte Heimatland zurück, weil sie sich den Alltag in Kanada verklärt vorgestellt haben, sich vorab zu wenig informierten oder einfach europäische Verhältnisse erwarteten. Jeder, der sich mit dem Gedanken an Auswanderung trägt, sollte diese Aspekte also sehr gründlich und ehrlich (was ist, wenn) mit Partner/Familie diskutieren. Auch wenn Kanada zum wiederholten Mal in Folge von der UNESCO als das Land mit der höchsten Lebensqualität bewertet wurde, vieles ist schlicht anders hier. Für viele ist gerade das attraktiv, für manche bedeutet es aber einen Kulturschock. Weiterhin gilt: Je länger Sie von Europa weg waren, um so schwieriger wird es, sich dort wieder einzugewöhnen, wenn Sie Kanada den Rücken kehren wollen. Es besteht dann die Gefahr, ein »Wanderer zwischen zwei Welten« zu werden und keiner dieser beiden Welten mehr so richtig zuzugehören. Wie man zum Auswandern steht, kann nur jeder und jede für sich selbst entscheiden. Wichtig ist: Sammeln Sie für sich alle nötigen Informationen, treffen Sie eine Entscheidung und dann tun Sie es. Sie müssen wissen, dass die wirtschaftliche Situation in Kanada angespannter ist als in Deutschland. Soziale Hängematten gibt es hier nicht. Auch das uns Deutschen selbstverständliche Anspruchsdenken werden Sie ablegen müssen. In Kanada zu leben und zu arbeiten heißt beispielsweise, 30 bezahlte Urlaubstage gegen vier bis zehn unbezahlte Urlaubstage einzutauschen. Ein 13. oder gar 14. Monatsgehalt ist hier unbekannt. Zahnbehandlungen und Medikamente müssen aus eigener Tasche bezahlt werden. Technikern, die in Deutschland als hoch qualifiziert gelten, kann es passieren, dass sie in kanadischen Firmen vorerst als Hilfsarbeiter angestellt werden, bis sie eine »kanadische Qualifikation« vorweisen können. In vielen Branchen werden von ausländischen Bewerbern Zusatzprüfungen verlangt, da ihre Zeugnisse/Diplome hier nicht anerkannt werden. Doch keine Bange: Generell gilt nach wie vor, dass eine solide Ausbildung, mindestens zehn Jahre Berufspraxis sowie gute Englisch- und/oder Französischkenntnisse die besten Chancen bieten, sich eine neue Existenz aufzubauen.

Auswandern nach Kanada ist machbar – selbst wenn Sie kein kapitalkräftiger Investor sind. Was Sie brauchen, ist das richtige Know-how, eine gehörige Portion Durchhaltevermögen, ein gewisses Maß an Organisationstalent, Geduld – und vor allem einen eisernen Willen. Tausende haben es vor Ihnen geschafft, ohne das vorliegende Buch zur Hand zu haben. Warum soll es gerade Ihnen nicht gelingen, in Kanada eine neue Heimat zu finden?

Hinweisen möchte ich abschließend darauf, dass einige Begriffe und kleinere Abschnitte dieses Buches bewusst nicht ins Deutsche übersetzt wurden, da viele Bezeichnungen wie unter anderem für Berufe in Europa so nicht existieren. So entstehen auch keine Zweifel an der Notwendigkeit solider Englischkenntnisse.

Kurz: Auswandern läuft nie ohne Verluste und seelische Schrammen ab. Auswandern ist und bleibt ein Abenteuer.

An dieser Stelle möchte ich dem Verlag dafür danken, dass er das Erscheinen dieses Buches ermöglich hat.

Bienvenue au Canada
Welcome to Canada and Good Luck
Karin Leja im Mai 2003

Teil 1: Vorbereitungen

Einreisebestimmungen

Einreise für Besucher
Besucher, Touristen und Geschäftsreisende können sich mit einem gültigen Reisepass bis zu sechs Monaten im Land aufhalten (ohne Arbeits- oder Studienaufnahme). Bürger der EU-Staaten benötigen für einen touristischen Aufenthalt kein Besuchervisum. Ausreichende Geldmittel für den Aufenthalt – täglich 40 kanadische Dollars (CAD) pro Person oder eine schriftliche Bescheinigung von kanadischen Bekannten, dass Sie während Ihres Aufenthaltes dort wohnen können, s.u. – sowie das Ticket für den Rückflug werden erwartet. Sie müssen auch krankenversichert sein.

Der vorübergehende Aufenthalt bis zu sechs Monaten kann mindestens zwei Wochen vor Ablauf der Frist bis zu einem Gesamtaufenthalt von einem Jahr beim nächstgelegenen Citizenship & Immigration Canada Office verlängert werden. Adressen finden Sie im Telefonbuch, Blaue Seiten.

Das Bestätigungspapier erhalten Sie zugeschickt, oder Sie holen es persönlich ab. In manchen Fällen erhalten Sie es sogar am gleichen Tag.

Benötigt werden
- Geldnachweis (kanadischer Kontoauszug oder Traveller Cheques),
- mindestens CAD 70 Bargeld, die Sie bei sich haben sollten,
- Reisepass,
- Rückreisedokument,
- 2 Passbilder,
- spezielle Gründe, wie Familie oder Freunde besuchen, an einer Hochzeit teilnehmen (eventuell eine Einladung von einem Freund/ Bekannten vorlegen),
- Besuchervisum.

Die Gebühr beträgt für die einmalige Einreise pro Person CAD 75 (s. auch Gebührenverzeichnis).

Ausstieg auf Zeit
Bevor Sie den großen Schritt wagen und die Einwanderung nach Kanada in Angriff nehmen, warum diesen Traum nicht erst einmal auf

begrenzte Zeit (ein bis sechs Monate) leben? Wenn Sie die kanadische Wildnis in den West Kootenays, BC, erfahren möchten und wohnen wollen in einer »Post and Beam Cabin« am See, frei sein von Auto, Strom, Telefon, Fernsehen und Computer, dann wenden Sie sich an:

Ulrike und Jörg Becker
Box 101
New Denver, BC, V0G 1S0, Canada
Telefon: +1/250/358-7966
Fax: +1/250/358-2791
E-Mail: info@magicplaces.ca
Internet: *www.magicplaces.ca*
(deutschsprechend)

Weitere Information im Internet:
www.travelcanada.ca – Kanadisches Fremdenverkehrsamt

Hinweis: Nach der Einreise als Tourist kann in Kanada weder eine Arbeits- oder Studienerlaubnis noch eine Einwanderungserlaubnis erworben werden.

> **Tipp:** Als Besucher erhalten Sie die GST (Bundesumsatzsteuer) und in einigen Provinzen sogar die PST (Provinzsteuer) zurück (s. Teil 3, »Finanzwesen«).

Einreise mit Arbeitserlaubnis
(Temporary Worker)
Die Botschaft von Kanada kann Ihnen nicht bei der Arbeitssuche behilflich sein.
Um eine gültige Arbeitserlaubnis (work permit) zu erhalten, müssen Sie die dafür erforderlichen Bestimmungen erfüllen. In manchen Fällen kann die Bearbeitung bis zu sechs Wochen und länger dauern.
Beantragen Sie erst dann eine Arbeitserlaubnis bei Ihrer zuständigen kanadischen Botschaft, wenn Ihr potenzieller Arbeitgeber in Kanada die Bestätigung vom kanadischen Arbeitsamt erhalten hat (s. Teil 3, »Arbeitssuche«).
Bewerben Sie sich in der in Kanada üblichen Form in englischer Sprache und in Quebec in französischer Sprache.
Falls Sie ein Unternehmen gefunden haben, das bereit ist, Sie einzu-

stellen, bitten Sie ihren zukünftigen Arbeitgeber, die entsprechende Genehmigung beim hierfür zuständigen Canada Employment Centre einzuholen. Falls Sie eine Daueraufenthaltsgenehmigung beantragen wollen, die ebenfalls zur Arbeitsaufnahme berechtigt, müssen Sie die hierfür geltenden Vorschriften einhalten.

Falls Ihr derzeitiger Arbeitgeber über eine Niederlassung oder Tochtergesellschaft in Kanada verfügt, gilt ein vereinfachtes Arbeitsplatz-Genehmigungsverfahren.

Das Arbeitsangebot muss vom kanadischen Arbeitgeber beim zuständigen kanadischen Arbeitsamt (Human Resources Development Canada, HRDC) vorgelegt werden. Dies gilt auch für unbezahlte Tätigkeit sowie für Praktikantenstellen. Wenn das kanadische Arbeitsamt feststellt, dass kein qualifizierter kanadischer Staatsbürger bzw. eine Person mit ständiger Aufenthaltsberechtigung für diese Stelle zur Verfügung steht, wird die zuständige kanadische Vertretung benachrichtigt.

Der Bewerber wird entweder gebeten, die erforderlichen Formalitäten schriftlich zu erledigen, oder er wird zu einem Gespräch eingeladen, in dem geklärt werden soll, ob er die Bedingungen für einen zeitweiligen Aufenthalt erfüllt und für die angebotene Arbeit qualifiziert ist. Wenn der Antrag bewilligt wird, erhält der Bewerber eine Arbeitsgenehmigung für die betreffende Arbeit und für die vom Arbeitgeber angegebene Zeitspanne. Anträge auf Verlängerung der Tätigkeit müssen vor Ablauf der Arbeitsgenehmigung in Kanada gestellt werden.

www.worksitecanada.com/new: This web site links to the employment section in the classified advertisements pages of Canadas daily newspapers to give you an idea of the jobs available now.

Wenn Sie 18 Jahre und älter sind und beabsichtigen, länger als sechs Monate in Kanada zu arbeiten, benötigen Sie

- Antragsformular für die Arbeitsgenehmigung,
- polizeiliches Führungszeugnis (Original),
- gültigen Reisepass,
- Freiumschlag zur Zusendung der Arbeitserlaubnis.

Die Gebühren betragen CAD 150.

Hinweis: Bitte konsultieren Sie vor Antragstellung die Internetseite des kanadischen Einwanderungsministeriums, ob Sie für eines der verschiedenen Sonderprogramme (zum Beispiel im Haus lebendes Pflege- und Betreuungspersonal) in Frage kommen.

The Live-in Caregiver Program (Nanny):
(Pflege- und Betreuungspersonal)
In diesem Programm wohnen und leben Sie in einem privaten Haushalt. Sie versorgen und betreuen Kinder, ältere Leute oder Behinderte. Nach zwei Jahren als ein »live-in caregiver« können Sie einen Antrag auf dauerhafte Niederlassung beantragen (s. Teil 3, »Arbeitssuche«).

Internetseiten
Hier können Sie kostenlos das Antragsformular IMM1295 für eine Arbeitserlaubnis herunterladen:
www.dfait-maeci.gc.ca/canadaeuropa/germany/visa-work-de.asp
www.cic.gc.ca – working temporarily in Canada

Einreise mit Studienerlaubnis
(study permit)
Die Kanadische Botschaft kann Ihnen bei der Suche nach einer Studieneinrichtung nicht behilflich sein.
Der Erfolg des Auslandsstudiums hängt entscheidend davon ab, dass die entsprechende Fremdsprache hinreichend beherrscht wird. Nachweise werden in der Regel verlangt. Wegen Bearbeitungszeiten vor allem im Ausland sollte die Vorbereitung eines Auslandsaufenthalts mindestens ein Jahr vorher beginnen. Fremdsprachenassistenten dürfen nicht älter als 30 Jahre sein (s. Teil 3, »Studieren in Kanada«).
Personen, die in Kanada ein Studium aufnehmen wollen, benötigen eine Studienerlaubnis, die vor der Abreise nach Kanada erteilt werden muss, sowie einen gültigen Reisepass. Die Studienerlaubnis kann nur außerhalb Kanadas beantragt werden und erlaubt den Aufenthalt in Kanada nur zu Bildungszwecken.
Sie benötigen keine Studienerlaubnis, wenn die Kurse nicht länger als sechs Monate dauern. Hier gelten die allgemeinen Einreisebestimmungen für Besucher.
Wenn Sie 18 Jahre und älter sind und beabsichtigen, länger als sechs Monate in Kanada zu studieren oder zur Schule zu gehen, benötigen Sie
- ❐ einen ausgefüllten Antrag auf eine Studienerlaubnis,
- ❐ Annahmeschreiben einer kanadischen Universität, Hochschule oder eines sonstigen Bildungsinstituts,
- ❐ polizeiliches Führungszeugnis (Original),
- ❐ Nachweis der für den Aufenthalt erforderlichen Geldmittel zur

Bestreitung des Lebensunterhaltes während des Studiums, der Studiengebühren und der Rückreisekosten,
❐ Gesundheitszeugnis bei bestimmten Studienrichtungen,
❐ schriftliche Einverständniserklärung der Eltern / des Vormunds, wenn der Studienwillige unter 18 Jahren alt ist,
❐ ein Schreiben der Gastfamilie in Kanada, wenn Privatunterkunft angeboten worden ist,
❐ falls zutreffend: Nachweis der Bürgschaft einer deutschen oder kanadischen Organisation,
❐ Freiumschlag zur Zusendung der Studienerlaubnis.
Die Gebühren betragen CAD 125.

Provinz Quebec
Studenten, die in Quebec studieren wollen, müssen beim Einwanderungsministerium der Provinz Quebec den Antrag stellen.

Hinweis: Wenn Sie in Kanada ohne gültige Studiengenehmigung eine Schule besuchen, machen Sie sich nach dem Einwanderungsgesetz strafbar und können keine Verlängerung mehr beantragen. Sie können sogar aus Kanada ausgewiesen werden.

Weitere Einzelheiten sowie die aktuellsten Informationen finden Sie auf den folgenden Internetseiten:
www.cic.gc/english/study/index.html – Studying in Canada

Das Studium in Kanada ist, verglichen mit seinem deutschen Gegenstück, vor allem eines eben nicht: billig. Studieren in Kanada kostet, und es kostet immer mehr. Der kanadische Durchschnittsstudent hat heutzutage nach vier Jahren Studium rund CAD 25 000 Bankschulden. Für ein einziges Studienjahr ausländischer Studenten veranschlagt die University of British Columbia CAD 14 100 allein an Studiengebühren. Dazu kommen Wohn-, Unterhalts- und Versicherungskosten von weiteren rund CAD 9000 für die acht Monate von September bis April.

Universitäten
Die Top Ten der kanadischen Universitäten (Unis, die an High Schools und in der Wirtschaft den besten Ruf genießen):

University of Waterloo
The Registrar (Admissions)
Waterloo,Ontario, N2L 3G1
Telefon: +1/519/885-1211
Fax: +1/519/746-2882
Internet: *www.uwaterloo.ca*

Queens University
Queens University Ave.
Kingston, Ontario, K7L 3N6
Telefon: +1/613/545-200
Fax: +1/613/545-6300
Internet: *http://info.queensu.ca*

The University of British Columbia
Registrars Office
2016-1876 East Mall
Vancouver, BC. V6T 1Z1
Telefon: +1/604/822-3014
Fax: +1/604/822-3599
Internet: *www.ubc.ca*

University of Toronto
Office of Admissions & Awards
315 Bloor St.W
Toronto, Ontario, M5S 1A3
Telefon: +1/416/978-2190
Fax: +1/416/978-6089
Internet: *www.utoronto.ca*

McGill University
Admissions Office
847 Sherbrooke St.W
Montreal, Quebec, H3A 3N6
Telefon: +1/514/398-3910
Fax: +1/514/398-8939
Internet: *www.mcgill.ca*

McMaster University
Associate Registrar

Gillmour Hall
Hamilton, Ontario, L8S 4L8
Telefon: +1/905/525-4600
Fax: +1/905/527-11051
Internet: *www.mcmaster.ca* – offizielle Website oder
www.schoolfinder.com – click Universities, click McMaster

Simon Fraser University
Office of the Registrar
8888 University Drive
Burnaby, British Columbia, V5A 1S6
Telefon: +1/604/291-3224
Fax: +1/604/291-4969
Internet: *www.sfu.ca* – offizielle Website oder
www.schoolfinder.com – click Universities, click Simon Fraser

University of Alberta
Office of the Registrar
120 Administration Bldg
Edmonton, AB, T6G 2M7
Telefon: +1/403/492-3113
Fax: +1/403/492-7172
Internet: *www.ualberta.ca*

The University of Calgary
Admissions Office
2500 University Dr.N.W.
Calgary, Alberta, T2N 1N4
Telefon: +1/403/220-6645
Fax: +1/403/289-1253
Internet: *www.ucalgary.ca*

Universite de Montreal
Bureau des Admissions
C.P.6205
Montreal, Quebec, H3C 3T5
Telefon: +1/514/343-7076
Fax: +1/514/343-5788
Internet: *www.umontreal.ca*

Einwanderungsbestimmungen

Ohne Zuwanderung lässt sich die demografische Lücke auch in Kanada nicht füllen. Und trotzdem ist es bis zu einem richtigen Einwanderungsgesetz noch weit, denn alle vier Jahre wird eine neue Regierung gewählt, und das heißt auch neue Regeln.

Kanada ist – trotz aller Einschränkungen, Quoten und der damit unvermeidbaren Bürokratie – immer noch grundsätzlich ein Einwanderungsland. Als Folge der hohen Arbeitslosigkeit betreibt Kanada jedoch eine zunehmend restriktive Einwanderungspolitik.

Ganz generell soll den Einwanderungskandidaten Vorzug gegeben werden, die sich möglichst problemlos in die kanadische Gesellschaft einfügen können. Das Land will Einwanderer, die dem Staat nicht zur Last fallen, die sogar möglichst noch Arbeitsplätze schaffen können. Die Entscheidung über einen Einwanderungsantrag liegt ausschließlich im Ermessen der kanadischen Behörden.

Die Einwanderer heute können sich sehr gut vorbereiten per Internet oder bei staatlich anerkannten, gemeinnützigen Beratungsstellen für Auswanderer, im Ausland Tätige und mit Ausländern Verheiratete wie zum Beispiel beim Raphaelswerk (Dienst am Menschen unterwegs, Fachverband des Deutschen Caritasverbandes). Adressen finden Sie im Telefonbuch (oder auch im Buchanhang).

Grundsätzlich minimale Chancen nach Kanada einzuwandern haben
- ungelernte Arbeitskräfte, die in Kanada eine Anstellung suchen,
- Einwanderungswillige, die im Heimatland nicht unternehmerisch tätig waren und mit Hilfe der Provinz-Investitionsfonds einwandern wollen,
- Unternehmer, die schon im Heimatland gescheitert sind,
- Einwanderer aller Kategorien, die weder Englisch noch Französisch gut beherrschen (diese haben mittelfristig schlechtere Karten bei der Einwanderung),
- Personen mit Krankheiten, die intensive medizinische Versorgung notwendig machen.

Jeder, der nach Kanada einwandern möchte, muss bei einer kanadischen Regierungsvertretung außerhalb Kanadas einen Antrag stellen. Das kanadische Einwanderungsgesetz bestimmt, dass Besucher innerhalb des Landes keinen Antrag stellen können. Die Antragsformulare sind bei der Kanadischen Botschaft anzufordern.

> **Tipp:** Bitte fordern Sie keine Antragsformulare per Fax, Brief oder telefonisch bei der Kanadischen Botschaft in Berlin an. Die Botschaft verweist darauf, dass diese Anfragen nicht bearbeitet werden können. Sie bittet vielmehr darum, die Formulare aus dem Internet auszudrucken.

Die Visa- und Einwanderungsabteilung der Kanadischen Botschaft in Berlin ist für die Bearbeitung der Anträge von Personen mit Wohnsitz in Deutschland und den Niederlanden zuständig. In der Schweiz ansässige Personen können Ihren Antrag in Berlin oder bei der Visa- und Einwanderungsabteilung der Botschaft von Kanada in Paris stellen (s. »Einwanderung nach Quebec«).

Hinweis: Die offiziellen Landessprachen Kanadas sind Englisch und Französisch. Die kanadische Regierung kann nur Dienstleistungen in englischer oder französischer Sprache garantieren.

Antragstellung für Bürger der Länder Deutschland, Niederlande, Schweiz
Botschaft von Kanada
Visa- und Einwanderungsabteilung
Friedrichstrasse 95
10117 Berlin
Sprechzeiten: montags bis freitags von 9 bis 11 Uhr
 Telefon: +49/(0)30/20312-447 (Montag bis Freitag zwischen 14 und 15 Uhr)
Fax: +49/(0)30/20312-134
E-Mail: berlin-im@dfait-maeci.gc.ca
Internetseiten: *www.kanada-info.de*, *www.cic.gc.ca* (Citizenship & Immigration)
Hinweis: Neue Adresse der Botschaft ab 2004: Berlin, Leipziger Platz

Antragstellung unter anderem für Bürger der Länder Österreich, Bosnien-Herzegowina, Jugoslawien, Kroatien, Mazedonien Slowenien, Slowakei, Tschechoslowakei, Ungarn
Botschaft von Kanada
Einwanderungsabteilung
Laurenzberg 2
1010 Wien, Österreich

Sprechzeiten: montags, mittwochs und freitags von 8:30 bis 11:30 Uhr
Telefon: +43/(0)1/531-38-3010
Informationen oder Antragsformulare können schriftlich oder per Fax angefordert werden.
Fax: +43/(0)1/531-38-3911 und +43/(0)1/531-38-3427

Schweizer stellen ihre Anträge in Berlin oder Paris
Canadian Embassy
Kirchenfeldstrasse
88 CH-3005 Bern, Switzerland
Sprechzeiten: montags bis freitags
von 8 bis 12 Uhr / 13:30 bis 17 Uhr
Telefon: +41/(0)31/3573200
Fax: +41/(0)31/3573210
E-Mail: bern@dfait-maeci.gc.ca
Internet:
www.dfait-maeci.gc.ca/canadaeuropa/switzerland/menu-en.asp
Die Kanadische Botschaft in Bern vertritt die kanadische Regierung und darüber hinaus die Interessen von Kanadiern in der Schweiz. Unter anderem ist das Konsulat zuständig für die Erneuerung von verloren gegangenen wichtigen Papieren wie Reisepässen.

Sonderfall Quebec
Die in diesem Buch vermittelten Informationen beziehen sich auf alle kanadischen Provinzen außer Quebec. Quebec sucht sich nämlich – trotz Zusammenarbeit mit den Bundesbehörden – seine eigenen Einwanderer aus. Einwanderer, die ihre Zukunftspläne in Quebec in die Tat umsetzen wollen, wenden sich an das jeweilige »Quebec Immigration Office«, das für ihr Heimatland zuständig ist, oder an die Botschaft in Paris (s. »Einwanderung nach Quebec«).

Bewerberkategorien für Einwanderungswillige
Sie haben verschiedene Möglichkeiten, einen Antrag auf »permanent residence status« zu stellen. Entscheiden Sie, welche der nachstehenden Kategorien auf Sie und Ihre Familie am besten zutrifft.

Skilled Worker Class Immigration
Als unabhängiger Einwanderer gilt, wer einen in Kanada gefragten

Beruf ausübt, der in der Kanadischen Berufeliste / National Occupation Classification List (NOC) aufgeführt ist.
Sie dürfen sich von dieser Formulierung nicht abschrecken lassen. Eine solide Fachausbildung, fünf Jahre Berufspraxis, ein einwandfreies polizeiliches Führungszeugnis, gute Englisch- oder Französisch-Kenntnisse und ein Alter zwischen 21 und 49 Jahren reichen in der Regel, um gute Chancen auf einen erfolgreichen Einwanderungsantrag zu haben.
Die Antragsteller werden nach einem System bewertet, welches Punkte für Alter, Ausbildung, Berufstyp, Berufserfahrung, Englisch- und/oder Französischkenntnisse und Motivation vergibt. Das Vorhandensein von nahen Verwandten in Kanada verleiht Ihnen weitere Pluspunkte.

Anerkennung europäischer Berufslizenzen und Diplome
Wichtig für berufstätige Einwanderer ist natürlich auch die Anerkennung ihrer Lizenzen und Diplome. In Kanada sind 20 Prozent aller Berufe auf Provinzebene reguliert, so u.a. Ärzte, Elektriker, Ingenieure, Krankenschwestern, Lehrer. Um in diesen Berufen tätig zu werden, muss dann auch von Einwanderern die notwendige Lizenz in Kanada erworben werden. Neu ist, dass die Bundesregierung beabsichtigt, die Provinzen sowie Berufs-Organisationen noch stärker zu ermutigen, auch ausländische Zeugnisse, Zertifikate, Diplome usw. zu akzeptieren. Für die meisten Berufe sind immer noch die nach der jeweiligen Provinz geltenden Examen oder »Tickets« nachzuweisen, das heißt, dass Sie für ein Examen oder einen Gesellenbrief hier noch mal die Schulbank drücken müssen. Dies kann auch Kanadiern passieren, die in eine andere Provinz umziehen.

Finanzielle Sicherheit
Als weitere Voraussetzung für die Einwanderung als Berufstätiger gilt die Regel, dass jeder Antragsteller mindestens CAD 10 000 und für jeden weiteren Miteinwandernden (Ehemann/Frau, Kinder) zusätzlich CAD 2000 nach Kanada mitbringen muss. Eine Familie mit zwei Kindern benötigt den Nachweis von CAD 17 300. Dieses Geld soll die Zeit der Jobsuche überbrücken helfen. Sie müssen mindestens sechs Monate nach Ankunft in Kanada mit ihrem Geld auskommen, bevor Sie finanzielle Unterstützung beim Sozialamt beantragen können.

> **Tipp:** Die meisten kanadischen Provinzen haben eigene Einwanderungsprogramme zur Förderung der heimischen Wirtschaft. Ein Beispiel: Sie möchten mit einem bestimmten Beruf nach British Columbia einwandern. Das wird abgelehnt, weil keine Nachfrage in diesem Berufszweig besteht. Es ist aber möglich, dass dieser Beruf in Nova Scotia gesucht wird, dort also zu den Mangelberufen zählt. Wenn sie sich also auch mit Nova Scotia anfreunden können...

Berufeliste für unabhängige Einwanderer

Diese Liste trifft nicht für Unternehmer, Kapitalanleger und Selbständige zu.

Die Ausübung eines Berufes, der in der nachfolgenden Liste aufgeführt ist, kann die Chancen auf eine Einwanderung erhöhen. Diese Berufeliste wird viermal im Jahr neu bewertet und festgesetzt. Bei der Bewertung wird in Bezug auf die Bestimmungen der Stand zugrunde gelegt, der bei Eingang des Antrags Gültigkeit hatte.

Aus der insgesamt zehnseitigen offiziellen Liste habe ich nur einige Berufe exemplarisch herausgenommen, um Ihnen einen Eindruck zu verschaffen. Da viele kanadische Berufsbezeichnungen im Deutschen nicht so existieren, übernehme ich die englische Berufsbezeichnung (s. Teil 3, »Berufsbezeichnungen«).

Wenn Sie Computer-Spezialist sind: Kanada erwartet Sie.

Dringend gesucht werden: Computer Programming, Software und System Analysts. Ebenso begehrt wie Computerspezialisten sind Ingenieure im Maschinenbau sowie in der Luft- und Raumfahrttechnik. Naturwissenschaftler und Ingenieure sind für die kanadische Wirtschaft unentbehrlich.

Im Internet finden Sie eine Liste der Berufe mit den entsprechenden Codes auf der Webseite *http://www23.hrdc-drhc.gc.ca/2001/e/generic/welcome.shtml* (click Index of Titles). Mittels dieser Codes können Sie auf der gleichen Seite eine ausführliche Berufsbeschreibung abrufen (s. Teil 3, »Arbeitsleben«): *www23.hrdc-drhc.gc.ca/2001/e/ generic/welcome.shtml* (click Quick Search, enter Job Code, click Go).

Eine *»Canada Labour Code«*-Liste kann auch bei nachfolgender Adresse angefordert werden:
Canada Communications Group-Publishing
Ottawa, Ontario, K1A 0S9

Berufsbezeichnung	Code
Aerospace Engineers	2146
Automotive Service Technicians, Truck, Mechanics and Mechanical Repairers	7321
Bakers	6252
Biologists and Related Scientists	2121
Butchers and Meat Cutters – Retail and Wholesale	6251
Chefs	6241
Civil Engineers	2131
Computer and Information Systems Managers	0213
Computer and Network Operators and Web Technicians	2281
Computer Programmers and Interactive Media Developers	2174
Database Analysts and Data Administrators	2172
Dietitians and Nutritionists	3132
Electric Appliance Servicers and Repairers	7332
Electrical and Electronics Engineering Technologists and Technicians	2241
Electricians (Except Industrial and Power System)	7241
Electronic Service Technicians (Household and Business)	2242
Forestry Professionals	2122
Geological Engineers	2144
Heavy-Duty Equipment Mechanics	7312
Industrial and Manufacturing Engineers	2141
Industrial Electricians	7242
Information Systems Analysts and Consultants	2171
Journalists	5123
Landscape Architects	2152
Librarians	5111
Machine Fitters	7316
Machinists and Machining and Tooling Inspectors	7231
Mechanical Engineering Technologists and Technicians	2232
Medical Laboratory Technicians	3212
Medical Secretaries	1243
Mining Engineers	2143
Motor Vehicle Body Repairers	7322
Motorcycle and Other Related Mechanics	7334
Painters and Decorators	7294
Petroleum Engineers	2145
Plumbers	7251
Real Estate Agents and Salespersons	6232

Refrigeration and Air Conditioning Mechanics	7313
Restaurant and Food Managers	0631
Secretaries (Except Legal and Medical)	1241
Sheet Metal Workers	7261
Small Engine and Equipment Mechanics (other)	7335
Software Engineers	2173
Tool and Die Makers	7232
Translators, Terminologists and Interpreters	5125
Veterinarians	3213
Welders and Related Machine Operators	7265

Bewertungssystem/Punktesystem

Damit sich Antragsteller vorab auf ihre Erfolgschancen überprüfen können, haben die kanadischen Einwanderungsbehörden eine Punktetabelle zusammengestellt, bei der Sie mindestens 75 Punkte erzielen müssen, um überhaupt eine Chance auf Einwanderung zu haben. Wenn Sie weniger als 65 Punkte haben, wird Ihr Antrag gar nicht erst bearbeitet. Sollten Sie 65 bis 75 Punkte erzielen, liegt es an dem Einwanderungsbeamten (Visa Officer) bei der Botschaft, der nach dem persönlichen Interview noch einmal maximal 10 Punkte für persönliche Eignung (Personal Suitability) verleihen kann. Nochmals, als absolutes Minimum für eine Einwanderung nach Kanada gelten 75 Punkte.

Selbstbewertungstest

Ob Sie diese Punktzahl erreichen, erfahren Sie, wenn Sie den entsprechenden Selbstbewertungstest im Internet absolvieren. Sie finden ihn unter *www.cic.gc.ca/english/skilled/assess/index.html* (click Take the test). Im Folgenden finden Sie den Test aber auch abgedruckt, wenn Sie ihn hier absolvieren wollen, müssen Sie allerdings die Auswertung selbst vornehmen, während im Internet Ihre Punkte automatisch zusammengezählt werden.

Factor One: Education (maximum 25 points)

You have a Masters Degree or PhD and at least 17 years of full-time or full-time equivalent study	25
You have two or more university degrees at the bachelors level and at least 15 years of full-time or full-time equivalent study	22
You have a three-year diploma, trade certificate or apprenticeship and at least 15 years of full-time or full-time equivalent study	22

You have a two-year university degree at the bachelors level
and at least 14 years of full-time or full-time equivalent study   20

You have a two-year diploma, trade, certificate or apprenticeship
and at least 14 years of full-time or full-time equivalent study   20

You have a one-year university degree at the bachelors level and
at least 13 years of full-time or full-time equivalent study   15

You have a one-year diploma, trade certificate or apprenticeship
and at least 13 years of full-time or full-time equivalent study   15

You have a one-year diploma, trade certificate or apprenticeship
at least 12 years of full-time or full-time equivalent study   12

You have a secondary school credential   5

You did not complete secondary school (also called high school)   0

Factor Two: Official Languages (maximum 24 points)
Verlangt werden ausreichende Sprachkenntnisse in Wort und Schrift in einer der beiden offiziellen Landessprachen Englisch beziehungsweise Französisch. Je nach Fähigkeit können Sie hier maximal 24 Punkte erreichen. Das ist fast ein Drittel aller benötigten Punkte!

1st Official Language (either English or French)

	Read	Write	Speak	Listen
High proficiency (Maximum of 16 points)	4	4	4	4
Moderate proficiency (Maximum of 8 points)	2	2	2	2
Basic proficiency (Maximum of 2 points)	1	1	1	1
No proficiency	0	0	0	0

2nd Official Language (either English or French)

	Read	Write	Speak	Listen
High proficiency (Maximum of 8 points)	2	2	2	2
Moderate proficiency	2	2	2	2

(Maximum of 8 points) Basic proficiency	1	1	1	1
(Maximum of 2 points) No proficiency	0	0	0	0

Factor Three: Work Experience (maximum 21 points)

Less than 1 year	0
1 year	15
2 years	17
3 years	19
4 years	21

Factor Four: Age (maximum 10 points)

21 to 49 years at time of application	10
Less 2 points for each year over 49 or under 21	

Factor Five: Arranged Employment in Canada (maximum 10 points)

You have a Human Resources Development Canada (HRDC) confirmed offer of permanent employment	10
You are applying from within Canada and have a temporary work permit that is HRDC confirmed, including sectoral confirmations; or HRDC confirmation exempt under NAFTA, GATS, CCFTA, or significant economic benefit (i.e. intra-company transferfee)	10
No arranged employment	0

Factor Six: Adaptability (maximum 10 points)

Spouse's or common-law partner's education	3-5
Minimum one year full-time authorized work in Canada	5
Minimum two years full-time authorized post-secondary study in Canada	5
Has received points under the Arranged Employment in Canada factor	5
Family relationship in Canada	5

Total (maximum 100 points)

Pass Mark	75

Quelle: Citizen and Immigration Canada

Business Class Immigration

Kanada steht allen Unternehmern offen, die dem Land einen bedeutenden wirtschaftlichen Nutzen bringen und einen konkreten Beitrag zur regionalen Entwicklung leisten. Behörden arbeiten aber auch hier langsam und blockieren »Small Business« oder Geschäftserweiterungen mit teilweise unsinnigen Auflagen und kreieren damit automatisch mehr Arbeitslose.

Natürlich begrüßt Kanada erfolgreiche »Business Immigrants«, die Fachkenntnisse mitbringen, beitragen zum Wirtschaftswachstum und Jobs schaffen. Wichtige Faktoren für eine Einwanderung in dieser Kategorie sind Englisch- und/oder Französischkenntnisse. Sie müssen außerdem geschäftliche Erfolge vorweisen sowie die Herkunft ihres Kapitals darlegen.

Die wichtigsten Wirtschaftszweige in Kanada sind Luftfahrt, Automobil, Bergbau, Energie, Forstwirtschaft, Multimedia, Software, Ölförderung und Transporttechnik (s. Teil 3, »Politik und Wirtschaft«). Gute Absatzchancen im nordamerikanischen Markt gibt es für Maschinen und Ausrüstungen sowie für Kraftfahrzeuge und -teile, aber auch für Informationstechnologie, Software, Multimedia-Einrichtungen und Umwelttechnik. Geschenkartikel, Glas, Porzellan, Lebensmittel, Spielzeug, Sport- und Gartengeräte sind gefragt und verzeichnen eine zunehmende Nachfrage.

Hinweis: Kanada besteht aus zehn Provinzen und drei Bundesterritorien, die alle sehr unterschiedlich sind. Auch die Wirtschaft läuft nicht überall gleich gut (s. Teil 4: Provinzen).

Auskünfte erteilen:
Government of Canada
Department of Foreign Affairs & International Trade
125 Sussex Drive
Ottawa, ON, K1A 0G2
Internet: *http://www.dfait-maeci.gc.ca*

Die Deutsch-Kanadische Industrie- und Handelskammer mit Vertretungen in Montreal, Toronto und Edmonton hilft Ihnen ebenfalls weiter, wobei ihr Spektrum von der Teilnahme an kanadischen Messen durch Kataloge bis hin zur Einzelberatung reicht. Beraten werden sie hier auch zu Themen wie Absatzchancen (besonders für deutsche Produkte) oder allgemein zu Investitionen. Für diese Dienstleistungen werden allerdings Gebühren erhoben.

Weitere Informationen hierzu und über Geschäftseinwanderung allgemein sowie Besteuerung in Kanada erhalten Sie bei dieser Adresse:

Deutsch-Kanadische Industrie-
und Handelskammer
480 University Ave.
Toronto, ON, Canada
M5G 1V2
Telefon: +1/416/598-3355
Fax: +1/416/598-1840

Die **Provinz Quebec** sucht sich ihre eigenen Einwanderer aus. Geschäftsleute, die ihre Zukunftspläne in Quebec in die Tat umsetzen wollen, wenden sich an das jeweilige »Quebec Immigration Office«, das für ihr Heimatland zuständig ist (s. »Einwanderung nach Quebec«)

Voraussetzungen für einwanderungswillige Unternehmer
Das kanadische Einwanderungsprogramm für Unternehmer wendet sich an erfahrene Geschäftsleute, die Arbeitsplätze schaffen und zur wirtschaftlichen Entwicklung des Landes beitragen können. Einwanderungswillige Geschäftsleute werden dabei in drei Gruppen unterteilt – Unternehmer, Kapitalanleger und Selbständige.

Entrepreneur (Unternehmer)
Mindestkapital CAD 300 000
Bei dieser Personengruppe handelt es sich um im Geschäftsleben erfahrene, einwanderungswillige Personen, die ein Unternehmen erwerben oder gründen wollen, an dessen Geschäftsführung sie sich aktiv beteiligen werden. In dem Unternehmen muss für mindestens einen Kanadier oder einen permanent resident ein Arbeitsplatz geschaffen werden und das Unteehmen muss einen wesentlichen Beitrag zur Wirtschaft des Landes leisten. In diese Kategorie fallen Geschäftsleute, die über Erfahrungen in der Führung kleiner bis mittlerer Betriebe verfügen.
Sie müssen nachweisen können, dass sie über genügend Mittel (CAD 300 000) verfügen, um das Unternehmen zu gründen, kurzfristig laufende Kosten zu decken und die Familie, falls vorhanden, zu versorgen. Wichtig ist, dass diese unternehmerische Tätigkeit innerhalb von drei Jahren nach Erhalt der ständigen Aufenthaltsgenehmigung aufgenommen worden sein muss.

Mit dem Entrepreneurprogramm nach Kanada
Mit einem interessanten Investitionsprogramm stellt sich RETO vor, die Schweizer Idee einer neuen und vielversprechenden Pasta-Fast-Casual-Food-Kette. Mit einer Investitionssumme von CAD 250 000 wird qualifizierten Geschäftsleuten die Möglichkeit gegeben, zusammen mit ihren nächsten Familienmitgliedern ein Daueraufenthaltsrecht auf einem vereinfachten Weg zu erhalten.
Dieses Entrepreneur-Programm ist ein spezielles Einwanderungsprogramm der Provinz Alberta mit dem Ziel, ausländische Investoren für Projekte in Kanada zu gewinnen, die zur Schaffung von Arbeitsplätzen beitragen. Alberta bietet hiermit Investoren, die sich für dieses Programm qualifizieren, sein Land als zweite Heimat an. Der erwirtschaftete Gewinn geht in den ersten Jahren an den Investor, der nach nur fünfjähriger Bindungsfrist die Möglichkeit hat, sein investiertes Kapital in vollem Umfang zurückzuerhalten.
Merkblätter mit weiterführenden Informationen zu diesem Programm können angefordert werden über E-Mail an valhaljb@netidea.com oder über Fax unter +1/250/358-2791.

Investor (Kapitalanleger)
Mindestkapital CAD 800 000
Nach den kanadischen Bestimmungen muss ein Investor bereits in seinem Heimatland eigene geschäftliche Erfolge vorweisen können und ein Nettovermögen von mindestens CAD 800 000 besitzen, das er sich selbst erwirtschaftet hat. Dies schließt Investitionsvermögen ein, Schenkungen aber gelten nicht. Als Nachweis gelten unter anderem Kontoauszüge, Übertragungsurkunden, Aktienpapiere, Jahresbilanzen und Steuerdokumente.
Ein Kapitalanleger muss sich verpflichten, einen Mindestbetrag von CAD 400 000 auf fünf Jahre in einem Projekt anzulegen, das zur Schaffung von Arbeitsplätzen beiträgt. Außerdem muss dieses Vorhaben von der Bundes- oder der jeweiligen Provinzregierung unterstützt werden.
Der investierte Betrag wird zinslos nach fünf Jahren zurückerstattet, wenn der Antragsteller in der Zwischenzeit das Recht auf ständigen Aufenthalt erworben hat. Abgesehen von den hier genannten CAD 800 000 gelten in verschiedenen Provinzen auch verschiedene Investitionshöhen. Details erfragen Sie bei der Einwanderungsabteilung der zuständigen kanadischen Botschaft.

Finanzvermittlungsdienst und Immigration
Die Kanadische Bundesbank für Entwicklung ist ein staatliches Unternehmen, dessen Aufgabe es ist, die Entwicklung der kanadischen Unternehmen zu fördern.
Der Finanzvermittlungsdienst überreicht dem Investor oder Unternehmer, der nach Kanada auswandern will, nicht nur eine Liste guter geschäftlicher Möglichkeiten, sondern erteilt ihm in seiner Eigenschaft als Vermittler auch nähere Auskünfte über diese Objekte und beantwortet diesbezügliche Fragen.
Wenn Sie sich zum Beispiel in der Bekleidungsindustrie auskennen, kann der Finanzvermittlungsdienst Sie mit einem kanadischen Textilhersteller, der einen Teilhaber sucht, in Verbindung bringen. Somit sind die Bedingungen der kanadischen Regierung in Bezug auf Investierung in kanadischen Unternehmen erfüllt, und Ihr neuer Partner wird Ihnen helfen, Ihren Weg in die kanadische Geschäftswelt zu finden.
Für weitere Auskünfte über das Programm des Finanzvermittlungsdienstes bei der Kanadischen Bundesbank für Entwicklung wenden Sie sich bitte an die folgende Adresse:

Business Development Bank
Financial Planning Program
800 Victoria Square
Montreal, PQ, H4Z 1L4
Internet: *www.bfc.ca*

Self-employed (Selbständige)
Bei dieser Personengruppe handelt es sich um einwanderungswillige Personen, die in Kanada ein Unternehmen gründen wollen, in dem nur sie selbst beschäftigt sind. Der Betrieb muss einen Beitrag zur Wirtschaft oder zum kulturellen bzw. künstlerischen Leben des Landes leisten. Hierunter fallen Landwirte, Sportler, Künstler, Vertreter der Darstellenden Künste und Inhaber von kleinen Geschäften in den Gemeinden.
Selbstverständlich muss auch genügend Geld mitgebracht werden, um gegebenenfalls die ersten paar Monate auch ohne sicheres Einkommen erfolgreich meistern zu können. Erwähnen möchte ich, dass Selbständige (Self-Employed) kein Anrecht auf Arbeitslosenunterstützung haben.

> **Tipp:** Auch Haus-Verwalter fallen in diese Kategorie der Selbständigen. Oder vielleicht führen Sie nebenbei eine Frühstückspension. Sie müssen eine mindestens zweijährige Selbständigkeit in Ihrem Heimatland nachweisen. Schlagen Sie ein konkretes Projekt in Kanada vor, zum Beispiel im Touristikbereich.

Hinweis: Die Provinzregierungen haben speziell für Einwanderer, die als Business Class Immigrants nach Kanada kommen, Beratungsstellen eingerichtet. Der hier angebotene und kostenlose Service ist meist sehr hilfreich und kann sich bei Inanspruchnahme sogar positiv auf den Entscheid über die Antragstellung zur Einwanderung auswirken.

Adressen von Einwanderungsberatern finden Sie im Anhang. Aktuelle Informationen gibt es auf der Website der Citizenship and Immigration: *www.cic.gc.ca/english/business/index.html*

Geldanlagen
Immobilien

Bei der Vermittlung von Joint-Venture-Partnern sowie der Auswahl der Immobilie und deren Verwaltung sollte der Investor auf ein deutschsprachiges Unternehmen zurückgreifen, das auf individuelle Betreuung Wert legt und auf lange Erfahrungen im kanadischen Immobilienmarkt verweisen kann. Hierbei sollte man sich Referenzen deutscher Kunden geben lassen. Nach einer grundsätzlichen Entscheidung für Kanada und für ein bestimmtes Beratungsunternehmen sollte man das Geld zunächst zu günstigem Tageskurs umtauschen und solange auf der Bank als Festgeld »parken«, bis das richtige Objekt auf dem Markt ist. Man sollte dem Berater also einige Wochen Zeit geben. Wer warten kann und im geeigneten Augenblick bereit ist, schnell zu handeln, macht das meiste Geld im Immobiliengeschäft.

Investoren, deren Mittel nicht ausreichen, ein größeres eigenes Immobilienobjekt zu erwerben, haben zahlreiche Möglichkeiten, sich an geschlossenen Immobilienfonds verschiedener Couleur zu beteiligen, die speziell auf den deutschen Investor zugeschnitten sind.

Es wird den Anlegern empfohlen, CAD 500 000 in Staatsobligationen bei einer Großbank anzulegen. Dadurch verschafft sich der Anleger bereits einen guten Einstieg bei einer kanadischen Bank.

Weitere Schwerpunkte, die zu beachten sind:

- Der Kaufpreis bei einem Immobilienprojekt sollte CAD 500 000 nicht überschreiten.
- Lage: Beste Vorortlage, mit dem Potenzial, dass das Land mittelfristig zum Beispiel von der Leichtindustrie in ein Büro- und Einzelhandelsgebiet umbenannt wird (so genanntes re-zoning).
- Immobilienart: Ausnützung von Marktlücken, zum Beispiel kommerziell genutzte Gebäude.
- Mieter: Möglichst viele Kleinmieter, welche nur einen Bruchteil der Innenstadtmiete bezahlen, sodass das Gebäude stets gut belegt ist und durch wirtschaftliche Entwicklungen nicht beeinträchtigt wird.
- Nettorendite: 10 Prozent p.a. (je nach Objekt).
- Finanzierung: Ausnützung der öfters angebotenen Niedrigzinsen in Kanada.

(s. Teil 3 Immobilienkauf)

Timesharing
Es werden oft Beteiligungen u.a. an einer Ferienimmobilie angeboten (ab CAD 20 000). Dafür dürfen Sie einmal im Jahr zwei Wochen kostenlosen Urlaub in einer Ferienwohnanlage dieser Gesellschaft verbringen. Mit einer guten Geldanlage hat das nichts zu tun.
Die Idee des Timesharing kommt aus den USA. Die Käufer/innen erwerben das Nutzungsrecht für eine oder mehrere Urlaubswochen in einem Appartement einer Ferienanlage. Einmal abgesehen von der Tatsache, dass es viele schwarze Schafe unter den Anbietern gibt: Grundsätzlich ist es nicht unseriös, aber in der Regel kein gutes Geschäft. Verbraucherverbände haben errechnet, dass die Preise für einige Wochen Urlaub im Jahr beim Timesharing-Modell viel zu hoch liegen. Die Rendite der meisten Objekte ist schlecht. Es fallen hohe Bewirtschaftungskosten an. Und ein Verkauf der Timesharing-Rechte ist in der Regel nicht möglich, weil der Kaufpreis in keiner Weise dem realen Wert der Immobilie entspricht.

Farmbetriebe
Die meisten Farmen in Kanada sind immer noch reine Familienbetriebe. Der Trend zur Konzentration in der Landwirtschaft hat sich allerdings verstärkt. Die Prärieprovinzen Alberta, Manitoba und Saskatchewan sind Kanadas Kornkammern. Alberta und Saskatchewan sind bekannt für hochentwickelte Viehzucht, die u.a. Fleisch für den Export liefert. Ontario und Quebec gehören zu den fruchtbarsten Agrargebieten des

Landes (Schweinezucht, Anbau von Mais, Sojabohnen, Gerste und Winterweizen).
Die immer schwieriger werdenden Bedingungen für die Landwirtschaft in Europa mit ihrer frustrierenden und bürokratischen Politik lässt wenig Raum für Hoffnung auf Besserungen und veranlasst viele Landwirte aus Europa, nach Kanada einzuwandern. Welcher Landwirt wollte nicht seine 12 ha mit 14 Kühen und zahllosen Auflagen bei der Bewirtschaftung gegen 80 ha und 100 Stück Vieh in Kanada eintauschen? 200-Hektar-Betriebe in Kanada sind durchaus keine Seltenheit.
Deshalb konzentrieren sich die Immobilienmakler der Prärie-Provinzen (Alberta, Manitoba, Saskatchewan) auf den europäischen Markt und suchen vor allem in Deutschland, Holland, Irland und der Schweiz nach einwanderungswilligen Landwirten. Kunden mit weniger als 80 Prozent Eigenkapital wird allerdings davon abgeraten, nach Kanada zu kommen. Eine 600 acre (zirka 240 ha) große Milchfarm zum Beispiel kostet im Durchschnitt CAD 800 000 bis 900 000 (1 acre = 0,41 ha Farmland kostet ca. CAD 1500).
Mehr über Landwirtschaftsbetriebe finden Sie in Kanadas größter wöchentlicher Farmzeitung *The Western Producer*, Internet: *www.producer.com* (s. auch Adressteil im Anhang).

Restaurant
Sollten Sie Hobby-Koch sein, so ist es kein Problem, ein Restaurant oder Bistro zu eröffnen oder zu übernehmen, ohne dass Sie einen »Meisterbrief« vorzeigen müssen. Natürlich gelten in der Stadt andere behördliche Auflagen als auf dem Lande.
- In B.C. zum Beispiel müssen Sie mindestens 25 Sitzplätze haben, um Spirituosen ausschenken zu dürfen. Bei nur Wein- und Bierausschank reduziert sich die Zahl der erforderlichen Sitzplätze.
- Um überhaupt Alkohol servieren zu dürfen, müssen Sie erst einmal eine Tauglichkeitsprüfung ablegen. Fragen Sie im Liquor Store nach dem »Guide for Liquor Licensees«
- Monatlich muss die Alkoholsteuer gezahlt werden, und jährlich sind Gebühren für die Alkohol-Lizenz zu entrichten (s. Teil 3, »Alkohol«).

Hinweis: Alkoholgesetze werden hin und wieder geändert und in den einzelnen Provinzen unterschiedlich gehandhabt.

Tourismusförderung
Der Tourismus ist Kanadas fünftgrößte Export-Industrie. Mit mehr als

500 000 Jobs ist der Tourismus einer der größten Zweige in der Arbeitsplatzbereitstellung. Wer Ideen für Fremdenverkehrsprojekte mit entsprechenden Freizeiteinrichtungen hat, ist hier richtig. Aber bitte die Umwelt dabei nicht vergessen! Zu viel ist schon in Europa durch den Tourismus zerstört worden.

Informationen
»Wirtschaftsdaten aktuell« über Kanada erhalten Sie u.a. bei folgenden Adressen:
Bundesstelle für Außenhandelsinformation
Agrippastraße 87_93
50676 Köln
Telefon: +49/(0)221/20570
Fax: +49/(0)221/2057212
E-Mail: bfai@geod.geonet.de
Internet: *http://www.bfai.com*

German Canadian Business & Trade Publication
PO Box 106, 2255B Queen Street East
Toronto, Ontario, M4E 1G3
Telefon: +1/416/465-9957
Fax: +1/416/465-8169
E-Mail: directory@germancanadian.com
Internet: *www.germancanadian.com*

International Press Publications Inc
90 Nolan Court, Unit 21
Markham, ON, L3R 4L9
Telefon: +1/905/946-9588
Fax: +1/905/946-9590
E-Mail: ipp@interlog.com
Internet: *www.ippbooks.com*
(Bücher, Firmenverzeichnisse etc.)
(s. auch Adressteil im Anhang)

Was Sie noch wissen sollten:
Von der kanadischen Botschaft erhalten Sie ein kostenloses »Informal Assessment« (Steuerveranlagung) für Ihr geplantes Geschäftsunternehmen.
Die »Business Development Bank of Canada« (BDC) ist ein Tochter-

unternehmen der »Bank of Canada« in Ottawa, deren Aufgabe es ist, für kleine Betriebe Kredite bereitzustellen von CAD 10 000 bis CAD 5 Millionen. Zwischen CAD 10 000 und CAD 25 000 wird keine Bürgschaft oder Sicherheit verlangt. Der Kreditnehmer haftet nur mit Gegenständen, die mit dem Geschäft zu tun haben, und nicht mit persönlichen Gegenständen. Ein guter Geschäftsplan muss allerdings vorgelegt werden. Informationen dazu, wie man einen »Business-Plan« aufsetzt, finden Sie in entsprechenden Broschüren vieler Banken oder in Ihrer Bücherei.

In vielen Städten innerhalb Kanadas bietet die »BDC« auch kostenlose Tagesseminare an zum Thema »Wie mache ich mich selbständig?«. Internet: *www.bdc.ca*

> **Tipp:** Die meisten »Travel Info Centres« in Kanada unterhalten eine Abteilung der »Chamber of Commerce« (Industrie- und Handelskammer). Dort erhalten Sie kostenlose grundlegende Geschäftsinformationen und Einzelheiten über Regierungsprogramme sowie Dienstleistungsservices. Auch hier werden kostenlose Tagesseminare angeboten zur Frage, wie man ein Geschäft führt.

Aktuelle Informationen zum Thema Geschäftseinwanderung finden Sie auch auf den folgenden Regierungs-Internetseiten:
www.cbsc.org: Diese Business Service Centre's Website informiert über Regierungsdienste, Programme und Regeln.
www.strategis.gc.ca: Diese Industry Canada Website hilft, einen Geschäftspartner zu finden, und bietet Marktanalysen sowie Informationen unter anderem über Finanzierungsmöglichkeiten oder ganz allgemein über das kanadische Wirtschaftswachstum.
www.cic.gc.ca: Diese Website von Citizenship and Immigration beschreibt unter anderem die Möglichkeiten für eine Geschäftseinwanderung.

Hinweis: Industrie- und Handelskammern: Hier erhalten Sie das Außenwirtschaftsrundschreiben Kanada mit Trends, Analysen, Hintergründen.
Banken und Sparkassen: Hier erhalten Sie das Merkblatt »Geschäftskontakte mit dem Ausland; Außenwirtschaft-Handelsvermittlung« und den Länderbericht Kanada sowie Wirtschaftsinformationen über die einzelnen Provinzen.

Diese Merkblätter können Sie auch beim Bundesverwaltungsamt anfordern.

Kanadische Vertretungen

Die folgenden kanadischen Konsulate betreuen unterschiedliche Wirtschaftssektoren und bieten konsularische Hilfe für Kanadier und Deutsche in den Regionen.

Berlin
Botschaft von Kanada
Friedrichstrasse 95 (ab 2004: Leipziger Platz)
10117 Berlin
Die Sprechzeiten der Abteilung für Konsularwesen sind montags bis freitags von 9 bis 12 Uhr sowie nach Vereinbarung von 14 bis 16 Uhr. Im Jahr 2004 bezieht die Botschaft einen Neubau am Leipziger Platz!

Düsseldorf
Das Kanadische Konsulat
Benrather Strasse 8
40213 Düsseldorf
Telefon: +49/(0)211/172170
Fax: +49/(0)211/359165
E-Mail: ddorf@dfait-maeci.gc.ca
Hier werden Dienstleistungen in Handelsfragen in folgenden Wirtschaftsbranchen angeboten:

- Bergbau, Metalle und mineralische Rohstoffe
- Gesundheitsindustrien/Medizinische Geräte
- Industriemaschinen
- Landwirtschaftliche Produkte
- Nahrungsmittel und Getränke
- Öl und Gas

Hamburg
Das Kanadische Konsulat
Ballindamm 35
20095 Hamburg
Telefon: +49/(0)40/46000270
Fax: +49/(0)40/46002720
E-Mail: hmbrg@dfait-maeci.gc.ca

Hier werden Dienstleistungen in Handelsfragen in folgenden Wirtschaftsbranchen angeboten:
- Wohnhäuser und Hauskomponenten
- Holz verarbeitende Industrie
- Forstprodukte (Zellstoff, Papier, Holz und Maschinen für diesen Sektor)
- Fischimport (Fischverarbeitung / Nahrungsmittelindustrie werden von Düsseldorf betreut)
- Schiffsbauindustrie und Schifffahrt

München
Das Kanadische Konsulat
Tal 29
80331 München
Telefon: +49/(0)89/2199570
Fax: +49/(0)89/21995757
E-Mail: munic@dfait-maeci.gc.ca
Hier werden Dienstleistungen in Handelsfragen
in folgenden Wirtschaftsbranchen angeboten:
- Automobilindustrie
- Computer, Software
- Güter der First Nations und Inuit
- Telekommunikation
- Konsumgüter (außer Lebensmittel, siehe Düsseldorf)

Stuttgart
Theo Rudolf Schweiker
Honorarkonsul von Kanada in Stuttgart
Das Kanadische Honorarkonsulat
Lange Strasse 51
70174 Stuttgart
Telefon: +49/(0)711/2239678
Fax: +49/(0)711/2239679
E-Mail: hcons.stuttgart@consulates-canada.de
Öffnungszeiten: Montag und Mittwoch 9 bis 13 Uhr
Donnerstag: 14 bis 18 Uhr

Aktuelle Informationen finden Sie auf folgender Website des Department of Foreign Affairs and International Trade, das 270 Büros in über 180 Ländern unterhält:

www.voyage.gc.ca (Links zu Citizenship, Immigration, Customs, Health, Passport).

Family Class Immigration
Familienkategorie / Sponsorship Application Kit
Bei Drucklegung dieser Ausgabe beabsichtigte das »Einwanderungs-Ministerium«, mit den Provinzen darüber zu diskutieren, ob die Einwanderungsbeschränkung für nahe Verwandte (Ehepartner und Kinder) mit Gesundheitsproblemen fallen gelassen werden könne. Diese Personen waren bisher von der Einwanderung ausgeschlossen, weil man befürchtete, sie könnten eines Tages der Sozialhilfe zur Last fallen. Gegebenfalls könnte es sich also für Sie lohnen, sich nach dem Ergebnis dieser Gespräche zu erkundigen.

In der Kategorie »Family Class Immigration« können sich Personen bewerben, die in Kanada einen nahen Verwandten haben, der mindestens 18 Jahre alt ist, in Kanada als kanadischer Staatsbürger oder ständig Ansässiger lebt (Permanent Resident) und eine drei- bis zehnjährige Bürgschaft (Sponsorship) für sie übernimmt. Der Bürge muss in der Regel ein bestimmtes Mindesteinkommen nachweisen zur Absicherung der Bürgschaftsverpflichtungen, zu denen beispielsweise Sorge für Unterkunft, Unterhalt und medizinische Betreuung gehören, sofern die Personen, für die er bürgt, nicht selbst dafür aufkommen können. Insbesondere dürfen während der Bürgschaft weder der Bürge noch die Personen, für die er bürgt, Sozialhilfe erhalten.

Hinweis: Ein kanadischer Staatsbürger kann für den Ehepartner oder ein abhängiges Kind im Ausland eine Bürgschaft beantragen. Alle anderen Bürgschaften in der Familienkategorie müssen innerhalb Kanadas beantragt werden.

Bewerber, die unter die Familienklasse fallen, sind keiner Beurteilung nach dem Punktesystem unterworfen, müssen aber die Grundbedingungen des guten Gesundheitszustandes und guten Leumundes erfüllen.

a) Family Class
In diese Kategorie gehören folgende Personen:
- Ehefrau oder Ehemann;
- Verlobte/r (Es muss eine Erklärung unterschrieben werden, dass die Heirat innerhalb von drei Monaten nach Ankunft in Kanada stattfinden wird. Der Status eines ‚permanent resident' wird erst dann zuerkannt, wenn innerhalb dieser Zeit die zuständigen Einwanderungsbehörden den Nachweis über die Eheschließung erhalten haben);

- Eltern, Großeltern;
- Unterhaltsberechtigte Kinder einschließlich Adoptivkinder. Hierzu zählen:
  - Kinder unter 22 Jahre, die weder verheiratet noch verlobt sind;
  - Kinder unter 22 Jahre, die verheiratet oder verlobt und finanziell noch abhängig sind (Studenten, die vor bzw. im 22. Lebensjahr noch in Ausbildung sind);
  - Kinder, die vor ihrem 22. Geburtstag physisch oder geistig behindert und nicht fähig sind, für ihren eigenen Unterhalt zu sorgen;
  - Kinder unter 18 Jahre, die der Bürge zu adoptieren beabsichtigt.
- Verwaiste Brüder, Schwestern, Neffen, Nichten oder Enkelkinder unter 18 Jahren, die weder verheiratet noch verlobt sind;
- Eine mit dem Bürgen verwandte Person nebst den sie begleitenden unterhaltsberechtigten Angehörigen, jedoch nur, wenn der Bürge keine in Kanada lebenden nahen Verwandten hat und auch sonst für niemanden als Bürge auftreten kann.

b) Assisted Relatives

Zu dieser Gruppe (unterstützte Verwandte) gehören folgende Verwandten, die nicht die Kriterien der »Family Class« erfüllen: Söhne, Töchter, Brüder, Schwestern, Neffen, Nichten, Enkelkinder, Tanten und Onkel. Diese Gruppe muss den Maßstäben des Punktesystems (Minimum 75 Punkte, s. »Skilled Worker Class«) genügen.

Von Vorteil ist, wenn Ihre Verwandten in Kanada ein Geschäft haben und Sie dort eine Vollzeitbeschäftigung als Facharbeiter erhalten.

Bei Antragstellung unter der Rubrik »Assisted Relatives« kann der Einreisewillige den Ehepartner und unverheiratete Kinder mit aufführen.

Sponsorkit für »Spouses of Canadian Citizens«

Folgendes Beispiel mag verdeutlichen, in welchen Fällen und auf welche Weise dieses Sponsorkit zur Anwendung gelangt: Eine Europäerin heiratet in Kanada einen Kanadier. Der Kanadier muss dann einen Antrag stellen, der in Kanada abgegeben wird (Sponsorship Agreement – Supplementary Information of spouse in Canada – Relationship of person willing to assist). Die Antragsgebühren betragen ca. CAD 500. Der Kanadier muss nachweisen, dass er für den Unterhalt seiner zukünftigen Partnerin aufkommen kann. Dazu muss er seinen Einkommensteuerbescheid vorlegen. Als ausreichend wird in der Regel in ländlichen Gegenden ein Jahreseinkommen von ca. CAD 25 000 angesehen, in einer Stadt wird ein entsprechend höheres Einkommen erwar-

tet. Die Bürgschaft erstreckt sich über drei bis zehn Jahre. Beide Ehepartner dürfen in dieser Zeit keine Sozialhilfe in Anspruch nehmen. Die Bearbeitung des Antrags dauert ca. sechs Monate bis zur Erteilung des »Permanent Resident Status«. Die Ehefrau aus unserem Beispiel kann einen »Antrag auf Arbeitsvisum« beim zuständigem Arbeitsamt stellen, dessen Bearbeitung etwa drei Monate dauert. Während dieser Zeit darf Sie weder das Land verlassen noch arbeiten. Offizielles arbeiten ist generell nur erlaubt mit der Social Insurance Number.
Weitere Informationen zur Family Class Immigration und den Untergruppen finden Sie im Internet beispielsweise unter *www.cic.gc.ca*

Refugee (Flüchtlinge)
Die klassischen Einwanderungsländer, zu denen auch Kanada zählt, nehmen Flüchtlinge im Rahmen ihrer humanitären Einwanderungsprogramme und der damit verbundenen Quoten auf. Neu ist in Kanada, dass für die Einwanderung von Flüchtlingen der Grundsatz gilt, dass diese sich den kanadischen Lebensverhältnissen anpassen und erfolgreich in Kanada niederlassen sollen. Das »Einwanderungs-Ministerium« will sich auch stärker auf die Frage konzentrieren, inwieweit der Einzelne ein Schutzbedürfnis hat (Nachweis der Verfolgung oder Bedürftigkeit).

Hinweis: Flüchtlinge im Sinne der Flüchtlingskonvention unterliegen nicht der Beurteilung nach dem Punktsystem.

Ein Flüchtling ist jede Person, die infolge wohlbegründeter Furcht vor Verfolgung aufgrund ihrer Zugehörigkeit zu einer Rasse, einer Religion, einer Nationalität oder einer bestimmten sozialen Gruppe oder wegen ihrer politischen Überzeugung

a) sich außerhalb des Landes befindet, dessen Staatsangehörigkeit sie besitzt, und die den Schutz dieses Landes nicht in Anspruch nehmen kann oder dies aufgrund solcher Furcht nicht will oder

b) staatenlos ist, sich außerhalb des Landes befindet, in dem sie zuvor ihren Wohnsitz hatte und dorthin nicht zurückkehren kann oder sich aufgrund solcher Furcht nicht dorthin zurückbegeben will.

In Krisenzeiten können auch Personen, die vertrieben und verfolgt sind, aber nicht als Flüchtlinge im Sinne der Genfer Konvention anerkannt wurden, unter milderen Auswahlkriterien aus humanitären Gründen zugelassen werden.

Bei dieser Beurteilung werden nicht nur die persönlichen Eigenschaften und Qualifikationen des Bewerbers berücksichtigt, sondern auch von Regierungsseite (Government Sponsored) oder von privaten Organisationen (Private Sponsorhip) zur Verfügung gestellte Niederlassungshilfen. Durch die Einrichtung von Flüchtlingspatenschaftsprogrammen können Gruppen und Organisationen von mindestens fünf kanadischen Staatsbürgern über 18 Jahren die Umsiedlung von Flüchtlingen oder von anderen Verfolgten und Vertriebenen unterstützen, indem sie für materielle Hilfe wie Wohnung, Nahrung und Kleidung sorgen sowie für längerfristige Unterstützung in Form von persönlicher Beratung, beispielsweise bei der Suche nach einer passenden Arbeitsstelle und ganz allgemein bei der Orientierung im kanadischen Leben. Wenn regierungsunabhängige Organisationen eine Patenschaft übernehmen wollen, müssen sie sich verpflichten, dem Flüchtling für die Dauer eines Jahres Unterkunft und Nahrung zu gewähren.

Hinweis: Die Canadian High Comission, London, bearbeitet nur »Private Sponsorships«, überprüft von einem Immigration Centre in Kanada. Freunde oder Verwandte in Kanada können sich beim nächstgelegenen Immigration Centre informieren. Das High Commission Office selbst verfügt über keinerlei Informationen über »Refugee Sponsoring Groups« in Kanada.

Canadian High Commission
Immigration Division
38 Grosvenor Street
London,W1K 4AA,UK
Internet: *www.canada.org.uk*
Sprechzeiten: montags bis freitags 8 bis 11 Uhr
Fax: +44/(0)20/7258-6506
Es wird gebeten, alle Einwanderungsfragen per Brief oder Fax zu stellen.

Wenn sie als Flüchtling in Kanada aufgenommen werden wollen, können Sie auch einen »Refugee Lawyer« in Anspruch nehmen (zu finden in den Gelben Seiten des Kanadischen Telefonbuchs unter »Lawyer«). Aktuelle Information finden Sie auf den Internetseiten des kanadischen Ministeriums in den Landessprachen Englisch und Französisch unter *www.cic.gc.ca* (click Refugees).

Um Missverständnisse zu vermeiden, hier noch einmal eine Zusammenfassung des Originaltexts:

Who is eligible for Selection?
The Convention Refugee Abroad class includes people who are outside their country of citizenship or habitual residence. Refugees in this class have a well-founded fear of persecution for reasons of
- race,
- religion,
- political opinion,
- nationality or
- membership in a particular social group.

Individuals selected under this class are eligible for government assistance or may be privately sponsored.

Rentner

Für Rentner und Ruheständler bestehen keine besonderen Vorschriften oder Vergünstigungen im Hinblick auf eine Einwanderung nach Kanada. Auch Personen im Rentenalter unterliegen den festgelegten Kriterien bei der Einwanderung und müssen die entsprechende Mindestpunktzahl, die zur Einwanderung berechtigt, erreichen. Es spielt keine Rolle, ob man finanziell abgesichert ist und von der Rente oder sonstigen Einkünften in Kanada leben möchte.

Der finanziell unabhängige Personenkreis im Rentenalter hat zwei Möglichkeiten, nach Kanada einzuwandern:

a) Es ist eine unternehmerische Tätigkeit geplant vor dem Hintergrund eines Nettovermögens von CAD 300 000. Hierfür gelten die entsprechenden Vorschriften (s.»Business Class«).

b) Kanadische Staatsbürger oder Permanent Residents können für nahe Verwandte bürgen oder für Familienmitglieder, die unter die family class fallen und alle Voraussetzungen erfüllen (s.»Family Class«).

Was tut nun der Rentner, der weder investieren noch unternehmerisch tätig werden will und auch keinen Verwandten in Kanada hat, der für ihn bürgen könnte?

Es gibt hier die Alternative, im Heimatland seinen Wohnsitz beizubehalten und sich als Besucher in Kanada aufzuhalten. Dies ist ohne besonderen Antrag bis zu sechs Monate im Jahr möglich. Reist man zwischendurch von Kanada in die USA, so lässt sich der Aufenthalt um weitere sechs Monate verlängern. Dann benötigen Sie allerdings ein USA-Visum.

Hinweis: Der Erwerb einer privaten Immobilie (Ferienhaus etc.) berechtigt nicht zur Einwanderung.

Der Einwanderungsantrag

Ob Sie Ihren Einwanderungsantrag nun in der Skilled Worker Class oder in einer der anderen Kategorien stellen, in jedem Fall müssen Sie mit dem Antrag die entsprechende Antragsgebühr entrichten. Tun Sie dies nicht, wird Ihr Antrag gar nicht erst bearbeitet. Die Gebühr wird bei Antragsablehnung nicht zurückerstattet (s. »Gebührenverzeichnis«).

Der kanadische Einwanderungsantrag (Bearbeitungsdauer 6 bis 24 Monate) scheint auf den ersten Blick zwar höchst bürokratisch und kompliziert, ist aber mit der richtigen Planung und rechtzeitiger Vorbereitung durchaus zu meistern. Falls eingesandte Dokumente nicht in Englisch oder Französisch sind, wird eine notariell beglaubigte Übersetzung benötigt. Die grundsätzlich in Kopie (ausgenommen Führungszeugnis und Fragebogen) einzusendenden Dokumente sind:

- Antragsformular (Immigrant Application Form) im Original;
- Identitätsnachweis (Geburts-, Heirats-, Scheidungsurkunden);
- Geburts- bzw. Adoptionsurkunden für alle Kinder;
- Gültige Reisepässe für die ganze Familie;
- Verwandtschaftsgrad-Nachweis zu in Kanada lebenden Verwandten (Geburtsurkunde usw.);
- Zusätzliche Informationen (Universitätsabschlüsse und Diplome);
- Kapital-Nachweis von der Bank;
- Polizeiliches Führungszeugnis im Original für alle Einreisewilligen über 18 Jahre;
- Bank-Wechsel über die Gesamtsumme der Bearbeitungs- und Antragsgebühren, ausgestellt in CAD, zahlbar an: The Receiver General for Canada. Die Rückseite des Wechsels muss mit Ihrem Namen sowie Ihrer vollständigen Adresse versehen sein (s. »Gebührenverzeichnis«);
- Familienstammbaum für Hauptantragsteller und seinen Ehepartner.

Diese Dokumente senden Sie per Post an Ihre zuständige kanadische Botschaft.

Es ist Ihnen freigestellt, wo Sie Ihren Einwanderungsantrag stellen, nur innerhalb Kanadas selbst können Sie das nicht tun. Sie können aber zum Beispiel Ihren Antrag auch in den USA (Seattle, Los Angeles, Detroit, New York und Buffalo) stellen. Sollte es zu einem Interview kommen, wird dieses dann allerdings auch in den USA geführt.

Medizinische Untersuchung

Nach einer vorläufigen Einsicht in den Einwanderungsantrag erhalten Sie die Unterlagen für eine medizinische Untersuchung. Alle Antragsteller einschließlich Familienmitglieder müssen sich dieser medizinischen Untersuchung durch einen von den kanadischen Einwanderungsbehörden genannten Arzt unterziehen.

Die Kosten hierfür müssen Sie selber tragen. Der Hauptantragsteller und jedes Familienmitglied muss als Identitätsnachweis bei der Untersuchung einen Ausweis (Reisepass) vorlegen.

Eine komplette weltweite Ärzteliste finden Sie auf folgender Website: *www.canada.org.uk* (click Designated Medical Practioners List).

Die medizinische Untersuchung beinhaltet:
- Beurteilung des allgemeinen Gesundheitszustands,
- Brustkorb-Röntgenbild für jede Person ab 11 Jahre,
- Bluttest (VDRL oder ähnlich) für alle ab 15 Jahre,
- Urinanalyse (Zucker, Eiweiß und Blut) für alle ab 5 Jahre.

»Medical Report for Canadian Immigration«

Nachstehend einige Punkte aus dem Formular für die medizinische und physische Untersuchung:

1. Patientengeschichte

- Nose or throat trouble (Nasen-/Halsbeschwerden)
- Ear trouble or deafness (Ohrenbeschwerden/Taubheit)
- Chronic cough (chronischer Husten)
- Asthma (Asthma)
- Tuberculosis (Tuberkulose)
- Other lung disease (andere Lungenkrankheiten)
- High blood pressure (Bluthochdruck)
- Heart trouble (Herzbeschwerden)
- Rheumatic fever (rheumatisches Fieber)
- Diabetes mellitus (Zuckerkrankheit)
- Endocrine disorders (Drüsenkrankheiten)
- Cancer or tumor (Krebs/Tumor)
- Mental disorders (geistige Erkrankungen)
- Head or neck injury (Kopf-/Halsverletzungen)
- Hernia (rupture) (Leistenbruch)
- Rheumatism, joint or back trouble (Rheuma, Gelenk- oder Rückenbeschwerden)
- Fainting spells, fits or seizures (Ohnmachtsanfälle, Anfälle)

- ☐ Typhoid or paratyphoid fever (Typhus, Paratyphusfieber)
- ☐ Trachoma or other eye trouble (Augeninfektionen)
- ☐ Stomach pain or ulcer (Magenbeschwerden, Geschwüre)
- ☐ Other abdominal trouble (andere Unterleibsbeschwerden)
- ☐ Kidney or bladder trouble (Nieren-/Blasenbeschwerden)
- ☐ Sexually transmitted diseases (Geschlechtskrankheiten)
- ☐ Genetic or familial disorders (genetische oder erblich bedingte Krankheiten)
- ☐ Operations (Operationen)
- ☐ Malaria, If yes, date of last attack (Malaria, wenn ja, letzter Anfall)
- ☐ Tropical diseases (tropische Krankheiten)

2. Ärztliche Untersuchung
- ☐ Head and neck (Kopf/Hals)
- ☐ Mouth and throat (Mund/Kehle)
- ☐ Ears (Ohren)
- ☐ Nose (Nase)
- ☐ Eyes including fundi (Augen und Augenhintergrund)
- ☐ Heart (Herz)
- ☐ Chest, lungs and breasts (Brustkorb, Lungen, weibliche Brust)
- ☐ Abdomen, liver, spleen (Unterleib, Leber, Milz)
- ☐ Genito-urinary system (genital-urologische Untersuchung)
- ☐ Hernial sites (Bruchstellen)
- ☐ Extremities and spine (Arme, Beine, Rückgrat)
- ☐ Nervous system (Nervensystem)
- ☐ Skin including surgical scars (Haut/Narben)
- ☐ Lymphatic system (Lymphsystem)
- ☐ Evidence of mental illness (Geisteskrankheit)
- ☐ Any other abnormalities (andere Abnormalitäten)
- ☐ Female applicant pregnant. If yes, date of L.M.P. (weiblicher Antragsteller: liegt eine Schwangerschaft vor? Wenn ja: Datum der letzten Menstruation?)

❐ Is the applicant now taking medication or receiving treatment of any kind (nimmt der Antragsteller irgendwelche Arzneimittel oder ist er im Moment in ärztlicher Behandlung?)

Hinweis: Das Einwanderungs-Visum, einmal ausgestellt, ist zwölf Monate lang gültig. Ebenso lange wird das Ergebnis der medizinischen Untersuchung akzeptiert, also zwölf Monate ab Datum der ersten Untersuchung. Sollte ihr Einwanderungsantrag innerhalb dieser Zeit nicht bearbeitet und ihnen folglich auch noch kein Einwanderungs-Visum ausgestellt worden sein, müssen alle Einreisewilligen nochmals eine komplette Untersuchung über sich ergehen lassen.

Die Medical Forms erhalten Sie etwa ein bis zwei Monate nach Antragstellung. Das Erstellen des medizinischen Reports dauert im Durchschnitt vier bis sechs Monate (ab Untersuchung). Einige Fälle dauern länger, einige weniger lang.

Sollten sechs Monate nach der Untersuchung vergangen sein, dürfen Sie nachfragen, aber nicht vorher, da die medizinischen Ergebnisse automatisch in das Computersystem der Botschaft transferiert werden, wenn Sie die Gebühren bezahlt haben.

Das Interview

Das Interview verläuft teilweise in Englisch oder – je nachdem – in Französisch und teilweise in Deutsch. Bereiten Sie sich gut vor auf die Frage: »Wie stellen Sie sich Ihre Zukunft in Kanada vor?« Hier wird ausreichendes Wissen über Ihre zukünftige Heimat und Ihre Pläne verlangt.

Zum Beispiel könnte das Interview so aussehen:
Frage: »Was möchten Sie in Kanada machen«?
Antwort: »Einen Bioladen« (natural food store).
Frage: »Was machen Sie, wenn das Geschäft nicht läuft«?
Antwort: »Etwas im Touristenbereich wie B&B (Bed and Breakfast) und Wandertouren anbieten«.
Niemals sagen »Weiß ich nicht – wird sich schon ergeben«. Klare Antworten hinsichtlich der finanziellen Zukunft sind sehr wichtig. Weiterhin sollten sie sich flexibel und anpassungsfähig zeigen. Haben Sie sich zum Beispiel British Columbia als Wahlheimat ausgesucht und sind von Beruf Krankengymnast, so kann es durchaus passieren, dass Sie sich für die nächsten drei Jahre in Newfoundland

niederlassen müssen, weil dort gerade Mangel in diesem Berufzweig herrscht.

Verhalten bei Ablehnung

Wenn es Ihnen nicht gelingt, die Einwanderungserlaubnis direkt zu bekommen, so bemühen Sie sich zunächst um eine Arbeitserlaubnis. Oder aber Sie verweilen der Einfachheit halber sechs Monate ohne Arbeitserlaubnis in Kanada (s. »Einreisbestimmungen«). Es wirkt sich immer positiv aus, wenn Sie der kanadischen Botschaft sagen können, dass Sie sich in Ihrer Wahlheimat schon umgesehen haben.
Auf jeden Fall gilt: Wenn Sie jung, zwar ohne Geld und auch ohne Verbindungen, dafür aber fest entschlossen sind, nach Kanada einzuwandern, um sich dort ein neues Leben aufzubauen, dann werden Sie einen Weg finden, trotz aller Schwierigkeiten. Sie können es schaffen, Sie müssen es nur beharrlich versuchen und zeigen, dass Sie klare Absichten verfolgen. Das Riesenland Kanada bietet immer noch große Möglichkeiten.

Einwanderung in die USA

Es werden jährlich bis zu 55 000 »diversity immigrants« (Daueraufenthalts- und Arbeitsgenehmigung) durch eine Staatslotterie per Los ausgegeben. Acht Millionen Menschen hatten sich an der Auslosung für das Jahr 2000 beteiligt.
An der Lotterei teilnehmen können Bürger fast jeden Landes außer aus China (offen für Hongkong), Dominikanische Republik, El Salvador, Großbritannien (offen für Irland), Jamaika, Kanada, Kolumbien, Korea, Mexiko, Philippinen, Polen, Taiwan und Vietnam. Einsendeschluss ist immer der 31. Oktober. Die Gewinnchancen sind überraschend hoch. Gratisunterlagen und Infos rund um das Thema USA erhalten Sie bei

This is America (TIA)
Hans-Böckler-Strasse 19
53225 Bonn
Telefon: +49/(0)228/97350
Fax: +49/(0)228/9735190
E-Mail: tiaservice@aol.com

Die weitaus größte Gruppe unter den US-Immigranten sind Zuwanderer, die als Familienangehörige nachziehen. Sie erhalten die begehrte

Green Card und damit eine dauernde Aufenthaltsgenehmigung. Nur der kleinere Teil der Zuwanderer bekam die grüne Karte aufgrund besonderer Qualifikationen, so unter anderem Professoren und Forscher, Manager und Personen mit einer zweijährigen Hochschulausbildung oder einem Bachelor-Abschluss.

Auch Ausländer, die in den USA eine Firma gegründet oder sonstige Investitionen getätigt haben, kamen mit Hilfe der »Green Card«. In Gegenden mit hoher Arbeitslosigkeit reichen dafür bereits 500 000 US-Dollar, woanders muss es schon eine Million oder ein noch höherer Betrag sein.

Bemerkung: Wie vor 2000 Jahren die antike Weltmacht Rom beherrscht heute Amerika den Planeten, mit über 30 größeren Militärstützpunkten rundum. Es heißt immer, dass die Amerikaner den Deutschen in vielem eine Nasenlänge voraus sind. Was Sie jedoch wissen sollten ist, dass in den meisten Bundesstaaten der USA noch immer die Todesstrafe verhängt wird. Keine Todesstrafen werden mehr vollstreckt in den US-Staaten North Dakota, Iowa, Maine, Michigan, Minnesota, New Hampshire, Vermont, West Virginia, Wisconsin, Alaska und Hawaii.

Einwanderung in Quebec

Bevor Sie sich entschließen, in Quebec einzuwandern, sollten Sie jede Möglichkeit wahrnehmen, Quebec und seine Regionen zu besuchen und zu entdecken. Es wird Ihnen helfen, sich leichter in die Quebecer Gesellschaft einzugliedern.

Wie bereits erwähnt, sucht sich die Provinz Quebec ihre eigenen Einwanderer aus. Natürlich wird nur französisch gesprochen, und ganz sicher werden Sie gefragt, warum Sie gerade Quebec ausgewählt haben. Im allgemeinen gelten jedoch für Quebec die gleichen Einreisebestimmungen und Gebühren wie für die anderen Provinzen und Territorien.

Temporary Workers
(Einreise mit Arbeitserlaubnis)
Wie bereits unter den Einreisebestimmungen erwähnt, ist auch hier der Arbeitgeber dafür verantwortlich, dass die Bestimmungen eingehalten werden. Der Arbeitgeber kann auch nach einem dauerhaften Angestellten suchen, wenn diese Person den Anforderungen des von der Regierung ausgeschriebenen Job-Programms genügt (s. Teil 4, »Quebec«).

Wenn Sie schon zeitlich befristet in Quebec arbeiten, können Sie den Antrag auf permanet immigration gleich dort stellen.

Permanent Workers
Hier gilt für den Arbeitgeber das Gleiche wie bei Temporary Workers. Sie müssen ein garantiertes Jobangebot haben, das den Bedingungen des von der Regierung ausgeschriebenen Job-Programms entspricht.
Das für Sie zuständige Einwanderungsbüro von Quebec (außerhalb Kanadas) wird Ihren Antrag kostenlos prüfen. Wenn Ihr Antrag positiv beschieden wird, erhalten Sie innerhalb von drei Monaten Ihr endgültiges Formular »Selection Certificate«. Dieses Formular muss ausgefüllt und zusammen mit den gewünschten Unterlagen sowie den fälligen Gebühren zurückgesendet werden.
Sollten Sie innerhalb dieser drei Monate nichts hören, hat man Ihren Antrag einbehalten beziehungsweise abgelehnt.

Ihr Antrag wurde akzeptiert:
Sier erhalten per Post das »Certificat de selection du Quebec« (CSQ) oder Sie werden zu einem Interview (französisch) eingeladen. Wenn das Interview erfolgreich verlaufen ist, erhalten Sie das CSQ. legen Sie nun Ihre Papiere der Kanadischen Botschaft oder Ihrem zuständigen Visa-Büro vor.
Wenn Sie und Ihre Familie die nötige medizinische Untersuchung sowie die Sicherheitsüberprüfung erfolgreich überstanden haben, erhalten Sie das Einwanderungspapier.

Tipp: Melden Sie sich an für eine Informations-Tagung, die in folgenden Büros angeboten wird: Argentinien, Belgien, Frankreich, Kolumbien, Mexiko, Peru und Venezuela. Folgende Themen werden angeboten: »Einwanderungsprozedur«, »Wie finde ich einen Job« und »Soziale Hilfe und das tägliche Leben in Quebec«.

Internet: *www.immigration-quebec.gouv.qc.ca/anglais*

Die Gebühren für die Bearbeitung eines Antrags auf Einwanderung in Quebec betragen CAD 300 für den Antragsteller und CAD 100 für jede weitere abhängige Person. Die Bearbeitung des Antrages kann zwischen sechs und 18 Monaten dauern.

Antragsteller unter anderem aus den Ländern Bosnien-Herzegowina, Bulgarien, Deutschland, Jugoslawien, Polen, Österreich, Tschechien, Slowakei, Russland, Ungarn wenden sich an:
Service d'immigration du Quebec
c/o Embassy of Canada
Laurenzberg 2
A-1010 Vienna, Austria
Telefon: +43/(0)1/531-38-3005
Fax: +43/(0)1/531-38-3443

Antragsteller unter anderem aus den Ländern Algerien, Dänemark, Finnland, Großbritannien, Griechenland, Israel, Italien, Luxemburg, Monaco, Marokko, Niederlande, Schweiz, Tunesien, Nord- und Südafrika wenden sich an:
Service d'Immigration du Quebec
87/89, rue de la boetie
75008 Paris, France
Telefon: +33/(0)1/53934545
Fax: +33/(0)1/53934540

Weiterhin finden Sie Einwanderungsbüros in Brüssel, Damaskus, Hongkong, Mexiko und New York. Eine vollständige Adressen-Liste finden Sie im Internet unter *www.cic.gc.ca/english/contacts/que.html*

Bürgen
Kanadische Staatsbürger oder »landed immigrants«, wohnhaft in Quebec, können für nahe Verwandte bürgen oder für Familienmitglieder, die in die Kategorie »Family Class« fallen und alle entsprechenden Voraussetzungen erfüllen.
Zuerst legt der Bürge der Citizenship and Immigration Canada die »Sponsorship Application« vor, also den Antrag auf Übernahme einer Bürgschaft, und entrichtet die verlangten Gebühren. Dieser Antrag kann innerhalb Quebecs oder außerhalb Kanadas gestellt werden. Die Prozedur ist eingeschränkt und kommt nur für Ehepartner in Betracht oder für Partner, die ohne Trauschein oder sonstige gesetzlichen Papiere zusammenleben, sowie für unterhaltspflichtige Kinder.
Nach Überprüfung und Bewilligung wird dieser Antrag dem Ministere des Relations avec les citoyens et de l'Immigration (MRCI) zugeschickt. Von dort erhält der Bürge ein »Undertaking Agreement Kit«, eine Broschüre zum Thema Bürgschaften und die »Application for Selection

Certificate (family class)«, ein Formular, mit dem er die Ausstellung des Selection Certificate beantragen kann.
Hinweis: Sämtliche Dienstleistungen sind nur in Französisch.
Wenn alle Voraussetzungen erfüllt sind, legt der Bürge den ausgefüllten Antrag und das agreement kit, welche von der begünstigten Person teilweise unterzeichnet sein müssen, mitsamt den erforderlichen Dokumenten und den fälligen Gebühren beim Service aux garants vor. Wird der Antrag akzeptiert, erhält der Bürge Kopien vom Undertaking Agreement Kit und das Quebec Selection Certificate, welches er der gesponserten Person zuschicken muss.
Die gesponserte Person muss daraufhin die Dokumente bei der für sie zuständigen Botschaft vorlegen. Bei erfolgreichem Bestehen der medizinischen Untersuchung sowie Sicherheitsprüfung werden die entsprechenden Gebühren fällig. Der »Permanent Resident« Status tritt bei der Ankunft in Kanada in Kraft.

Businesspeople
Auch Quebec steht allen Unternehmern offen, die dem Land einen bedeutenden wirtschaftlichen Nutzen bringen und einen konkreten Beitrag zur regionalen Entwicklung leisten.

Entrepreneur Program
- Sie benötigen ein Kapital von mindestens CAD 300 000.
- Sie müssen mindestens drei Jahre Management-Erfahrung in einem gewinnbringenden Betrieb haben.
- Sie müssen einen Geschäftsplan unterbreiten mit der Absicht, ein Geschäft zu gründen oder ein Geschäft in Quebec zu erwerben, das mindestens drei Quebec-Einwohnern einen Job gibt.

Wichtig ist, dass diese unternehmerische Tätigkeit innerhalb von drei Jahren nach Erhalt des Immigrant Visas vollzogen sein muss. Erst dann werden Sie »permanent resident«. Dafür müssen folgende Bedingungen am Ende dieser drei Jahre erfüllt sein:
- Sie müssen an einem Betrieb in einer geeigneten Branche eine maßgebende Beteiligung in Höhe von mindestens einem Drittel haben.
- Sie müssen diesen Betrieb aktiv und kontinuierlich leiten.
- Sie müssen mindestens einen entsprechenden Vollzeit-Job für einen Kanadier oder einen permanent resident zur Verfügung stellen.

Hier einige vielversprechende Branchen, in denen Sie als Unternehmer in Quebec investieren könnten:

Aerospace
Agro-food industry
Biotechnology
Call centres
Chemical industry
Cultural industry
Electrical power equipment
Forest industry
Information technology
Metallurgy
Plastics processing industry
Surface transportation industry
Tourist industry

Investor Program
Als Investor gilt, wer unternehmerische Erfahrung besitzt und ein Vermögen von mindestens CAD 800 000 besitzt, welches rechtmäßig erworben wurde.
- Sie müssen mindestens drei Jahre Management-Erfahrung in einem gewinnbringenden Geschäft haben.
- Sie benötigen ein Investitionskapital von CAD 400 000, das der Regierung von Quebec für fünf Jahre zur Verfügung gestellt wird.

Dieses Kapital wird investiert, um kleinere und mittlere Geschäfte in Quebec zu unterstützen.

Self-employed Worker Program
- Sie müssen eine eigene Existenz aufbauen.
- Sie müssen über mindestens CAD 100 000 verfügen, die Sie rechtmäßig erworben haben.
- Sie müssen mindestens zwei Jahre Erfahrung nachweisen als Selbständiger in dem Beruf, den Sie in Quebec ausüben wollen.

Detailliertere Informationen über die vorgenannten Programme sind erhältlich bei der Einwanderungsabteilung der zuständigen kanadischen Botschaft.
Internet: *www.immigration-quebec.gouv.qc.ca/anglais*
Folgende Beratungsstelle hilft Ihnen bei der Informationsbeschaffung sowie bei anstehenden Fragen zur Einwanderung nach Quebec:
Ministere des Relations avec les citoyens et de l'Immigration
Direction de l'aide a l'immigration d'affaires

Montreal, PQ, H3N 1K2
Telefon: +1/514/864-9191
Der hier kostenlos angebotene Service ist meist sehr hilfreich und kann sich bei Inanspruchnahme auch positiv auf die Beurteilung Ihres Antrags auf Einwanderung auswirken.

Antragstellung
Der Antrag »preliminary application immigration« (PDF, vorläufiger Antrag auf Einwanderung) muss außerhalb Kanadas gestellt werden. Der Quebec Immigration Service prüft diesen Antrag kostenlos. Innerhalb von drei Monaten erhalten Sie eine Benachrichtigung, wenn Ihr Antrag positiv beschieden worden ist. Erhalten Sie keine Nachricht in dieser Zeit, wurde Ihr Antrag abgelehnt.
Wenn Ihr Antrag angenommen wurde, erhalten Sie per Post das Formular Application for a Selection certificate (ACS), welches Sie ausfüllen und mit den erforderlichen Dokumenten an die Quebec Immigration zurücksenden müssen. Wenn diese Unterlagen nach Durchsicht für gut befunden wurden, werden Sie zu einem Interview eingeladen. Und wenn Sie schließlich das Interview erfolgreich durchgestanden haben, erhalten Sie das »Quebec Selection Certificate«.
Damit können Sie nun Ihre Unterlagen bei der Kanadischen Botschaft vorlegen. Wenn Sie und Ihre Familienmitglieder jetzt noch die medizinische Untersuchung erfolgreich bestanden und auch die Gebühren bezahlt haben, erhalten Sie von der kanadischen Regierung das »Immigrant Visa«.

Nützliche Information
Einwanderungswillige können an einem Tageskurs teilnehmen, der von der Immigration Quebec allerdings nur in Frankreich und Belgien angeboten wird. Dort erfahren Sie mehr über die Einwanderungsprozedur, die Jobsuche, die soziale Sicherheit und über das tägliche Leben in Quebec.
Unternehmer und Selbständige werden darüber hinaus ermuntert, eine Entdeckungsreise nach Quebec zu machen, um sich vor Ort nach den Möglichkeiten für eine Geschäftsniederlassung umzusehen.

Selection Interview
Wenn der Antrag akzeptiert ist, werden die meisten Antragsteller zu einem Interview von einem Quebec-Einwanderungsberater eingeladen. Das Interview dauert etwa 1,5 bis 2 Stunden, es werden folgende

Themen angesprochen:
- ❐ Einwanderungspläne,
- ❐ Arbeits- oder Managementerfahrungen,
- ❐ Vermögen und Verbindlichkeiten (Heimatland sowie Geschäftspläne in Quebec),
- ❐ Fähigkeit zur Geschäftsgründung.

Verläuft das Interview erfolgreich, wird, wenn möglich, das »Quebec Selection Certificate« ausgehändigt, ansonsten wird es per Post zugeschickt. Gleichzeitig erhalten Sie ein »Information kit« über Quebec, gegebenenfalls auch noch andere Broschüren.

Einige Antragsteller unterliegen einem separaten Verfahren. In diesem Fall wird nicht zu einem Interview eingeladen. Sie erhalten direkt per Post das Quebec Selection Certificate nebst verschiedenen Informationen über Quebec.

Student – Permanent Immigration

Dieses Programm ist für Studenten, die planen, sich nach einem Jahr Studium dauerhaft in Quebec niederzulassen.

Sie müssen das Formular »Preliminary Application for Immigration« ausfüllen, welches Sie vom »Personalized Service for Foreign Students« erhalten. Wenn die Überprüfung positiv verlaufen ist, erhalten Sie per Post das »Application Selection Certificate«. Dies füllen Sie aus und senden es mit den gewünschten Dokumenten und den entsprechenden Gebühren zurück. Sollten Sie Hilfe beim Ausfüllen des Formulars benötigen, können Sie sich jederzeit an den »Personalized Service for Foreign Students« wenden.

Verläuft die Prüfung auch dieser Unterlagen positiv, erhalten Sie entweder von der Regierung Quebec per Post das Quebec Selection Certificate (Certificat de selection du Quebec, CSQ) ausgehändigt, das offizielle Einwanderungsdokument, oder Sie werden zu einem Interview nach Quebec eingeladen. Verläuft das Interview erfolgreich, so wird Ihnen das »Certificat de selection« dort ausgehändigt.

Das Zertifikat müssen sie dann zusammen mit den erforderlichen Unterlagen an die Kanadische Botschaft oder das Canadian Visa Office schicken, welches für Ihr Heimatland zuständig ist. Nun müssen Sie nur noch die medizinische und die Sicherheits-Untersuchung erfolgreich über sich ergehen lassen, bevor Sie von der kanadischen Regierung – natürlich nach Bezahlung der anfallenden Gebühren – das Immigration Visa erhalten.

Liste der Einwanderungsbüros von Quebec
Bitte informieren Sie sich zunächst auf der nachfolgend
genannten Website darüber, welches Büro für Sie zuständig ist:
www.cic.gc.ca/english/contacts/que.html

Brüssel
Service d'Immigration du Quebec
Delegation generale du Quebec
46, avenue des Arts
1000 Brüssel/Belgien
Telefon: +32/(0)2/5120036
Fax: +32/(0)2/5142641

Damaskus
Service d'Immigration du Quebec
c/o Canadian Embassy
Autostrade Mezzeh
P.O.Box 3394
Damaskus/Syrien
Telefon: +963/11/6116851
Fax: +963/11/6118034

Hongkong
Service d'Immigration du Quebec
c/o Consulate General of Canada
Exchange Square Tower 1
8 Connaught Place
Hongkong
Telefon: +852/28107183
Fax: +852/28453889

Mexiko
Service d'Immigration du Quebec
Delegation generale du Quebec
Avenida Taine 411
Colonia Bosques de Chapultepec
11580 Mexiko, D.F./Mexiko
Telefon: +52/5/2508208
Fax: +52/5/2544282

New York
Service d'Immigration du Quebec
Delegation generale du Quebec
One Rockefeller Plaza
New-York, NY 10020/U.S.A.
Telefon: +1/212/843-0960
Fax: +1/212/376-8984

Paris
Service d'Immigration du Quebec
Delegation generale du Quebec
87/89, rue de la Boetie
75008 Paris/Frankreich
Telefon: +33/(0)1/53934545
Fax: +33/(0)1/53934540

Wien
Service d'Immigration du Quebec
c/o Canadian Embassy
Laurenzberg 2
A-1010 Wien/Österreich
Telefon: +43/(0)1/531-38-3005
Fax: +43/(0)1/531-38-3443

Gebührenverzeichnis
(Stand 01. Juli 2003)
Alle Einwanderungs- und Visadienstleistungen, die kanadische Regierungsbehörden im Ausland und in Kanada erbringen, sind gebührenpflichtig. Diese Bearbeitungsgebühren werden nicht zurückerstattet, unabhängig davon, wie über den Antrag entschieden wird. Es gibt eine Ausnahme: Die bereits im voraus bezahlte Right of Permanent Residence Fee wird zurückerstattet, wenn der Antrag auf Einwanderung negativ beschieden oder zurückgezogen wird.
Hinweis: Sämtliche kanadischen Unterlagen wie beispielsweise den Antrag auf dauerhafte Niederlassung erhalten Sie nur in den Landessprachen Englisch oder Französisch.
Am 1. Juli 2003 wurden folgende Gebühren verlangt:
Einwanderung
Antrag auf dauerhafte Niederlassung

Hauptantragsteller ab 22 Jahren (oder jünger und verheiratet)	CAD 550	EUR (Euro) 355
Hauptantragsteller unter 22 Jahren (unverheiratet)	CAD 150	EUR 95
Ehegatten, Lebenspartner oder unterhaltsberechtigte Angehörige ab 22 Jahren (pro Person)	CAD 550	EUR 355
Unterhaltspflichtige Angehörige unter 22 Jahren, nicht Ehegatte oder Lebenspartner (pro Person)	CAD 150	EUR 95

Antrag auf dauerhafte Niederlassung als Unternehmer, Investor oder Selbständiger

Hauptantragsteller	CAD 1050	EUR 675
Ehegatte, Lebenspartner oder unterhaltsberechtigte Angehörige ab 22 Jahren (pro Person)	CAD 550	EUR 355
Unterhaltsberechtigte Angehörige unter 22 Jahren, nicht Ehegatte oder Lebenspartner (pro Person)	CAD 150	EUR 95

Right of Permanent Residence Fee

CAD 975   EUR 630

Diese Gebühr ist von allen Antragstellern (22 Jahre und älter) zu zahlen, die sich dauerhaft in Kanada niederlassen wollen und deren Antrag genehmigt wurde.

Reisedokumente (travel document)

CAD 50   EUR 30

Beglaubigung der Einwanderungsurkunde (Record of Landing)

CAD 30   EUR 20

Ersatz von Einwanderungspapieren

CAD 30   EUR 20

Visum/Erlaubnis für einen zeitlich begrenzten Aufenthalt
Besuchervisum

Einmalige Einreise pro Person	CAD 75	EUR 50
Mehrfache Einreise pro Person	CAD 150	EUR 95
Höchstbetrag für eine Familie	CAD 400	EUR 260

Studienerlaubnis

Studienerlaubnis (gilt auch für Schulen)	CAD 125	EUR 80

Arbeitserlaubnis

pro Person	CAD 150	EUR 95
Gruppe von drei oder mehr Künstlern	CAD 450	EUR 290

Weitere Dienstleistungen
Ministerielle Erlaubnis für einen zeitlich befristeten Aufenthalt

	CAD 200	EUR 130

Wiedereinreiseerlaubnis nach einer Ausweisung

	CAD 400	EUR 260

Administrative Dienstleisungen

	CAD 100	EUR 65

Rehabilitation Straffälliger

Schwerwiegende Straftaten	CAD 1000	EUR 645
Geringfügige Straftaten	CAD 200	EUR 130

Rückzahlung der Ausweisungskosten

Nach USA, St. Pierre und Miquelon	CAD 750	EUR 485
In jedes andere Land	CAD 1500	EUR 965

Zahlungsmodaliltäten

Die Einwanderungsabteilung hat keine Möglichkeit, Bargeld anzunehmen. Senden Sie also kein Bargeld per Post oder durch Kurierdienste. Bargeld wird nicht angenommen, sondern es geht umgehend an Sie zurück. Die Botschaft übernimmt keinerlei Haftung, falls das zurückgesandte Bargeld nicht bei Ihnen eintrifft.

Die Bearbeitungsgebühren können wie folgt bezahlt werden. Sollte eine Bank zusätzliche Gebühren erheben, so muss der Antragsteller dafür aufkommen.

In Kanadischen Dollars:
Durch bargeldlosen Wechsel (bank draft) oder bankbestätigten Scheck (certified cheque) in kanadischen Dollars, ausgestellt auf THE RECEIVER GENERAL FOR CANADA, bezogen auf eine kanadische Bank in Kanada, die ihn einlösen wird. (Solche Wechsel erhalten Sie bei den meisten Banken in Kanada).

Folgende Möglichkeiten der Zahlung werden nicht akzeptiert: persönliche Schecks, Firmen-Schecks, bargeldlose Wechsel, die nicht auf eine kanadische Bank bezogen sind, oder kanadische Postanweisungen.

In EUR:
Per Überweisung auf folgendes Konto:
Kanadische Botschaft
Deutsche Bank Berlin
BLZ: 100 700 00
Konto: 438 056 400

BIC (SWIFT-CODE): DEUTDEBB (bei Überweisungen aus dem Ausland)

Bitte beachten Sie Folgendes:
Fügen Sie Ihrem Antrag den Originalzahlungsbeleg bei. Der Zahlungsbeleg muss den Namen und das Geburtsdatum des Hauptantragstellers oder den Namen eines Mitglieds der Gruppe enthalten.
Sollten Sie eine Kopie des Zahlungsbeleges für Ihre Unterlagen benötigen, machen Sie sich bitte eine Kopie, bevor Sie den Antrag wegschicken. Wenn dem Antrag kein Zahlungsnachweis beiliegt oder nicht die korrekte Gebühr bezahlt wurde, kann der Antrag nicht bearbeitet werden. Ihr Antrag wird unbearbeitet an Sie zurückgeschickt.
Wenn Sie Ihren Antrag und den Originalzahlungsbeleg persönlich abgeben, vergewissern Sie sich, dass Sie den Buchungsbeleg der Einwanderungsabteilung erhalten haben, bevor Sie die Botschaft von Kanada wieder verlassen. In Ausnahmefällen kann Ihnen der Buchungsbeleg auch per Post zugesandt werden.
Internet: *www.kanada-info.de* (click »Kommen sie nach Kanada«, click Gebühren) oder *www.cic.gc.ca* (click Fees)

Checkliste
Vor der Abreise sollten folgende Punkte abgehakt werden:
- Gültige Reisepässe, Papiere überprüfen, gegebenenfalls verlängern lassen;
- Sprachkenntnisse verbessern (Englisch/Französisch);
- Beratungstermin beim Raphaelswerk vereinbaren;
- Visum für Einwanderung beantragen und bezahlen;
- Antrag ausgefüllt und mit dem Originalzahlungsbeleg an die Botschaft senden oder persönlich abgeben.

Die hierfür wichtigen Angaben sind alle in Teil 1 oder Teil 2 dieses Buches nachzulesen.

Permanent Resident Card
(Wiedereinreise nach Kanada)
Seit 28. Juni 2002 erhalten alle Einwanderer automatisch eine Permanent Resident Card (PR Card) per Post an die vorgegebene kanadische Anschrift zugeschickt. Bei der Einreise werden die dafür erforderlichen persönlichen Daten überprüft, und wenn alle Angaben komplett vorliegen, wird eine PR-Card erstellt.

Sollten Sie zum Zeitpunkt der Einreise noch keine kanadische Anschrift angeben können, wird gebeten, eine Anschrift innerhalb von 180 Tagen ab Einwanderungsdatum in Kanada dem Citizenship and Immigration Canada (CIC) mitzuteilen. Wenn dies nicht geschieht, muss ein neuer Antrag gestellt werden.

Wenn Sie die PR-Karte nicht innerhalb von 30 Tagen zugeschickt bekommen, müssen Sie das Call Centre anrufen.

Seit dem 31. Dezember 2003 müssen alle permanent residents eine gültige PR-Card haben. Dieser Ausweis ist sehr wichtig, wenn Sie das Land verlassen und wieder einreisen wollen. Die PR-Karte muss bei Ihrer Wiedereinreise in Kanada dem Personal vor Besteigen von Flugzeug, Schiff, Zug oder Autobus vorgewiesen werden.

Die Gebühren betragen CAD 50 pro Person, der Ausweis ist fünf Jahre gültig.

Sollten Sie die kanadische Staatsbürgerschaft erhalten, wird Ihre PR-Card automatisch annulliert. Um die kanadische Staatsbürgerschaft zu erhalten, müssen Sie drei Jahre in Kanada gelebt haben (s. Teil 3, »Kanadische Staatsbürgerschaft«). Als kanadischer Staatsbürger benötigen Sie nur noch einen kanadischen Reisepass, wenn Sie das Land verlassen wollen.

Teil 2: Abbruch der Zelte in der Heimat

Vor dem Kofferpacken

Hier finden Sie – in alphabetischer Reihenfolge – einige wichtige Punkte, die vor Beginn der Reise bedacht sein wollen. Sobald Sie die Einwanderungserlaubnis (gültig sechs bis elf Monate) erhalten haben, sind viele Dinge zu erledigen.

Apotheken und Medikamente:
Spezielle Medikamente in ausreichenden Mengen (auf Haltbarkeitsdatum achten) mitnehmen. In Kanada heißen sie meist anders. Und oft kennt man sie gar nicht. In jedem Fall aber eine Rezeptkopie dabeihaben, damit ein kanadischer Arzt das Rezept erneuern kann.
In Kanada finden Sie Pharmacies (Drug Stores) häufig als eine Unterabteilung in größeren Supermärkten. Apotheken finden Sie im kanadischen Telefonbuch, Gelbe Seiten, unter Pharmacies.

Arztbesuche:
Es ist zweckmäßig, behandelnde Ärzte aufzusuchen, vor allen Dingen Ihren Zahnarzt. Der Zahnarztbesuch wird in Kanada aus der eigenen Tasche bezahlt, und das kann sehr teuer werden (s. Teil 3, »Krankenversicherung«). Empfehlenswert ist es, eine Reisekrankenversicherung abzuschließen.

Flug- oder Schiffspreise:
Natürlich ist es nun auch angebracht, nach preiswerten Flügen Ausschau zu halten. Um ein One-Way-Ticket (nur Hinflug) zu erhalten, müssen Sie eine Fotokopie der Einwanderungserlaubnis vorlegen. Oftmals werden Hin- und Rückflug aber preiswerter angeboten (s. Teil 3, »Transport- und Fernmeldewesen«). Sollten Sie daran interessiert sein, per Schiff einzuwandern, erfahren Sie Näheres im Abschnitt »Einreise und Zoll«

Kindergeld:
Lassen Sie sich Ihr Kindergeld weiterhin auszahlen. Erst, wenn es sicher ist, dass Sie in Kanada Kindergeld erhalten, stoppen Sie die

Zahlungen im Heimatland (s. unten »Postadresse bestehen lassen« sowie Teil 3, »Sozialwesen«, und in Teil 4 einzelne Provinzen).

Kraftfahrzeug-Schadensfreiheitsrabatt:
Bevor Sie einwandern, sollten Sie sich noch den Internationalen Führerschein besorgen, da er in Verbindung mit Ihrem nationalen Führerschein ein Jahr in ganz Kanada gültig ist. Ansonsten ist der deutsche Führerschein zum Beispiel in British Columbia nur sechs Monate gültig (s. Teil 4: Provinzen).
Der deutsche Schadensfreiheitsrabatt wird in Kanada anerkannt. British Columbia erkennt maximal 40 Prozent an.
Lassen Sie sich von Ihrer Versicherungsgesellschaft in Englisch oder Französisch bestätigen, wie hoch der Schadensfreiheitsrabatt war und wie lange Sie ihn hatten. Diese Bestätigung müssen Sie der kanadischen Auto-Versicherung vorlegen. Dort erhalten Sie auch die Nummernschilder. In BC beispielsweise heißt sie: Insurance Corporation of British Columbia (ICBC). (s. Teil 4: Provinzen)

Kündigungen:
Denken Sie daran, Ihre Stellung rechtzeitig zu kündigen. Gleichzeitig sind Daueraufträge, Zeitungen, Versicherungen und dergleichen aufzulösen.

Nachmieter/Hausverkauf:
Je nach Lage der Dinge müssen Sie nun einen Nachmieter suchen oder einen Käufer für Ihr Haus. Eine Postadresse sollten Sie bestehen lassen (s. unten »Rückwanderung« und »Postadresse bestehen lassen«).

Rente:
Gegebenenfalls die Rentenstelle anschreiben und sich vorab die Rente ausrechnen lassen. Das deutsch-kanadische Abkommen besagt, dass Sie die deutsche Rente auch in Kanada erhalten – auch, wenn Sie die kanadische Staatsbürgerschaft angenommen haben. (s. Teil 3, »Sozialwesen«).

Sparkonto:
Es ist auf jeden Fall empfehlenswert, ein Sparkonto im Heimatland bestehen zu lassen. Ein Girokonto ist mit Kosten und Verwaltungsgebühren verbunden. Vielleicht erhalten Sie ja noch Geld von der Kfz-Versicherung oder erwarten Rückzahlungen vom Finanzamt oder dergleichen. Auf diesem Konto sollte genug Geld sein, um Ihren gesetz-

lichen Zahlungsverpflichtungen nachkommen zu können, die Ihnen gegebenenfalls noch aus Ihrem Wohnsitz im Heimatland entstehen. Zudem kann es sein, dass Sie etwas aus Ihrem Heimatland nachbestellen möchten – und sei es auch nur ein Ersatzteil für die Kaffeemaschine oder Ähnliches. Dann beauftragen Sie einfach Ihre Bank, den erforderlichen Betrag von Ihrem Sparkonto an die Firma XY zu überweisen. Möchten Sie einmal wieder in Ihrem Heimatland arbeiten, so entfällt zudem die Lauferei für eine Kontoeröffnung.

Spediteure:
Nachdem Sie das Buch durchgelesen haben, werden Sie sich entschieden haben, ob es sich lohnt, Ihre Haushaltsgegenstände mitzunehmen. Wenn ja, bedeutet das, Angebote von Umzugs-Spediteuren einzuholen (s. »Umzug/Verschiffung«).

Werkzeug:
Es ist empfehlenswert, Qualitätswerkzeug aus Deutschland mitzubringen. In Kanada bekommen Sie zum größten Teil nur Wegwerfware wie made in Taiwan, Korea, Hongkong. Gutes Werkzeug finden Sie zwar nach einigem Suchen, aber auch nur gegen harte Dollars (s. Adressenverzeichnis, »Versandhäuser«).

Rückwanderung:

Im Falle einer Rückwanderung müssen Sie sich bei Ihrem zuständigen Einwohnermeldeamt innerhalb einer Woche anmelden. Das Umzugsgut ist zollfrei. Die Zollfreiheit hängt aber davon ab, dass die eingeführten Waren weiterhin zwei Jahre in Ihrem Besitz bleiben und nicht verkauft werden. Ferner müssen Sie in Kanada Rückwanderungsgebühren bezahlen. Sie können sich die zirka 70seitige Broschüre »Merkblatt für Rückwanderer« beim Bundesverwaltungsamt bestellen.

Postadresse bestehen lassen:
Auf jeden Fall empfiehlt es sich, die Nabelschnur nach Deutschland nicht ganz zu kappen. Eine Adresse und ein Bankkonto sollten Sie bestehen lassen für den Fall einer Rückkehr. Fragen Sie Ihre Eltern, Verwandte oder Freunde, ob Sie deren Adresse benutzen dürfen. Damit haben Sie auch gleichzeitig eine Adresse für den Post-Nachsendeantrag (sechs Monate gültig). Sie brauchen dem Einwohnermeldeamt nicht mitzuteilen, dass Sie nach Übersee umziehen. Melden Sie nur Ihre neue

Adresse ordnungsgemäß an. Somit lassen Sie sich alle Tore offen. Sollte Ihnen die Wahlheimat doch nicht zusagen, so werden Sie bei einer Rückkehr weniger Probleme haben.

So können sie beispielsweise auch, wenn Sie einmal für drei Monate Ihr Heimatland besuchen möchten, sofort dort arbeiten, wenn Sie Ihr Versicherungsnachweisheft (Rentenversicherung) dabei haben. Die gültige Lohnsteuerkarte erhalten Sie beim Einwohnermeldeamt, und der Arbeitgeber meldet Sie bei der Krankenversicherung an.

Ergänzend sei für diesen Fall noch angemerkt, dass Sie dann auch das Recht haben, den Lohnsteuerjahresausgleich zu beantragen. Ihr(e) Freund(in) in Deutschland sendet Ihnen das Fomular nach Kanada, Sie füllen es aus und senden es an ihn/sie zurück. Er/sie wiederum leitet es weiter an das Finanzamt.

Umzug/Verschiffung

Wenn Sie das Geld für die Verschiffung vorerst sparen möchten, sollten Sie Ihr Hab und Gut bei Freunden unterstellen, da eine Möbeleinlagerung wiederum mit Kosten verbunden ist.

Außerdem ist es auch zunächst kein so großes finanzielles Risiko: Sie brauchen nur den Flug/das Schiff zu bezahlen und schauen sich erst einmal in Kanada um. Wenn Sie einen Platz gefunden haben, an dem Sie sich niederlassen wollen, so lassen Sie Ihr Umzugsgut nachkommen. Sollte Ihnen Kanada dagegen doch nicht zusagen, so gehen Sie wieder zurück, ohne nochmals Kosten für die Verschiffung Ihres gesamten Hausrats zu bezahlen.

In Kanada gibt es im Wesentlichen zwei Möglichkeiten, Ihr Umzugsgut vorübergehend unterzubringen: Sie können entweder eine Garage mieten oder eine Firma, die »Moving & Storage« anbietet, mit der Zwischenlagerung beauftragen (Tageszeitung oder Branchenverzeichnis durchsehen).

Wenn Sie Ihren Hausrat nach Kanada bringen lassen wollen, lassen Sie sich dafür zuerst Kostenvoranschläge von mehreren Speditionen erstellen (s. Adressenverzeichnis). Die Anforderung eines Kostenvoranschlags könnte etwa so aussehen:

»Betrifft: Frachtanfrage, ca. 1,5 t Umzugsgut von (Ihr Wohnort) nach Vancouver, British Columbia/Kanada

Ich bitte um Ihren Kostenvoranschlag für eine preiswerte Verschiffung im Sammelverkehr sowie günstigste Seefrachtrate für einen 20-Fuß- und/oder einen 40-Fuß-Container.«

Zweckmäßig ist es, gleichzeitig nachzufragen, wie teuer eine Autoverschiffung kommt.
Die Fracht-Container haben folgende Maße:
20-Fuß-Container = 6 m lang und 2,30 m breit, genau: L 593 cm x B 236 cm x H 238 cm = 33 cbm
40-Fuß-Container = 12 m lang und 2,30 m breit, genau: L 1207 cm x B 236 cm x H 238 cm = 67 cbm

Einige Preisbeispiele für Container von Bremerhaven nach Vancouver:

Spediteur	20-Fuß-Container	40-Fuß-Container
Kühne & Nagel, Bonn	EUR 6000	EUR 7000
Moeller, Düren	USD (US-Dollar) 2350	USD 3390
Trans-Trading, Wolfratshausen	USD 3500	USD 4500
Kühne & Nagel, Vancouver/BC	USD 2350	USD 2560

Die Laufzeit für den Container beträgt etwa vier bis sechs Wochen

Versicherung und Beladen
Eine allgemeine Versicherung für das Umzugsgut ist sehr teuer. Eine Versicherung gegen »Strandfall und Diebstahl« dürfte vollkommen ausreichen. Bei unserer Auswanderung haben wir unsere Umzugskartons selber gepackt und auch den Container selber beladen, was wesentlich billiger kam. Bei Ankunft in Vancouver entstanden noch zusätzliche Kosten für »Terminal Handling Charges«, etwa CAD 250. Anschließend mussten wir eine Spedition beauftragen, den Container von Vancouver nach Kamloops in den Zollhof zu verladen. Dieser Spedition mussten wir die Original-»Bill-of-Lading« (Frachtbrief) geben. Dieses Papier erhalten Sie noch in Ihrem Heimatland, wenn Sie den Spediteur bezahlt haben. Ohne diese Unterlagen können weder der Spediteur noch Sie die Sendung aus dem Hafen holen.
Kosten für den Transport nach Kamloops: CAD 900. In Kamloops mussten wir dann mit Packliste und Einwanderungspapier zum Zoll. Erst als der Zoll sein o.k. gab, konnte der Container zur angegebenen Adresse weiterverladen werden. Aus Kostengründen haben wir den Container auch wieder selber entladen.

Umzug mit Kisten
Sie können auch mit sogenannten Lift-Van-Kisten umziehen (L 244 cm

x B 111 cm x H 208 cm = 4,7 cbm, für zirka 1000 kg Umzugsgut geeignet). Sie sind gegen Nässe geschützt, aber auch sehr teuer.

Wir hatten 50 Umzugskartons zu viel, das heißt, sie passten nicht mehr in den Container. Daraufhin haben wir uns unsere eigenen Seekisten gezimmert, mit Material aus dem Baumarkt (Kistenmaße: L 165 cm x B 130 cm x H 200 cm). Um die Kisten zu verstärken, ist es ratsam, sie auf einer Palette zu befestigen. Sie müssen nur die Maße einhalten, damit die Kisten auch auf den Lkw passen für den Weitertransport zum Seehafen. Sicherheitshalber die Maße beim Spediteur erfragen.

Hierfür muss natürlich auch eine Packliste in fünffacher Ausfertigung erstellt werden (s.unten, »Packliste«). Nun beauftragen Sie einen Zwischenspediteur mit der Abholung, der die Kiste zum Seehafen weitertransportiert.

In Vancouver haben wir unsere Kisten im Zollhof übernommen. Wiederum »Bill of Lading« sowie Packliste und Einwanderungspapier bereithalten.

Umzugstag

Auf jeden Fall sollten Sie am Umzugstag für gute Parkmöglichkeiten sorgen. Am besten abends vorher mit Kartons und Schild Platz reservieren.

Zusammenfassung

1. Kostenvoranschlag anfordern;
2. Umzugskartons packen und nummerieren;
3. Packliste in Englisch oder Französisch schreiben;
4. Für gute Parkmöglichkeiten vor Ihrem Haus sorgen;
5. Container oder Kisten beladen;
6. Spediteur bezahlen, danach erst erhalten Sie die Verschiffungsdokumente (Bill of Lading kurz B/L) – ohne dieses Papier können Sie Ihre Sendung nicht aus dem Seehafen/Zollhof holen;
7. B/L und Packliste im Handgepäck bereithalten;
8. Spediteur in Kanada mit Abholung beauftragen oder selber Sendung übernehmen, dann aber
9. für den Zoll die B/L, Packliste sowie Einwanderungspapier bereithalten.

Packliste

Zur Vermeidung von späteren Schwierigkeiten ist es sehr nützlich, eine detaillierte Liste aller Artikel (s.u.) aufzustellen, die Sie nach Kanada mitführen möchten. Alle Artikel auf der Liste können innerhalb von drei Jahren nach Kanada zollfrei überführt werden. Diese Packliste heißt »Goods to Follow«. Empfehlenswert ist, zwei separate Packlisten zu schreiben: Eine für das, was Sie sofort, und eine für das, was Sie später einführen werden. Es ist ratsam, jeweils zwei Kopien der Packliste bei der Einreise im Handgepäck mitzuführen (s. »Ankunft in Kanada«). Ein Formblatt für eine solche Liste finden Sie zum Ausdrucken auf der Internetseite *www.ccra-adrc.gc.ca/E/pbg/cf/b4abq* der Canada Customs and Revenues Agency.

Packliste für Container-Verschiffung
Lassen Sie Ihr Umzugsgut später nachkommen, müssen auf der Packliste »Goods to Follow« vermerkt werden. Für den Fall, dass Sie Ihr Umzugsgut selber einpacken und beladen, was auch wesentlich billiger ist, nachstehend ein Muster in Englisch (die Liste ist in fünffacher Ausfertigung zu erstellen):

Owners: Foster
Origin of Loading Address: Teststraße, W-50670 Cologne/Germany
Destination: Steveston Hwy, Vancouver, BC/Canada

Packing List – personal and/or household items
(packed by owner)

Item	Articles	Item	Articles
1-3	dishes	8+9	magazines
4-6	games	10-13	kitchen utensils
7	flower pots	etc.	

Wertangabe: CAD 1500

Packliste für eine Seekisten-Verschiffung
(Bedingungen wie oben)

Owners: Foster
Origin of Loading Address: Teststraße, W-50670 Cologne/Germany
Destination: Steveston Hwy, Vancouver, BC/Canada

Dispatch:
Shipment by MS »Test«
Bremen / Vancouver on 15.5.20..

2 palletes = 500 kgs

pallete no.	carton	sizes
1	25	B130xL165xH200 cm
2	25	B130xL165xH200 cm

Packing List – Removal Goods (packed by owner)

Item	Articles	Item	Articles
1-3	dishes	8-9	magazines
4-6	games	10-13	kitchen utensils
7	flower pots	etc.	

Wertangabe: CAD 1500

> **Tipp:** Erstellen Sie für sich selbst eine wesentlich detailliertere Packliste, damit Sie Ihre Sachen schnell wiederfinden. Für den Zoll dagegen benötigen Sie nur eine allgemeine Packliste wie in den obigen Beispielen, abgefasst in Englisch (für Quebec: in Französisch).

Checkliste für den Umzug

Kreuzen Sie alles an, woran unbedingt zu denken ist. Streichen Sie es erst dann, wenn es erledigt ist. Punkt für Punkt. So kann nichts vergessen werden.

Alte Wohnung
- ❍ kündigen
- ❍ Nachmieter suchen
- ❍ Mietkaution zurückverlangen
- ❍ Renovierung veranlassen
- ❍ Keller und Speicher ausräumen
- ❍ Namensschilder am Haus, Briefkasten entfernen
- ❍ Endreinigung

Kraftfahrzeuge
- ❍ Kfz verkaufen oder mitnehmen

- ○ Auto abmelden
- ○ Kfz-Steuer muss bezahlt werden. Bereits gezahlte Steuer erhalten Sie von Ihrem Finanzamt zurück.
- ○ Kfz-Schadensfreiheitsrabatt; Belege in Englisch/Französisch mitnehmen
- ○ Internationalen Führerschein beantragen
- ○ Garage kündigen

Post
- ○ Postadresse beibehalten (s. »Rückwanderung«)
- ○ Nachsendeantrag stellen (z.B. Adresse von Freunden angeben)
- ○ Allen in Frage kommenden Personen die Adressenänderung mitteilen
- ○ Rundfunk und Fernsehen abmelden
- ○ Zeitungs- und/oder Magazinzustellung abmelden

Spedition und Umzug
- ○ Angebote von Übersee-Spediteuren einholen
- ○ Umfang des Transportes festlegen
- ○ Packliste schreiben
- ○ Umzugstermin festlegen
- ○ Für gute Parkmöglichkeiten sorgen
- ○ Schlüssel von Schränken usw. mit Kennzettel versehen und in einem Behälter aufbewahren
- ○ Besondere/n Kiste/Koffer mit sofort benötigten Dingen (Handtücher, Bettwäsche, Geschirr etc.) bereithalten
- ○ Spediteur bezahlen

Versicherungen/Banken
- ○ Daueraufträge kündigen
- ○ Sparverträge kündigen
- ○ gegebenenfalls Girokonten kündigen
- ○ Sparkonto beibehalten

Versorgungsbetriebe
- ○ Telefon kündigen. Sagen Sie Ihrem Fernmeldeamt, an welchem Tag der Anschluss stillgelegt und an welche Anschrift die Schlussrechnung gesandt werden soll.
- ○ Strom-, Gas- und Wasserzähler ablesen, Versorgungsbetriebe verständigen, damit am Auszugstage der Zählerstand abgelesen werden kann.
- ○ Internet kündigen

Sonstiges
- Arbeitsstelle kündigen
- Kinder in Schule und Kindergarten abmelden
- Fortzahlung Kindergeld sicherstellen (s. oben »Kindergeld« sowie Teil 3, »Sozialwesen«, und in Teil 4 einzelne Provinzen)
- Rente ausrechnen lassen
- Ärzte aufsuchen
- Haustiere impfen lassen
- gültigen Reisepass
- Flug oder Schiff buchen

Besorgen
- Handwerkszeug, Leiter, Hausapotheke
- Getränke, Tabakwaren und Snacks für Handwerker, Umzugsleute und Gratulanten

Planen
- Pläne für Neuanschaffungen machen, Sonderposten einkalkulieren
- Pläne für Unvorhergesehenes und Hausrat

Erforderliche Papiere
Bevor Sie Ihr Heimatland verlassen, sollten Sie dafür sorgen, dass Sie folgende Dokumente griffbereit haben:

Im Handgepäck:
- Einwanderungspapiere
- Bestätigung der Permanent Residence Card für jedes begleitende Familienmitglied
- Reisepass und Reisedokumente
- Packliste in zweifacher Ausfertigung zu dem, was Sie sofort einführen (mit Wertangabe)
- Packliste in zweifacher Ausfertigung zu dem, was später nachfolgen wird (mit Wertangabe)
- Auto-Zulassungspapiere, wenn Sie eins einführen
- Führerschein sowie Internationalen Führerschein
- Kreditkarten etc.

Hinweis: Es kann sein, dass Sie bei der Einreise nachweisen müssen, über wie viel Geld Sie verfügen. Sie müssen mindestens sechs Monate

Ihre Lebenshaltungskosten wie Miete, Essen usw. damit bestreiten können, und zwar für sich selbst ebenso wie für Ihre Familie.

im Koffer:
○ Arbeitszeugnisse (s. Teil 3, »Der Arbeitsmarkt«)
○ Schulzeugnisse (school records, diplomas or degrees, trade or professional certificates and licences)
○ Geburts- und Heiratsurkunde (Scheidungsurkunde)
○ Adoptions-Papiere
○ Impfungs- und Gesundheitsunterlagen
○ Kfz-Schadensfreiheitsrabattbestätigung
○ Rechnungs- und Umzugsunterlagen
○ B/L – Verschiffungspapiere

Hinweis: Wenn möglich sollten alle Dokumente in Englisch oder Französisch übersetzt sein, bevor Sie Ihr Heimatland verlassen.

Einfuhr- und Zollbestimmungen

Reisegepäck
Ihr gesamtes Umzugsgut kann zollfrei eingeführt werden – mit der Ausnahme von Alkohol. Es kann passieren, dass Sie Ihre Privatbar sowie auch angebrochene Flaschen verzollen müssen – auch wenn Sie diese auf Ihrer Abschluss-Fete von Ihren Freunden als Seelenwärmer für die kanadischen Winterabende geschenkt bekommen haben. Geschenke (keine Tabakwaren oder Alkohol) können bis zu CAD 60 pro zu beschenkender Person zollfrei eingeführt werden. Einzelheiten zu diesen Bestimmungen finden Sie im Internet unter *www.ccra-adrc.gc/ca* (Customs and Revenue, bundesweite Informationen).

Alkohol
Die Einfuhr von Alkohol ist nur volljährigen Personen gestattet. Das Volljährigkeitsalter liegt – je nach Provinz – zwischen 18 und 19 Jahren (s. Teil 4: Provinzen). Einwandernde/Einreisende nach Kanada können pro Person 1 l Spirituosen, 1,5 l Wein oder 8,5 l Bier zollfrei einführen. Zusätzlich können bis zu 9 l Alkohol eingeführt werden. Dies muss beim Zoll gemeldet und bezahlt werden (plus Einfuhrzoll, Getränkesteuer und Provinzgebühr).
Es ist einfacher, Magenbitter und/oder Kräuterschnäpse mitzunehmen, da sie als Medizin (Stomach Bitter, made from herbs) gelten. Allerdings

kommt es hierbei immer auf das persönliche Ermessen des jeweiligen Zollbeamten an (s. auch Teil 3, »Alkohol«).

Kraftfahrzeuge
Vor der Einwanderung stellt sich die Frage: Wie bleibe ich bei der Ankunft in Kanada mobil? Das eigene Auto mitnehmen oder dort eines kaufen oder mieten? Auf jeden Fall sind Sie mit Auto beweglicher. Kanada ist ein Autoland, und das Auto ist das populärste Personen-Transportmittel. Vor allem, wenn Sie in der Vorstadt oder auf dem Land wohnen, ist ein Fahrzeug sehr wichtig – es kann unter Umständen unverzichtbar sein. In einer Großstadt dagegen kann man natürlich auch ohne Auto auskommen.

Ein Kraftfahrzeug, das zum persönlichen Gebrauch in Kanada bestimmt ist und im Herkunftsland bereits Eigentum des Umziehenden und auf dessen Namen zugelassen war, kann als Umzugsgut zollfrei eingeführt werden. Ehepartner können beide je ein Kraftfahrzeug mitbringen, wenn dieses bereits vor ihrer Ankunft in ihrem Besitz war und von ihnen benutzt wurde.

Unter Umständen ist es sogar billiger, sein Auto aus dem Heimatland mitzubringen. Das müsste man im Einzelfall schlicht ausrechnen, denn auf jeden Fall sind Autos in Kanada auch nicht gerade billig, und Gebrauchtwagen schon gar nicht (s. dazu auch die Beschreibungen der einzelnen Provinzen in Teil 4). Die Euro-Preise für eine Auto-Verschiffung sind vom Kurs des US-Dollars abhängig.

Einwanderer müssen allerdings das Fahrzeug nach Ankunft in Kanada innerhalb eines Jahres entsprechend den kanadischen Sicherheitsvorschriften nach dem Canada Motor Vehicle Safety Act umrüsten lassen (zum Beispiel Stossdämpfer verstärken). Näheres zu diesen Sicherheitsvorschriften erfragen Sie bei

Transport Canada, Vehicle Importation
Place de Ville
330 Sparks Street
Ottawa, ON, K1A 0N5
Telefon: +1/613/998-8616
Internet: *www.tc.gc.ca*

Hinweis: Der als Umzugsgut zollfrei eingeführte Wagen darf nicht vor Ablauf eines Jahres verkauft werden.
Bei Schiffstransport eines Kraftfahrzeuges wird empfohlen, Unter-

deckverladung zu vereinbaren und eine Transportversicherung abzuschließen. Aufgrund der Insekten- und Seuchenkontrollbestimmungen müssen alle Kraftfahrzeuge bei der Einfuhr dampfgereinigt sein. Eine solche Reinigung kann während des Schiffstransport erfolgen.

Reisende (non-residents) können Ihr eigenes Fahrzeug für eine Dauer von bis zu einem Jahr zoll- und steuerfrei einführen. Bei Ankunft wird ein Temporary Permit ausgestellt. Ist ein längerer Aufenthalt geplant, kann eine Kaution bis zu CAD 500 verlangt werden. Das Kraftfahrzeug darf während dieser Zeit nicht verkauft werden und ist nach Beendigung des Aufenthalts wieder auszuführen. Das Nationalitätszeichen muss an der Rückseite des Fahrzeuges angebracht sein.

Sollten Sie noch Fragen haben, wenden Sie sich direkt an:

Canada Customs and Revenue Agency
Information Services
2265 St.Laurent Boulevard
Ottawa, Ontario, K1G 4K3
Telefon: +1/506/636-5064
Internet: *www.ccra-adrc-gc.ca*

Einfuhr von Tieren

Bei der Einreise wird ein tierärztliches Gesundheitszeugnis mit Tollwutimpfung (Internationaler Impfpass) verlangt. Die Impfung muss mindestens einen Monat vor der Einreise erfolgt sein, darf aber höchstens ein Jahr zurück liegen.

Tiere, die ohne dieses Zeugnis eintreffen, werden bei Ankunft gegen Tollwut geimpft und müssen auf Kosten des Besitzers 30 Tage in Quarantäne. Hunde und Katzen im Alter von unter drei Monaten kommen grundsätzlich in Quarantäne, da für sie eventuelle vorhandene Tollwutimpfzeugnisse nicht anerkannt werden.

Die Ankunft in Kanada muss vorher gemeldet werden, damit der zuständige Veterinär beim Eintreffen anwesend ist. Auskunft hierüber gibt die kanadische Botschaft.

Internet: *www.cfia-acia.agr.ca* (Canadian Food Inspection Agency)

Wenn Sie – gleich, ob als Einwanderer oder als Besucher – Ihr Haustier mit nach Kanada bringen wollen, müssen Sie vorher Folgendes erledigen:

Tierarzt:

Beim Tierarzt sich den Nachweis über Tollwutimpfung beschaffen.

Empfehlenswert ist es, sich dabei auch gleich Schlaf- oder Beruhigungstabletten für das Tier zu besorgen, damit es den Flug besser übersteht.

Gesundheitszeugnis:
Amtstierärztliches Gesundheitszeugnis beschaffen, welches Sie bei der Gemeinde-/Stadtverwaltung bekommen. Tiere müssen sich dort einer einfachen Untersuchung unterziehen.

Tierbox:
Eine Tierbox beschaffen. Bei der Lufthansa kostet ein mittlerer Hundekäfig zirka EUR 400. Empfehlenswert ist es deshalb, über Kleinanzeigen eine gebrauchte Tierbox zu suchen, dann kann das Tier sich auch schon mit der Kiste vertraut machen.

Flug buchen:
Tiere mitzunehmen ist nur bei Liniengesellschaften erlaubt. Die Lufthansa gibt die Garantie, dass das Tier sich im gleichen Flugzeug befindet wie der Tiereigentümer. Kanadische Linien wollen diese Zusage nicht geben. Flugkosten pro Hund EUR 400–600, pro Katze zirka EUR 250. Zum Wohle des Tieres sollten sie auf jeden Fall einen Direktflug mit möglichst kurzer Flugzeit buchen (zum Beispiel Frankfurt/Vancouver: 9 Stunden Flugzeit).

Abflug:
Einen Tag vor Abflug die Tiere nicht mehr füttern – nur Wasser geben. Möglichst vor Abflug noch eine Stunde Gassi gehen. Danach die Schlaf- oder Beruhigungstablette verabreichen, das Tier in die Tierbox sperren und ab ins Flugzeug. Das geschieht eine Stunde vor Abflug. Eine Katze plus Käfig darf unter Umständen sogar mit in den Passagierraum.

Ankunft in Kanada:
Melden Sie sich beim Zoll und bei der Immigration. Dort steht dann schon die Tierkiste mitten im Menschengewühl. Während der Einwanderungsprozedur, die zwischen 30 Minuten und zwei Stunden dauert, muss das Tier weiterhin in der Kiste verweilen, es darf die Kiste im Flughafen nicht verlassen.

Einfuhrformalitäten für das Tier:
Im Flughafenbüro müssen Sie nun bei der Animal Health Division sämtliche tierärztliche Bescheinigungen vorlegen. Nach Gutbefund erhält das Tier die Einfuhrbescheinigung. Hier entstehen weitere Kosten in Höhe von zirka CAD 35. Danach dürfen Sie entweder die Tierbox auf einem Kofferwagen weitertransportieren oder einen Träger damit beauftragen, was wiederum Zeit und Geld kostet.
Von der Schlaftablette noch ziemlich benommen, dürfen Hund oder Katze nun endlich raus!

Was Hundebesitzer noch wissen sollten:
Manches ist anders in Kanada:
- Ein Hund darf weder in ein öffentliches Gebäude noch in ein Restaurant noch in ein öffentliches Verkehrsmittel.
- vFast alle Parks, Provinz-Parks, Wanderwege und Strände haben Hundeverbot, nur manchmal ist es erlaubt, den Hund an der Leine zu führen.
- Dort, wo es kein Hundeverbot gibt, besteht immer Leinenzwang.
- Spazieren gehen ist trotz der unendlichen Natur schwieriger als in Deutschland. In Kanada ist das Betreten von Privatgrundstücken unmöglich. Zufahrtswege von Farmen sind im Gegensatz zu den Feldwegen in Deutschland ebenfalls privat. Fuß- und Radwege gibt es kaum. Und am Highway entlangzulaufen ist gefährlich und unerfreulich.
- Privatgrundstücke sind in Kanada meist nicht eingezäunt. Das kann ein Problem sein, wenn Hunde die Neigung haben, in der Umgebung herumzustreunen.
- Hunde, die frei laufen, können eingefangen oder erschossen werden. Viele Gemeinden haben einen Hundeinspektor, der dafür zuständig ist. Tierheime gibt es nicht, nur private Vereinigungen wie die Society for the Prevention of Cruelty to Animals (SPCA). Jede Stadt hat ein Pound, wo herumstreunende Hunde für kurze Zeit aufgenommen werden.
- Die lokalen Radiosender haben einen »Pet Finder« der Such- und Fundmeldungen von Tieren bekannt gibt.
- Wichtig ist, dass der Hund seine registrierte Hundemarke trägt.
Generell fällt auf, dass Hunde in Kanada oft unter wesentlich schlechteren Bedingungen gehalten werden als in Deutschland. Es gibt nicht wenige Kettenhunde, die ein erbärmliches Dasein fristen.

Dass jemand mit einem Hund mit oder ohne Leine spazieren geht, sieht man so gut wie nie.

Ankunft in Kanada
Ankunft per Flugzeug
Customs Officer:
Nach Ankunft am Flughafen werden Sie zunächst vom Customs Officer befragt, dem Sie auch das Einwanderungspapier sowie die Packliste vorzeigen müssen. Der Zollbeamte verweist Sie dann weiter zum Immigration Officer.

Immigration Officer:
Der Einwanderungsbeamte überprüft Einwanderungspapier und Reisedokumente. Er stellt ähnliche Fragen, wie Sie sie bereits im Einwanderungsantrag beantwortet haben. Es könnte auch sein, dass Sie nun den Nachweis über Ihre vorhandenen Geldmittel erbringen müssen. Wenn keine Schwierigkeiten bestehen, erhalten Sie den Einwanderungsstempel auf dem Record of Landing and Confirmation of Permanent Residence.

Zoll (Customs):
Anschließend müssen Sie zum Zoll, der sich ebenfalls noch im Flughafengebäude befindet. Dort müssen Sie angeben, was Sie jetzt einführen und was noch alles innerhalb von drei Jahren nachkommen wird. Die Packlisten (List of Goods sowie Goods to follow) müssen jeweils in zweifacher Ausfertigung in Englisch und maschinengeschrieben vorgelegt werden. Anschließend erhalten Sie die Original-Packliste nebst einer Zollbescheinigung zurück. Diese Zollbescheinigung müssen Sie fünf Jahre lang aufbewahren. Laut Zollvorschriften dürfen Sie innerhalb eines Jahres nichts von Ihrem Umzugsgut verkaufen. Auch beim Handgepäck werden Sie nach dem Wert gefragt sowie nach einer Packliste. Diese Packliste ist keine Bedingung. Der Zoll hätte hierüber am liebsten auch eine Packliste. So wird der Wert des Handgepäcks nur geschätzt.
Da Geschenke (s. »Einfuhr- und Zollbestimmungen«) auch verzollt werden müssen, geben Sie an, dass es sich nur um persönliche Dinge (Removal Goods) handelt. Die Zollbeamten sind sehr freundlich. Nur vorsichtig sein, hin und wieder verstehen sie Deutsch, auch wenn sie es

sich nicht anmerken lassen! Wenn der Zoll sein »o.k.« gibt, sind Sie eingewandert.

Die Papiere besagen, dass Sie in der Stadt einwandern müssen, die Sie in Ihrem Heimatland der kanadischen Botschaft angegeben haben. Sie begehen aber keinen kriminellen Akt, wenn Sie dies nicht befolgen.

Beispiel: Wenn das Reiseziel Vancouver in British Columbia angegeben wurde, können Sie auch in Toronto einwandern. Der Flug ist dann wesentlich billiger. Vielleicht kaufen Sie sich dort ein Auto (Ontario hat Auto-Industrie) und fahren mit dem Auto durch sämtliche Provinzen (Ost–West, ca. 6000 km). So bekommen Sie gleichzeitig einen guten Überblick über Kanada.

Wenn Sie sich für einen »Pick-up-Camper« entscheiden, entfallen die Übernachtungsgebühren, da Sie darin schlafen und sich auch selber verpflegen können (Motels kosten ab etwa CAD 50 für zwei Personen).

Ankunft per Schiff

Möchten Sie wie die Pioniere einwandern, dann reisen Sie per Schiff. Sie buchen sich auf einem Containerschiff ein, Schiffsroute: Bremerhaven–Halifax, Nova Scotia/Ostkanada, Reisedauer zirka neun Tage. In Halifax kommen die Zollbeamten auf das Schiff und Sie erhalten Ihren Einwanderungsstempel. Für die Weiterreise gibt es folgende Möglichkeiten:

1. eigenes Fahrzeug, wenn mit verschifft,
2. Greyhound Bus,
3. Zug,
4. Flugzeug,
5. Auto/Pickup/Camper kaufen.

Falls Sie daran interessiert sind, in dieser Art mit einem Frachtschiff einzureisen, wenden Sie sich an

Polish Ocean Lines
Hamburg-Süd Reiseagentur GmbH
Ost-West-Straße
20457 Hamburg/Deutschland
Telefon: 040/370 55 93

oder an

Frachtschiff-Touristik
Kapitän Zylmann GmbH

Exhöft 12
D-23303 Masholm/Germany
Telefon: +49/(0)4642/96550
Fax: +49/(0)4642/6767

Ausführliche Reiseinformationen finden Sie auch im Internet unter *www.Zylmann.de*
Hinweis: Wenn Sie innerhalb eines Jahres länger als 183 Tage außerhalb Kanadas verbringen, verlieren Sie Ihren Einwanderungsstatus. Sollten bestimmte Gründe für längere Abwesenheit vorliegen, so müssen Sie beim »Immigration Officer« ein »Returning Resident Permit« verlangen. Diese Freistellung ist grundsätzlich ein Jahr gültig, kann aber auch verlängert werden.

Ankunft am Niederlassungsort

Sobald Sie an Ihrem Niederlassungsort angekommen sind, sind verschiedene Punkte zu erledigen. Vorausschicken möchte ich, dass in Kanada keine polizeiliche Meldepflicht besteht. Aber folgende Punkte sind trotzdem wichtig:

Arbeitsamt (Human Resources Development Canada)
Dort wird die »Social Insurance Number« (SIN) beantragt. Erst mit dieser Sozialversicherungs-Nummer ist offizielles Arbeiten in Kanada erlaubt. Außerdem gilt sie auch zur Kennzeichnung der Beiträge für die kanadische Rentenversicherung, Arbeitslosenunterstützung, Sozialhilfe und Steuererklärungen. Die Bearbeitung dauert zirka drei Wochen (s. jeweilige Provinz in Teil 4). Zur Antragstellung müssen Einwanderungspapier und Reisepass vorgelegt werden.

Bankkonto
Sollten Sie noch kein kanadisches Bankkonto haben, so wird nun ein »Bank Account« eröffnet (s. Teil 3, »Bankwesen«).

Führerschein/Drivers License
Jetzt zum »Motor Vehicle Branch« (auch Fahrprüfung), dort bekommen Sie das Heft »Safe Driving Guide«, das zur Vorbereitung auf den Führerschein dient. Der kanadische Führerschein ist sehr wichtig, denn damit haben Sie eine anerkannte »ID« (Identity Card = Personalausweis).

Der klassische Einwanderer-Traum: ... nur ich allein und die Wildnis, bleibt leider fast immer eine Illusion. Die kanadische Wirtschaft braucht qualifizierte Arbeitskräfte und Kapital. Entsprechend scharf sind die Einwanderungsbestimmungen.

Eine solche Cabin liegt schon zu Beginn im Bereich des Möglichen. Ein Standard, den fast jeder Einwanderer sich leisten kann.

Das bleibt wenigen Haushalten außerhalb der Städte erspart. Der Winter will vorbereitet sein. (Colleen Foster)

Der Winter in Kanada bereitet nicht nur Vergnügen. Manchen Einwanderer hat er schon im ersten Jahr mürbe gefroren. (Dave Vollmer)

So reist Ihr Umzugsgut am besten – im Container per Schiff, Bahn oder Truck.

Pick-up Camper sparen Übernachtungskosten.

Ein Fahrzeug aus der Greyhound-Flotte.

Dieser historische Schaufel-Raddampfer fährt auf dem Kootenay Lake in Kaslo, B.C.

Im Okanagan Tal gibt es eine Logbuilding School. Dort lernen Sie den Blockhausbau vom Fundament an bis zur Dachkonstruktion.

Gerade noch rechtzeitig fertig geworden.

Wohnen in der Sardinenbüchse. Solche »Mobile Homes« stehen zumeist in sogenannten Trailer Parks und kosten unmöbliert zirka kan$ 300 monatliche Kaltmiete plus Nebenkosten.

Baden im American Standard (Länge 134 x Breite 60 x Tiefe 36 cm). Ein ernst gemeinter Vorschlag: Bringen Sie Ihre Wanne nach Kanada mit.

Bei kanadischen Elektroherden
liegen die Heizspiralen offen
und Ihre Nerven bald blank.

Manche mögen's bunt;
Granville Island, Vancouver, B.C.

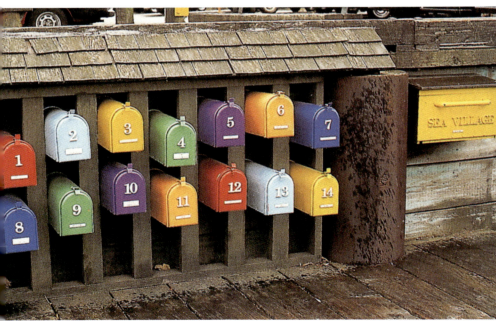

Indian Summer in Nelson, B.C.

Kindergarten/Schule
Kinder in Kindergarten oder Schule anmelden (s. jeweilige Provinz in Teil 4).

Kindergeld/Child Tax Benefit
Beim zuständigen »Revenue Canada Office« das Formular für Kindergeld besorgen. Die steuerfreien monatlichen Zahlungen können Familien erhalten, die Kinder unter 18 Jahren erziehen und nur über niedrige oder mittlere Einkommen verfügen. Der Scheck wird meistens auf die Mutter ausgestellt. Eventuell ist es ratsam, das Kindergeld aus dem Heimatland bestehen zu lassen (s. Teil 3, »Sozialwesen«, sowie die jeweilige Provinz in Teil 4).

Krankenversicherung
Bei dem »Ministry of Health« wird die »Medical Card« beantragt, das heißt: Sie bekommen nur die Formulare, die sie zu Hause ausfüllen und per Post an die zuständige Stelle senden (s. jeweilige Provinz in Teil 4).

Post
Falls Sie noch nicht wissen, in welcher Stadt Sie wohnen werden, geben Sie folgende postlagernde Adresse an:
Name
c/o General Delivery
Main Post Office
(von der Stadt und der Provinz, in der Sie sich aufhalten werden)
Ihre Post wird dann zirka 15 Tage dort aufbewahrt, danach geht sie an den Absender zurück.

Unterkunft
Vorläufige Unterkünfte sind Motels, B&Bs (Bed & Breakfast, Frühstückspensionen). Viele von ihnen bieten auch monatliche Mietpreise an (s. jeweilige Provinz in Teil 4).
Nachdem Sie nun alles erledigt haben, werden Sie die ersten kanadischen Plastikkarten erhalten. Die Daten sind nun alle erfasst und damit leicht zugänglich für den Missbrauch – aber das ist ja bekanntlich eine andere Geschichte...

> **Tipp:** Weitere nützliche Informationen für Neu-Einwanderer finden sich auf folgenden Internet-Seiten: *www.cic.gc.ca/english/newcomer* und *www.directioncanada.gc.ca*

Teil 3: Kanada für Einwanderer

Das Land

Kanada auf einen Blick

1.7.1867	Gründung des kanadischen Bundesstaates
Größe:	9,97 Millionen qkm
Bevölkerung:	31,4 Millionen Menschen aller Rassen und Religionen, Farben und Sprachen leben in Kanada. Die größten Ballungsräume des Landes sind Ontario und Quebec, und das am dichtesten besiedelte Gebiet liegt im St.-Lawrence-Tiefland.
Hauptstadt und Sitz der Bundesregierung:	Ottawa, Ontario
Staatsform:	Parlamentarische Monarchie seit 1931. Das Parlament besteht aus dem Unterhaus, das alle fünf Jahre gewählt wird, und dem Senat. Staatsoberhaupt ist die britische Königin, die durch einen von der kanadischen Regierung vorgeschlagenen und von ihr ernannten Generalgouverneur vertreten wird. Die gesetzgebende Gewalt liegt beim House of Commons und beim Senat
Amtssprachen:	Englisch und Französisch
Das Land:	Kanada besteht aus zehn Provinzen und drei Territorien.
Atlantik-Provinzen:	New Brunswick, Newfoundland und Labrador, Nova Scotia, Prince Edward Island
Zentral-Kanada:	Ontario und Quebec
Prärie-Provinzen:	Alberta, Saskatchewan und Manitoba
Pazifische Provinz:	British Columbia
Territorien:	Northwest Territories, Yukon Territory und Nunavut Territory, welches aus dem Ostteil der Northwest Territories am 1.1.1999 entstand und unter der Verwaltung der Inuit steht.

Landkarten von Kanada:	Finden sich auf folgender Website: *www.canada.gc.ca* (click newcomers to Canada, click Map of Canada)
Zeitzonen:	Kanada hat sechs Zeitzonen. Außer Saskatchewan stellen alle Provinzen im Frühjahr auf Daylight Savings Time (DST) bzw. Sommerzeit um.
Klima:	Kanada liegt in kühl-gemäßigten bis arktischen Breiten und zwischen drei Ozeanen. Das extreme Kontinentalklima in Kanada sorgt im Binnenland für heiße, trockene Sommer, allerdings kann es in den Rockies auch im Sommer schneien. Oft noch bis weit in den Oktober ist es warm und sonnig. Ab Ende August lässt übrigens auch die Mückenplage spürbar nach.
Wetter-Informationen:	Finden sich für jede Region auf der Environment Canada Website: *www.weatheroffice.ec.gc.ca*
Kleidung:	Die Wildnis und die noch gar nicht so lange zurückliegende Pionierzeit spiegeln sich in der Kleidung wieder. Bequeme, lockere Freizeitkleidung kann überall getragen werden.
Quebec:	Die frankophone Provinz denkt nach wie vor an den Austritt aus der kanadischen Konföderation.
Kapitalkraft:	Kanada ist weitgehend von den USA abhängig. Etwa zwei Drittel der bedeutenden Firmen von internationalem Rang werden von amerikanischem Kapital kontrolliert. Über sechzig Prozent der kanadischen Wirtschaft sind stark auf den amerikanischen Markt fixiert.
Steuer:	7 Prozent GST (Bundesumsatzsteuer), 6–12 Prozent PST (Verkaufssteuer)
Volkszählung:	Alle 5 Jahre, zuletzt im Juni 2001
Tourismus:	Auf die Leistungsbilanz wirkt sich positiv aus, dass der Tourismus in Kanada einen außerordentlichen Aufwind verspürt.
Bildungswesen:	Der »Economic Council of Canada« (Wirtschaftsausschuss) kritisiert das kanadische Schulsystem. Es bedürfe einer dringenden

	Reform, andernfalls werde sich bis zum Ende dieses Jahrzehntes die Zahl der Analphabeten auf eine Million erhöhen. Grund- und Mittelschulen versagten teilweise. 70 Prozent der Schulabgänger, die kein weiterführendes College oder eine Universität besuchen können, seien benachteiligt, da Lehrzeiten – wie in Deutschland – nicht verbreitet sind.
Maße und Gewichte:	Offiziell wurde zwar die Umstellung auf das metrische System abgeschlossen, doch finden angelsächsische Maße und Gewichte auch weiterhin Verwendung.
Wehrdienst:	In Kanada besteht keine Wehrpflicht.

Europa zum Vergleich
Zwischen dem kühlen, eher regnerischen Norden Skandinaviens und den sonnigen, heißen Stränden in Griechenland, Italien, Frankreich, Spanien und Portugal leben mehr als 372 Millionen Menschen.

Land	Fläche	Einwohner
Belgien	41 500 qkm	15,6 Mio.
Dänemark	43 094 qkm	5,2 Mio.
Deutschland	357 022 qkm	81,8 Mio.
Finnland	338 145 qkm	5,1 Mio.
Frankreich	543 965 qkm	58,2 Mio.
Griechenland	131 990 qkm	10,5 Mio.
Großbritannien	244 100 qkm	58,4 Mio.
Irland	70 282 qkm	3,6 Mio.
Italien	301 268 qkm	57,2 Mio.
Luxemburg	2 587 qkm	410 000
Niederlande	41 500 qkm	15,6 Mio.
Österreich	83 853 qkm	8,0 Mio.
Portugal	91 982 qkm	9,8 Mio.
Schweden	449 964 qkm	8,8 Mio.
Spanien	505 992 qkm	39,7 Mio.

Zeit und Zeitzonen
Wer gefragt wird, wie spät es denn gerade in Kanada sei, der hat Schwierigkeiten mit der Antwort. Denn er muss unter sechs verschiedenen Zeiten wählen. Das hängt damit zusammen, dass Kanada sich über

etwa 90 Längengrade von Ost nach West erstreckt. Das ist immerhin ein Viertel des Erdumfangs. Darum beträgt der Zeitunterschied zwischen Ost und West einen Vierteltag oder sechs Stunden.

Sommerzeit / Daylight Saving Time (DST)
In den Sommermonaten vom ersten Sonntag im April an werden die Uhren um eine Stunde vorgestellt. Am letzten Sonntag im Oktober werden die Uhren wieder auf Standardzeit zurückgestellt. Um auch beim Zeitgeist Individualität zu zeigen, macht die Provinz Saskatchewan bei der Sommerzeit nicht mit.
Noch etwas ist wichtig: Die Kanadier halten sich ans Zifferblatt ihrer Uhren. Dort sind zwölf Stunden angegeben, basta. Warum wir Europäer amtlicherweise mit 24 Stunden rechnen, leuchtet keinem Kanadier ein. Was vormittags stattfindet, heißt a.m. (ante meridiem), nach zwölf Uhr mittags sagt man p.m. (post meridiem).
Die angegebenen Stundenzahlen bezeichnen den Unterschied zwischen der Zeit der jeweiligen kanadischen Provinz und der Mitteleuropäischen Zeit (MEZ).

Provinz/Territorium	**Zeitzone**	**Unterschied zur MEZ**
Alberta	Gebirgszonen-Normalzeit	-8 Stunden
British Columbia	Pazifische Normalzeit	-9 Stunden
Labrador	Atlantische Normalzeit	-5 Stunden
Manitoba	Zentrale Normalzeit	-7 Stunden
New Brunswick	Atlantische Normalzeit	-5 Stunden
Newfoundland	Normalzeit	-4,5 Std
Nova Scotia	Atlantische Normalzeit	-5 Stunden
Ontario	Östliche Normalzeit	-6 Stunden
Ontario (westl. Teil)	Zentrale Normalzeit	-7 Stunden
Prince Edward Island	Atlantische Normalzeit	-5 Stunden
Quebec	Östliche Normalzeit	-6 Stunden
Quebec (östl. Teil)	Atlantische Normalzeit	-5 Stunden
Saskatchewan	Gebirgszonen-Normalzeit	-8 Stunden
Northwest Territories	Gebirgszonen-Normalzeit	-8 Stunden
Nunavut	Zentrale Normalzeit	-7 Stunden
Nunavut	Gebirgszonen-Normalzeit	-8 Stunden
Yukon	Pazifische Normalzeit	-9 Stunden

Feiertage und Urlaub

Es gibt keine einheitliche, für ganz Kanada geltende Feiertagsregelung. Einige Provinzen haben mehr, andere weniger Feiertage (s. »Arbeitsleben«). Durch Bundesgesetz festgelegte Feiertage sind:

New Years Day	(Neujahr)	1. Januar
Good Friday	(Karfreitag)	Freitag vor Ostern
Canada Day	(Kanada-Tag)	1. Juli
Labour Day	(Tag der Arbeit)	1. Montag im September
Thanksgiving Day	(Erntedankfest)	2. Montag im Oktober
Remembrance Day	(Gedenktag)	11. November
Christmas Day	(Weihnachten)	25. Dezember

Darüber hinaus hat jede Provinz eine Reihe eigener Feiertage.

Hinweis: Obwohl Banken, Schulen, öffentliche Gebäude und Museen an gesetzlichen Feiertagen geschlossen bleiben, haben private Geschäfte geöffnet. Viele der kanadischen Feiertage sind auf einen Montag gelegt, so dass sie ein langes Wochenende mit sich bringen.

Urlaubszeiten

Frühjahrs-Saison	Mitte März bis Mitte Mai
Sommer-Saison	Mitte Mai bis Mitte September
Herbst-Saison	Mitte September bis Mitte November
Winter-Saison	Mitte November bis Mitte März

Maße und Gewichte

Die Umstellung auf das metrische System sollte seit 1980 abgeschlossen sein. Am 1.4.1975 wurde das angelsächsische vom metrischen Maß- und Gewichtssystem abgelöst.

Die kanadische Nation versucht sich noch immer an die dezimalen Maß- und Gewichtseinheiten zu gewöhnen. Da die Umstellung noch nicht überall vollzogen ist, müssen Sie teilweise noch immer mit den alten britischen Einheiten jonglieren, wie zum Beispiel Cups, Fahrenheit, Gallons, Inches und so weiter.

Obwohl also die Umstellung inzwischen offiziell abgeschlossen ist, werden Sie hier und da noch den alten Bezeichnungen begegnen. Daher nachfolgend eine Umrechnungshilfe:

Längenmaße

1 inch	=	2,54 cm
1 foot	=	30,5 cm

1 mile   =   1,609 km
1 acre   =   4046,8 qm = 0,4047 Hektar

Hohlmaße
1 cup   =   250 ml
1 pint   =   0,57 l
1 quart =   1,14 l
1 gallon =   4,54 l

Gewichte
1 ounce =   28,35 g
1 pound =   453,59 g

Das Volk

Land und Leute

Eigentlich gibt es keine Kanadier. Ihr Staat ist kaum mehr als hundert Jahre alt. Weniger als zwei Prozent der Bevölkerung sind Ureinwohner: Inuit und Native Indians.

Das kanadische Leben wird durch Einwanderer aus vielen verschiedenen Ländern geprägt. Nahezu jeder Kanadier ist entweder selbst Einwanderer oder stammt von Einwanderern ab. Die heutige Bevölkerung bildet ein Mosaik aus 70 verschiedenen ethnischen Gruppen, deren Wurzeln aus der gesamten Welt stammen.

Die Kanadier sind außerordentlich freundlich und hilfsbereit. Die Freundlichkeit, mit der der Besucher überschüttet wird, erscheint oftmals etwas übertrieben. Es kann passieren, wenn Sie einem Kanadier auf den Fuß treten, dass er sich entschuldigt, weil er ja im Weg war.

Die Supermarktkassiererinnen haben einen verordneten Lächelzwang. Durch die gutgelaunten Smileys sollen Kunden an den Supermarkt gebunden werden, das heißt, Kunden werden immer strahlend willkommen geheißen. Auf Wunsch schleppen Verkäufer(innen) die Einkaufstüten zum Auto – bester Laune, versteht sich, und immer einen Scherz auf den Lippen. Während in den Supermärkten die Lächelverordnung herrscht, lässt die Service-Industrie in Kanada sehr zu wünschen übrig.

Die kanadische Gesellschaft ist wesentlich steifer als die westeuropäische. Es kann ohne weiteres passieren, dass man sich für eine Einladung bedankt und dann wiederum einen Dankbrief für seinen

Dank bekommt! Hier greift man zu fertigen Grußkarten, natürlich mit Text, die es zu allen denkbaren Gelegenheiten zu kaufen gibt. Sie können sich damit begnügen, nur noch ihren Namen einzusetzen. Ganze Wirtschaftszweige sind bemüht, dem Schreibwilligen die Mühe abzunehmen.

Mit Themen wie Sex und Alkohol wird hier noch vorsichtig umgegangen. Der Besucher geht in die Sauna mit Badeanzug oder Badehose! In Fernsehfilmen, in denen zum Beispiel mal eine nackte Frauenbrust zu sehen ist, wird diese mit einem Balken zensiert. Schimpfwörter werden in den Nachrichten mit einem Piepton überlagert. Auch Videofilme sind mit einem sogenannten »rating« versehen. In Amerika pappen sie Sticker auf Plattenhüllen, um uns vor anrüchigen oder gewaltverherrlichenden Texten zu warnen.

Andererseits bieten einige Pubs schon um die Mittagszeit Striptease an – ohne Aufpreis. Wenn Sie das Schild »Ladies Night« sehen, denken Sie nicht gleich an ein Emanzentreffen: Hier wird Männerstriptease nur für Frauen gezeigt. Männer müssen leider draußen bleiben.

Alkoholkonsum in öffentlichen Parks ist nicht erlaubt.

In einem Land, in dem wie in Kanada die Neurosen blühen, sind Analytiker-Praxen so dicht gesät wie Optikerläden oder Anwaltsbüros. Noch gibt es aber keine, die über eine wirksame Zauberformel gegen das übel verfügte.

Was Sie noch wissen sollten:
Im Juli finden fast überall im westlichen Kanada Rodeos oder Stampedes statt. Die kleinen Rodeos im Hinterland sind oft interessanter, weil sie urtümlicher und nicht so professionell sind wie die großen Stampedes in Calgary, Alberta (größte Rodeo-Show der Welt) und Williams Lake in British Columbia. Jedenfalls sind sie lustig und staubig.

Essen und Trinken

Bei einem Streifzug durch Kanadas Küche müssen Sie auf ungewohnte Geschmacksrichtungen gefasst sein. Der folgende Bericht soll Sie darauf vorbereiten:

Kultur und Essen wurden durch Einwanderer aus vielen verschiedenen Ländern geprägt, daher gibt es keine typisch kanadische Gastronomie. Man isst international mit europäischem (englischem oder französischem) Einschlag: Schnitzel, Steak, Salat. Daneben aber haben viele alte Rezepte aus der Pionierzeit überlebt. Auch einige indianische

Gerichte haben sich erhalten. Die Spitzenköche des Landes befinden sich in Quebec. In den letzten Jahrzehnten haben sich auch zeitsparende Koch- und Eßgewohnheiten aus den USA breitgemacht. Überall gibt es Fast-Food-Tempel in amerikanischem Stil. Das traditionelle amerikanische Essen besteht aus Hamburgers, Hot Dogs, Pizzen und 31 Geschmacksrichtungen von Baskin-Robins Speiseeis.

Kanadas Eßgewohnheiten sind in zwei täglichen Hauptmahlzeiten verankert: Frühstück und Abendessen. Das Frühstück (Breakfast) ist opulent: Man nimmt Fruchtsaft und Kaffee, Pancakes (Pfannkuchen) mit Ahornsirup, Hashbrowns (geröstete Kartoffelschnitzel) sowie Eier mit Speck, bekannt als Bacon and Eggs, zu sich. Das Mittagessen (Lunch) spielt in Kanada eine untergeordnete Rolle. Gegessen werden Hamburger oder Sandwich, Suppe oder Salat. Abends (Dinner) isst man dann wieder üppiger – und zwar recht früh, ab 17 Uhr. Deshalb schließen in kleineren Städten die Restaurants recht bald.

Es wird gegessen, wie Sie Benzin tanken. Der erklärte Sinn des Essens ist hier die schnelle Nahrungsaufnahme – wer will sich schon seine kostbare Zeit durch die leider unumgängliche Ernährung auch noch selber stehlen?

Die meisten Speiselokale sind vom Typ Selbstbedienungs-Restaurant und Schnellgaststätte. Oft müssen Sie geduldig warten, bis Ihnen die Empfangsdame oder der Lokalchef einen Platz anweist. Kaum haben Sie Platz genommen, steht ein Glas Wasser, aufgefüllt mit sehr vielen Eiswürfeln, auf dem Tisch, und schon kommt die Kaffeekanne angerückt. Sie bezahlen oft nur eine Tasse Kaffee, aber Sie können so viel von dem dünnen Zeug trinken, wie es Ihnen beliebt. Niemand ist beleidigt, wenn man dabei bleibt. Und eine weitere Besonderheit gibt es. Wenn Sie Ihre Portion nicht aufessen können, ordern Sie einfach einen »doggie bag«. Der Rest wird von der Bedienung in eine Tüte gepackt, die Sie, ohne sich zu genieren, mit nach Hause nehmen können.

Jedenfalls: Essen Sie zügig, räumen Sie augenblicklich den Platz und zahlen Sie an der Kasse beim Ausgang.

Wenn Sie die Kanadier beim Essen beobachten, wird Ihnen auffallen, dass sie zuerst das Fleisch in kleine Stücke schneiden, sich dann über den Teller beugen und die Nahrung mit der Gabel in sich hineinschaufeln. Die linke Hand bleibt – wie bei allen Angelsachsen – schön unter dem Tisch verborgen. Die Zeremonie läuft folgendermaßen ab:

❏ Messer und Gabel sind auf dem Tisch;

❒ Man schneidet wie bei uns mit rechts das Fleisch und hält links die Gabel;
❒ Danach wird das Messer zur Seite gelegt, wechselt die Gabel in die rechte Hand und die linke Hand kommt unter den Tisch;
❒ Nun wird die schiefe Sitzhaltung eingenommen und dann erst gegessen.

Dieses Ritual wiederholt sich während des Dinners mehrmals (schneiden, wechseln, Hand unter den Tisch, essen).

Sollten Sie einmal zu einem Dinner eingeladen werden, dann nicht überrascht sein, wenn Sie zum Steak oder zum Fisch Säfte, Cola, Leitungswasser oder gar nichts angeboten bekommen. Viele Familien sind trocken. Vergewissern Sie sich daher, ob Sie eine Flasche Wein mitbringen dürfen.

Das Volksgetränk ist Kaffee. Bier, Cola und dergleichen werden meistens direkt aus der Büchse oder Flasche getrunken. Es sei denn, Sie verlangen ausdrücklich ein Glas. Die Softdrinks wie Cola, Seven Up oder Säfte werden kurz »Pop« genannt. Die Gläser werden zur Hälfte mit Eiswürfeln gefüllt. Falls dies nicht gewünscht wird, müssen Sie die Bestellung mit »no ice« aufgeben. Der Preis bleibt der gleiche, aber Sie haben mehr von Ihrem Getränk.

Darüber hinaus gibt es in Großstädten eine multikulturelle Vielfalt von Restaurants mit gepflegterem Stil für jeden Geschmack von ethnischer bis hin zur Vollwertküche. Sollten Sie großen Appetit haben, aber einen kleinen Geldbeutel, so halten Sie Ausschau nach Restaurants, in denen Smorgasbord angeboten wird. Dort bezahlen Sie für das Essen einen festen Preis und können sich am Büfett bedienen, so oft Sie wollen.

Nur in Restaurants mit Lizenz (licensed, licencie) gibt es alkoholische Getränke. (In einigen Provinzen sind Änderungen diesbezüglich zu erwarten.) Versuchen Sie kanadische Weine aus dem sonnigen Okanagan Valley (British Columbia). Es ist zum großen Teil den europäischen Weinanbauern zu verdanken, dass kanadische Weine mittlerweile Güteklassen erreichen, die den europäischen in nichts nachstehen.

Trinkgelder

Getrennt bezahlen gibt es nicht: pro Tisch eine Rechnung. Bedienungs- oder Trinkgelder sind in Kanada wichtiger als in Deutschland. Die Kellner(innen) haben einen Stundenlohn von CAD 7,50 brutto. Es ist üblich, zwischen 10 und 15 Prozent des Preises (vor den Steuern) als Trinkgeld zu geben. Addieren Sie einfach nochmals die Steuern, das ist

dann Ihr »Tip«. Damit liegen Sie immer richtig. Obwohl die Trinkgeldzahlung freiwillig ist, löst es sichtbaren Unmut aus, wenn Sie kein Trinkgeld geben.
Hinweis: In Kanada ist es üblich, die Preise ohne die Provinz- und Bundessteuern anzugeben. Der Endpreis liegt daher in der Regel um 10 bis 15 Prozent höher.

Einkaufen
Nicht die USA, sondern Kanada hat mit der Shopping Mall in Edmonton, Alberta, neue Maßstäbe gesetzt, was das Einkaufen anbetrifft. Aber nicht nur dort laden Einkaufszentren und -passagen, kleine Läden und Souvenir-Shops zum Bummeln ein.
Während die kleineren Geschäfte meist zwischen 17.30 und 18 Uhr schließen, haben die Einkaufszentren in der Regel bis 21 Uhr geöffnet. Die meisten Geschäfte, Banken oder Büros öffnen erst ab 9.30 Uhr und schließen im Allgemeinen zwischen 17 und 18 Uhr. Donnerstags und freitags sind manche Geschäfte auch bis 21 Uhr geöffnet (s. Bankwesen). Einige Banken, Büchereien, Bäckereien haben montags geschlossen. Ansonsten sind Supermärkte sieben Tage in der Woche geöffnet, und einige haben sogar einen 24-Stunden-Dienst.
Sollten Sie auf der Suche nach Gebrauchtgegenständen sein, dann schauen Sie in der Tageszeitung beziehungsweise in den entsprechenden Kleinanzeigenzeitungen der jeweiligen Stadt oder Region unter der Rubrik »Garage Sale«.

> **Tipp:** Der große Schlussverkauf findet immer am Boxing Day (26.12.) statt sowie im Januar – im Übrigen locken Geschäfte das ganze Jahr mit Sonderangeboten.

Lebensmittel
Brot ist in Kanada ein Thema für sich. Was sich hier Brot nennt, ist meistens Toast. Damit der Toast »gesünder« aussieht, wird er mit Molasse (eine Art Rübenkraut) angereichert, sieht dann dunkler aus und wird als Pumpernickel verkauft. Schwarzbrot ist kaum bekannt. In größeren Städten oder in Gebieten, in denen viele Europäer ansässig sind, werden Sie allerdings schon eine gute Auswahl an Brot finden.
Wer Wert auf Vollkornbrot legt, sollte es selber backen. Für diejenigen, die noch gesünder leben wollen, gibt es sogar die Möglichkeit, Getreide oder Mehl aus kontrolliert biologisch-organischem Anbau zu bekommen.

Der Honig hier ist meist hell und häufig pasteurisiert. Sie können sich glücklich schätzen, wenn Sie in Ihrer Nähe einen Imker haben. Butter und Margarine finden Sie selten ungesalzen und ohne Farbstoffe. Konserven gibt es meistens nur in kleinen Größen, lediglich im Großhandel finden Sie auch große Dosen. Mittlerweile ist auch Quark in Supermärkten zu finden. Natron finden Sie unter Baking Soda.
Sie brauchen schon etwas Geduld, bis Sie alles finden, was Ihr Herz begehrt.

Health Food Store
Auf jeden Fall sollten Sie sich mal einen so genannten Health Food Store (Bioladen auf gut kanadisch) anschauen. Über die Hälfte der Regale ist vollgestopft mit Flaschen voller Vitaminpillen und sonstiger Lebensverbesserer – das erinnert an Aldous Huxley und seine »Schöne neue Welt«, frei nach dem Motto: Wer tagsüber »Fast Food« futtert, braucht abends nur mal schnell die entsprechenden Vitamine hinterherzuschieben.

Wochenmärkte
Im Sommer finden Wochenmärkte statt, auf denen Farmer der Umgebung unter anderem biologisch-organisch angebaute Feldfrüchte anbieten. Die Verkaufsstände sind oft sehr schlicht gehalten: Auto abstellen, Heckklappe auf und fertig ist der Gemüse- oder Obststand.

Alkohol
Die Alkoholgesetze werden den Europäer befremden. Sie werden ihm total überholt vorkommen. Der Verkauf von Alkohol wird als Folge der Prohibition (1920–1933, Verbot von Alkoholherstellung und -abgabe) in jeder Provinz anders gehandhabt.

Liquor Stores
Alkohol wird grundsätzlich nur in den staatlichen Liquor Stores, die zudem sonntags geschlossen haben, verkauft. Mittlerweile gibt es private »Beer and Wine Stores«. Seit 2002 dürfen auch diese Läden in British Columbia Spirituosen verkaufen. Alkohol wird immer in braunen Tüten verpackt.

Magenbitter
In Delikatessen-Geschäften oder Health Food Stores finden Sie manchmal Kräuterschnäpse und Magenbitter (Stomach Bitter made from

herbs) wie Jägermeister, Stonsdorfer, Travarica, Underberg. Auf diesen Flaschen steht meistens Pharmacy Sale Only. Mittlerweile finden sich die Kräuterschnäpse auch in den Liquor Stores ein, es gibt neue Gesetze, die den Verkauf dieser Kräuterschnäpse regulieren.

Pubs and Restaurants
Sollten Sie Appetit auf ein Glas Bier oder Wein verspüren, so können Sie nur in die dafür vorgesehenen, schlecht beleuchteten und oft fensterlosen Pubs gehen. Wie schon erwähnt, gibt es alkoholische Getränke nur in Restaurants mit Lizenz (licensed, licencie), aber da müssen Sie natürlich etwas essen. Ohne Essen kein Alkohol! Einige Provinzen führen auch hier nach und nach Änderungen ein, beispielsweise British Columbia. In einem Restaurant darf beispielsweise eine 15-jährige Kellnerin Alkohol servieren, aber weder Wein- noch Bierflaschen öffnen. Dies ist erst ab 18 oder 19 Jahren erlaubt, je nach Provinz.

Serving It Right
Bei einem Straßenfest darf kein Alkohol ausgeschenkt werden. Es sei denn, Sie haben Ihre Tauglichkeitsprüfung im Umgang mit Alkohol abgelegt: Sollte jemand betrunken sein, so sind Sie für ihn verantwortlich, bis er wieder nüchtern ist.

Bier und Wein
Deutschland ist als Bierland bekannt. Das kanadische Bier hat zwar klangvolle Namen wie Budweiser, Kronenbräu, Pilsener, Bavarian Lager, Old Munich. Der Geschmack ist aber auf keinen Fall mit dem Bier in Deutschland zu vergleichen. Wer aber nicht auf sein tägliches Bier oder Glas Wein verzichten möchte, dem empfehle ich – auch aus Kostengründen – Bier oder Wein selbst herzustellen. In jeder größeren Stadt gibt es Beer and Wine Making Equipment and Supply Stores, auch in gut sortierten Supermärkten finden Sie eine Auswahl von allem, was Sie brauchen, um Bier und Wein selber zu machen. Die Anschaffung eines solchen Beer-Sets kostet CAD 70. Dazu benötigen Sie 60 leere Flaschen und eine Büchse Bier-Fertigkonzentrat (zirka CAD 25). Mit dieser Büchse Bier-Konzentrat (Malz und Hopfen) können Sie 22 Liter Bier herstellen. Es ist wirklich sehr einfach, und es macht auch riesigen Spaß, sein eigenes Bier zu brauen. Im Liquor Store kostet ein Karton gutes Bier (12 Flaschen x 0,34 Liter) immerhin CAD 20.
Dasselbe können Sie auch mit Wein machen. Das Wine-Kit kostet CAD 50 und reicht für etwa 28 0,7-l-Flaschen Wein.

Sollten Sie zu Hause keinen Platz haben, um Bier oder Wein herzustellen, dann machen Sie es in den vorgesehenen Beer and Wine Making Stores. Allerdings nur, wenn Sie dort auch das Alkohol-Kit gekauft haben.

> **Tipp Nummer 1:** Aus der Heimat mindestens 120 leere Bierflaschen mit Schnappverschluss mitbringen. Diese Flaschen sind hier nicht so bekannt oder sehr teuer. Im Liquor Store kostet eine Flasche Bier (0,47 l) mit Schnappverschluss CAD 3,50. Mit dem Schnappverschluss ersparen Sie sich den Kronenverkorker, und außerdem haben Sie keinen Kronenkorkenabfall.

> **Tipp Nummer 2:** 90prozentigen Alkohol (Weingeist) dürfen Sie zollfrei einführen, da er als Medizin gilt und zur äußerlichen Anwendung bestimmt ist. Aber mit diesem Weingeist können Sie auch diverse Liköre/Aufgesetzte selber herstellen. In Kanada haben Sie keine Chance, ihn zu kaufen. Hier (94,1% Grain Alcohol) ist er Ärzten und Tierpräparatoren vorbehalten. Alternativ können Sie natürlich auch Wodka benutzen.

Hinweis: Autofahrer müssen unangebrochene und angebrochene Flaschen mit alkoholischen Getränken (oft in brauner Tüte verpackt) im Kofferraum einschließen, da jeglicher Alkohol im Wageninnern verboten ist. In der Öffentlichkeit Alkohol zu trinken ist nicht erlaubt.

Die Regierung

Politik und Wirtschaft
Politik

Das zweitgrößte Land der Erde macht weniger politische Schlagzeilen als manche Bananenrepublik. In erstaunlicher Harmonie leben heute Inuit, Indianer und Nachkommen europäischer und asiatischer Einwanderer miteinander. Obwohl Kanada ein buntgemischtes Volk beherbergt, stoßen Sie immer wieder auf Rassismus. In einigen Provinzen – unter anderem Alberta, British Columbia und Manitoba – gibt es sogar den »Ku Klux Klan« (Geheimbund aus den USA).
Pierre Elliott Trudeau setzte sich für den Föderalismus ein und erntete Feindschaft seitens franko-kanadischer Separatisten in seiner Heimatprovinz Quebec, die ihn Verräter schimpften. Er verankerte den

Multikulturalismus und die Zweisprachigkeit in Kanada aus der Überzeugung heraus, dass es den Zerfall einer demokratisch funktionierenden Gesellschaft bedeute, wenn sich eine Volksgruppe über eine andere erhebe. Damit brachte er sowohl die anglophone Mehrheit wie die frankophone Minderheit gegen sich auf, die beide jeweils Hegemonie für sich beanspruchten. Trudeau liberalisierte das Scheidungsrecht sowie die Gesetzgebung zu Schwangerschaftsabbruch und Homosexualität mit der Begründung, dass der Staat in den Schlafzimmern der Nation nichts zu suchen habe, und fand sich deswegen wütenden Angriffen konservativer Gruppen ausgesetzt.

Kanada besteht aus zehn Provinzen und drei Territorien. Die Provinzen verfügen über eine sehr weit reichende Selbstverwaltungsbefugnis. Die Mitglieder des Provinzparlamentes werden für fünf Jahre gewählt.

Kanada hat mithin drei Regierungsebenen:

Die **Bundesregierung** befasst sich mit Angelegenheiten, die Kanada als Ganzes betreffen, wie etwa Verteidigung, Außenpolitik, Einwanderung, Industrie und Handel, Bank- und Postwesen, Versicherungswesen, Entwicklung des Nordens und Strafrecht.

Die **Provinz- und Territorialregierungen** sind für regionale Angelegenheiten verantwortlich wie Bildung, Verkehr, medizinische Behandlung, Heirat, Zivil- und Strafgerichte sowie Arbeitsbedingungen.

Die **Stadtverwaltungen** kümmern sich um die Belange der Städte und Landgemeinden wie örtliche Wege und Straßen, Müllabfuhr, Parkanlagen, Feuerwehr und örtliche Gerichte und Gefängnisse.

Die wichtigsten im Bundesparlament (Federal Parliament) vertretenen Parteien sind:

- Liberale Partei (stärkstes Gegengewicht zu den Konservativen)
- Bloc Quebecois (setzt sich für die Abspaltung der Provinz Quebec ein)
- Reformpartei (gegen multikulturelle Vielfalt)
- Neue Demokratische Partei (sozialdemokratisch)
- Progressiv-Konservative Partei (musste bei den letzten Wahlen eine schwere Niederlage hinnehmen)
- Grüne Partei (noch nicht im Bundesparlament, beginnt sich in Kanada nur langsam zu formieren)

1931 wurde das britische Dominion Kanada zu einem von Großbritannien unabhängigen souveränen Staat. Und doch ist es bis heute eine konstitutionelle Monarchie. Formell ist die Königin von England Staatsoberhaupt, die Entwicklung der letzten Jahre allerdings weist eine immer stärker werdende nationale Tendenz auf. Bereits 1967 wurde – anstelle von »God Save the Queen« – eine kanadische Nationalhymne (»O Canada«) eingeführt. Der kanadische Generalgouverneur vertritt die Königin. Eine kanadische Staatsbürgerschaft gibt es erst seit 1947.

Wirtschaft
Landwirtschaft
Kanada hat eine sehr leistungsfähige Landwirtschaft entwickelt, wobei die Prärieprovinzen Alberta, Manitoba und Saskatchewan die großen Weizenproduzenten sind. Kanada ist einer der größten Weizenerzeuger der Welt und neben den Vereinigten Staaten von Amerika der Hauptexporteur für Weizen. Weitere wichtige Anbauprodukte sind Kartoffeln, Zucker- und Futterrüben, Tabak und zahlreiche Obstsorten. Es herrschen Großbetriebe vor, die für den Inlandmarkt und darüber hinaus in großem Umfang für den Export produzieren. Besonders in den Prärieprovinzen erwies sich der bäuerliche Familienbetrieb als unrentabel, so dass die Zahl der kleinen und mittelgroßen Betriebe ständig zurückging.
Die kanadische Wirtschaft ist stark auf den amerikanischen Markt fixiert. Fremde Gesellschaften – hauptsächlich amerikanische – kontrollieren mehr als die Hälfte der gesamten Industrie. Etwa zwei Drittel der bedeutenden Firmen werden von amerikanischem Kapital kontrolliert. Über 70 000 ausländische Firmen, die in Kanada ansässig sind, brauchen keine Steuern zu bezahlen.
Im bilateralen Handel mit Deutschland besteht ein Aktivsaldo zugunsten deutscher Exporte. Deutschland bezieht in erster Linie mineralische Stoffe aus Kanada und liefert vor allem Maschinen und Fahrzeuge.
Hohe Arbeitslosigkeit (zirka 1,5 Millionen Arbeitslose), zwei Millionen Menschen, die von der Wohlfahrt leben, und Tausende von Konkursen sind die äußeren Zeichen für enorme Produktionsausfälle. Noch bis vor etwa zwanzig Jahren hatte Kanada sehr viele mittelständische Betriebe sowie freie Berufe, bevor die Multis anrückten. Es sieht so aus, als ob die kanadische Regierung die Chance verpasst hat, der heimischen Industrie unter die Arme zu greifen. Kleine Unternehmen müssten zum Bleiben ermutigt werden. Insbesondere fehlt eine vielseitige weiterverarbeitende Industrie. Denn den Raubbau an Rohstoffen, der schon immer das Rückgrat der kanadischen Wirtschaft war, wird es in seiner bisherigen Form wohl nicht mehr lange geben.

Bodenschätze
Kanada verfügt als eines der rohstoffreichsten Länder der Welt über fast alle industriell wichtigen mineralischen Rohstoffe. Der kanadische Bergbau steht auf Grund seiner reichen und vielfältigen Vorkommen in der Weltproduktion an dritter Stelle hinter den USA und Russland. Er stellt somit einen der wichtigsten Wirtschaftszweige des Landes dar.

Energieversorgung
Die Energieversorgung Kanadas wird durch vier Hauptenergieträger sichergestellt: Öl, Erdgas, Kohle und Strom aus Wasserkraft und Atomenergie. Kanada exportiert Strom in die USA (Wasserkraftwerke).

Fischerei
Kanada ist einer der bedeutendsten Fisch-Exporteure der Welt, und das kanadische Küstenschelf zählt trotz großer ökologischer Probleme noch immer zu den fischreichsten Gebieten der Welt.

Forstwirtschaft
Kanada gehört mit zu den waldreichsten Gebieten der Erde. Der so genannte »boreale Waldgürtel« der nördlichen Hemisphäre zieht sich quer durch Kanada. Die kanadischen Wälder zeichnen sich durch einen großen Artenreichtum mit schätzungsweise mehr als 150 verschiedenen Baumarten aus. Der größte Teil der Wälder ist Staatseigentum und wird für die Holznutzung verpachtet. Die Holzindustrie gehört mit zu den wichtigsten Beschäftigungszweigen der kanadischen Wirtschaft. Holz und Holzerzeugnisse tragen entscheidend zum Export bei.

Industrie
Unter den westlichen Industrienationen steht Kanada an siebter Stelle. Die verarbeitende Industrie basiert auf der Veredlung einheimischer Agrarprodukte und der Aufbereitung beziehungsweise Verarbeitung heimischer Rohstoffe. Kanada ist ein bedeutender Exporteur von landwirtschaftlichen Produkten. Die wichtigsten Exportgüter sind außerdem Kraftfahrzeuge, unverarbeitete Weichhölzer, Papierrohmasse, Rohöl, Edelmetalle einschließlich Legierungen, Getreide und Naturgas.

Tourismus
In Alberta und Britisch Kolumbien steht die Tourismus-Industrie an zweiter Stelle und zählt mit zu den größten Arbeitgebern. Immer mehr

europäische Touristen erfüllen sich hier ihren durch den Dollarkurs erschwinglich gewordenen Urlaubstraum.

Natur und Umwelt

Das Riesenland Kanada bietet zahlreiche Möglichkeiten, Bären, Biber, Elche, Wale, seltene Vogelarten und noch viele andere Tiere, die anderswo selten geworden oder gar schon ausgestorben sind, in freier Wildbahn zu beobachten.

Die Weite des Landes ist wahrhaftig überwältigend. Hier ist der Mensch noch umgeben von wunderschöner und teilweise unberührter Natur. Es gibt Tausende von Seen, die von unzähligen Flüssen und Bächen gespeist werden. Die Fischgründe sind noch reich an Fischen aller Art.

Die Reiseunternehmen verkaufen die endlosen Weiten Kanadas als Paradies und vermitteln eine heile Welt. Doch der Schein trügt. Das zweitgrößte Land der Erde geht mit der Natur verschwenderisch um. Die riesigen Dimensionen des Landes gaukeln einem vor, alles sei grenzenlos und unbegrenzt verfügbar, daher gehen die Kanadier mit ihren Rohstoffen um wie in der Pionierzeit.

Der Rohstoffreichtum hat fast zwangsläufig zu Missbrauch geführt – zu Umweltsünden bei der Rohstoffgewinnung und verschwenderischem Verbrauch. So weist Kanada die niedrigsten Energiepreise und damit fast zwangsläufig den höchsten Pro-Kopf-Energieverbrauch aller Industrieländer auf. Die Kanadier sind weltweit die größten Abfallproduzenten. Wiederverwerten oder Reduzieren wird nach wie vor klein geschrieben.

Im Pazifik vor Vancouver sind Fischfanggebiete gesperrt, da Dioxine und Furane aus den Zellulose-Fabriken das Wasser und die Lebewesen verseuchen. Die endlosen Wälder haben kahlgeschlagene Bergkuppen, und manchmal sind sie sogar abrasiert bis zu den Uferrändern der Seen. Holzgewinnung durch Kahlschlag ist billig und bequem und deshalb in Kanada alltäglich. Da jeder zehnte kanadische Arbeitnehmer von der Holzbranche abhängig ist, protestiert kaum jemand. Sie sichert Arbeitsplätze, und deshalb wird weiterhin abgeholzt, während sich kaum jemand Gedanken über die Zukunft macht. Mittlerweile ist aber das Umweltbewusstsein in der kanadischen Bevölkerung stark angewachsen. Indianer und Internationale Umweltschutz-Organisationen versuchen die gefährdeten Wälder und Seen vor der Verwüstung zu bewahren.

Die Cree-Indianer nannten einst Kanada »sauberes Land«. Aufgrund der Umweltverschmutzung, die durch Industrialisierung und Urbarmachung verursacht wurde, trifft dieses Attribut heute jedoch nicht mehr zu. Das Ahornblatt, seit 1967 Emblem der kanadischen Flagge, symbolisiert den großen Waldbestand und Naturreichtum des Landes. Industrialisierung droht allerdings, das ökologische Gefüge aus dem Gleichgewicht zu bringen.

Auf den Müllplätzen (»Refuse Dumps«), die meist in Wald-, Fluss- oder Seenähe liegen, findet man Batterien, Auto-Öle, Autoreifen, Lacke, Farben und sonstige Gifte. Manchmal sind wir schon entsetzt über die Menge an Abfall und Unrat, die auf den beliebten Wanderwegen in British Columbia liegen gelassen wird. Die Menschen hier sind noch sehr uninformiert, was Ökologie, Biologie und Umweltschutz angeht.

Jährlich werden auf den Feldern tonnenweise Pestizide und in den Wäldern Herbizide versprüht. Nicht zu vergessen, dass im Sommer auch noch gegen Moskitos gesprüht wird. Kanada ist leider zu riesig; wenn ein Teil verseucht ist, kann man ja noch woandershin ziehen. Who cares?

Arbeitsleben

Um eine Arbeitserlaubnis zu erhalten, müssen Sie die dafür erforderlichen Bestimmungen erfüllen (s. Teil 1, »Einreisebestimmungen«).

Anerkennung europäischer Qualifikationen

Einwanderer haben häufig Schwierigkeiten bei der Anerkennung ihrer in der Heimat erworbenen Berufsausbildung und Prüfungen. Ausländische Zeugnisse und Diplome werden in Kanada grundsätzlich nicht anerkannt. Die entsprechenden Prüfungen müssen in den meisten Fällen in der Landessprache wiederholt werden, was vielfach sogar erst nach einem weiteren Fachschulbesuch beziehungsweise Universitätsstudium möglich ist.

Akademiker, die für Kanada nicht genügend qualifiziert sind, können unter Umständen nur für eine Ersatzbeschäftigung zugelassen werden.

Deshalb informieren Sie sich bitte bei der Einwanderungs- und Visa-Abteilung nach einer möglichen Anerkennung Ihres Abschlusses und danach, ob Sie sich damit für eine Einwanderung oder eine Arbeitserlaubnis in den unten aufgeführten Berufen qualifizieren.

Ärzte (Physician)
Bei vorliegender deutscher Approbation können Sie zum Ablegen des mehrteiligen kanadischen Anerkennungsexamens zugelassen werden. Hierzu fordern Sie bitte die Informationsbroschüre »Information Pamphlet on the Evaluating Examination« an bei:

Medical Council of Canada
P.O.Box 8234, Station T
2283 St.Laurent Blvd,
Ottawa, ON, K1G 3H7
Telefon: +1/613/521-6012
Fax: +1/613/521-9417

Informationen zur Facharztausbildung in Kanada sind in folgender Broschüre enthalten: »Residency Programs accredited by the Royal College of Physicians and Surgeons of Canada«, herausgegeben von:

The Office of Postgraduate Medical Education
The Royal College of Physicians and Surgeons of Canada
774 Promenade Echo Drive
Ottawa, ON, K1S 5N8
Telefon: +1/613/730-8177
Fax:+1/613/730-8262
Internet: *http://rcpsc.medical.org/*

Zahnmediziner (Dentist)
Wenn Sie Ihr in Deutschland begonnenes zahnmedizinisches Studium in Kanada abschließen möchten, so können Sie bei der »Commission on Dental Accreditation of Canada« eine Übersicht der Studiengänge und Ausbildungsstätten anfordern (»Accredited Dental Education Programs and Health Facility Dental Services in Canada«):

Commission on Dental Accreditation of Canada
1815 Alta Vista Drive
Ottawa, ON, K1G 3Y6
Telefon: +1/613/523-1770
Fax:+1/613/523-7489

Um ein deutsches Examen in Kanada anerkennen zu lassen oder um eine Zusatzausbildung in einem besonderen Fachgebiet zu erlangen, können Sie die Informationsbroschüre »Dental Practice in Canada« anfordern:

The Canadian Dental Association
1815 Alta Vista Driva
Ottawa, ON, K1G 3Y6
Telefon: +1/613/523-1770
Fax:+1/613/523-7736

Tierärzte (Veterinarian)
Auskunftsstelle:
Canadian Veterinary Medical Association
339 Booth St.
Ottawa, ON, K1R 7K1
Telefon: +1/613/236-1162
Fax: +1/613/236-9681

Apotheker (Pharmacist)
Die Mitgliedschaft in einer Berufsorganisation, dem sogenannten Pharmazeutischen Rat, ist Voraussetzung für die Zulassung zur Berufsausübung. Einer Tätigkeit als Apothekergehilfe stehen keine Bestimmungen im Wege.
Auskunftsstelle:

Canadian Pharmaceutical Association Inc.
175 Alta Vissta Drive 3
Ottawa, ON, K1G 3Y6
Telefon: +1/613/523-7877
Fax: +1/613/523-0445

Architekten (Archictect)
Für eine Angestelltentätigkeit ist keine besondere Erlaubnis erforderlich.
Auskunftsstelle:

Royal Architectural Institute of Canada
55 Murray St
Ottawa, ON, K1N 5M3
Telefon: +1/613/241-3600
Fax: +1/613/241-5750

Hebamme (Midwife)
(Berufs-Nummer NOC 3232)
In den Provinzen Alberta, British Columbia, Manitoba, Ontario, Quebec und Saskatchewan befinden sich »midwife organizations«. Nur British Columbia, Manitoba, Nunavut, Ontario und Quebec decken den vollen Hebammen-Service zu 100 Prozent.
In Alberta, Saskatchewan und Yukon müssen die Kosten für den Hebammen-Service selber getragen werden. Kosten zirka CAD 2500 inklusive Behandlung vor und nach der Geburt.
Die Northwest Territories haben weder eine Regulierung nach eine finanzielle Abdeckung.
In New Brunswick, Nova Scotia, Prince Edward Island und Newfoundland existieren Hebammen in einem rechtlichen Vakuum: die Ausübung ihres Berufes ist weder ausdrücklich verboten noch offiziell anerkannt.
In Newfoundland dürfen Hebammen nur in Übereinkunft mit den Gesundheitsbehörden (Health Agencies) praktizieren.
Auskunftsstelle:

Midwives Association of British Columbia
2147 Commercial Drive
Vancouver, BC, V5N 4B3
Telefon: +1/604/736-5976

Ingenieure (Engineer)
Als »Professional Engineer« darf sich nur ein Ingenieur bezeichnen, der beim Berufsverband für akademisch gebildete Ingenieure seiner Provinz registriert ist.
Auskunftsstelle:

The Engineering Institute of Canada
280 Albert St.
Ottawa, ON, K1P 5G8
Telefon: +1/613/232-4211
Fax:+1/613/232-0390

Kindergärtnerin
Der öffentliche Kindergarten, wie er in Deutschland besteht, ist hier noch wenig verbreitet. Die in Kanada verbreitete Form des Kindergartens ist eine Vorschule der »Public School« (Volksschule), in der

Kinder im Alter von fünf und sechs Jahren aufgenommen werden. Es besteht die Möglichkeit, sich die Qualifikationen eines »Kindergarten Teacher« zu erwerben, wenn gute Kenntnisse in der Landessprache vorhanden sind.
Auskunftsstelle:

Association of Early Childhood Education
Yonge Street
Toronto, ON, M4W 3P4
Telefon: +1/416/482-1830

> **Tipp:** Nehmen Sie eine Haushaltsstelle (Nanny)in einer Familie mit Kindern an, um sich mit der Landessprache und den kanadischen Gewohnheiten vertraut zu machen und nebenbei die gewünschten Diplome zu erwerben. Anschließend eröffnen Sie Ihren eigenen Kindergarten (»Day Care Centre«).

Krankengymnast (Physiotherapist)
Bevor Sie sich selbständig machen können, müssen Sie in Kanada vier Monate in einem Krankenhaus oder in einem anderen Gesundheitsinstitut gearbeitet haben.
Auskunftsstelle:

Canadian Physiotherapy Association
890 Yonge Street
Toronto, ON, M4W 3P4
Telefon: +1/416/924-5312
Fax:+1/416/924-7335
Internet: *www.physiotherapy.ca*

Krankenpflegepersonal (Nurse)
Ihre Krankenschwesternausbildung wird in Kanada nicht anerkannt. Jede Provinz hat ihre eigene »Nurses Association«.
Auskunftsstelle:

Nurses Association
50 Driveway
Ottawa, ON, K2P 1C9
Telefon: +1/613/237-2133
Fax:+1/613/237-3520

Lehrer (Teacher)
Austauschprogramme, die eine Lehrtätigkeit in Kanada ermöglichen, bestehen zwischen einzelnen kanadischen Provinzen und deutschen Bundesländern. Wenn Sie in Deutschland bereits in einem Beschäftigungsverhältnis als Lehrer stehen, wenden Sie sich bitte an das für Sie zuständige Kultusministerium.

Sollten Sie sich für eine Neueinstellung als Lehrer in Kanada interessieren, so müssen Sie die dafür erforderlichen Bestimmungen zur Erteilung einer Arbeitserlaubnis erfüllen bzw. einen Einwanderungsantrag stellen.

Falls Sie die Adressen kanadischer Schulbehörden oder Privatschulen anfordern möchten, an die Sie sich im Falle einer Bewerbung wenden sollten, so können Sie das Bestellformular des Informationsdienstes »INVU« benutzen, E-Mail: INVU.hombach@t-online.de

Hinweis: Während der Schulferien sind kanadische Lehrer immer arbeitslos. Um die Ferienzeit finanziell zu überbrücken, müssen Sie beim Arbeitsamt einen Antrag auf Unterstützung stellen.

Naturwissenschaftler (Scientist)
Zum Beispiel Biologen, Chemiker, Geologen, Physiker können sich entsprechend ihren Befähigungen und praktischen Erfahrungen frei bewerben.

Hinweis: Aktuelle Informationen zu den vorgenannten Berufen finden Sie auf folgender Website: *www.workdestinations.org*

Facharbeiter und Handwerker
In Europa erworbene Gesellen- und Meisterbriefe reichen für eine Qualifikation als Fachkraft in den meisten Fällen nicht aus. Um als Fachkraft anerkannt und eingestellt zu werden, muss der Einwanderer zusätzlich zu der in der Heimat bereits bestandenen Abschlussprüfung eine kanadische Berufsprüfung ablegen. In diesen Prüfungen in der Landessprache muss der Bewerber die erworbenen Fähigkeiten und das Wissen in seinem Beruf nachweisen, um eine kanadische Lizenz zu erwerben, zum Beispiel als Sanitär-Installateur (Plumber) oder Elektriker (Electrician).

Um einen Job zu erhalten, werden eigenes Werkzeug und eigenes Auto verlangt. Das heißt, wenn zur Ausübung der Arbeit ein Fahrzeug benötigt wird, wird in den meisten Fällen von Ihnen verlangt, Ihr eigenes Fahrzeug einzusetzen, ebenso Ihr eigenes Werkzeug. Dies trifft zu für: Mechaniker, Installateure, Schlosser, Elektriker und ähnliche Berufen.

Oft wird bei einem Stellenangebot ein Journeymans Ticket oder eine Licence (Handwerks-Gesellenbrief) verlangt, dann wird dieser Job auch nur an Bewerber mit einer solchen Lizenz vergeben. Das heißt, dass Sie als gelernter Facharbeiter/Handwerker in Kanada erst einmal so etwas wie eine Lehre mitmachen müssen, um diese Lizenz zu erhalten. Sie können auch versuchen, die Examensprüfung ohne »Lehrzeit« zu absolvieren – mit vorherigem »Büffeln« klappt es vielleicht sogar schon beim ersten Mal.

In beruflicher Hinsicht werden Sie es wahrscheinlich im kanadischen Norden etwas leichter haben. Dort werden auch deutsche Berufspapiere anerkannt. Manche Firmen bieten auch »Training on the Job« an.

Blockhausbau in British Columbia
Sind sie daran interessiert, Blockhäuser zu bauen? Mit Holz zu arbeiten? Der Blockhausbaukursus findet einmal jährlich statt. Es müssen mindestens sechs Personen teilnehmen. Unter Anleitung eines Blockhausbau-Lehrers (Log Building Instructor) erlernen Sie den kanadischen Blockhausbau – vom Fundament bis zur Dachkonstruktion.

Da der Kursus in einer sehr abgelegenen Gegend stattfindet, wird dringend empfohlen, einen Camper oder ein Zelt mitzubringen und für genügend Lebensmittel zu sorgen. Erkundigen Sie sich (nur in Englisch) bei:

Snowy Mountain Log Crafters
Chris Gowling & Linda Jonke
Box 155
Tatla Lake, BC, V0L 1V0-Canada
Telefon und Fax: +1/250/476-1174
E-Mail: SnowyMtnLog@telus.net

Der Blockhausbaukurs dauert vier Wochen und kostet CAD 1500 pro Person. Sämtliches Werkzeug muss mitgebracht werden (Werkzeugliste anfordern), Wohnen und Essen sind nicht im Preis enthalten (Selbstverpflegung).

Nach Beendigung des Kurses erhalten Sie ein Diplom und können sofort auf Arbeitssuche gehen, aber auch nur, wenn Sie Ihre Einwanderung haben. Viele besuchen den Kurs auch nur, um ihr eigenes Haus zu bauen, weil dies billiger ist, als eine Baufirma mit dem Hausbau zu beauftragen.

> **Tipp:** Dieser Kursus fängt oft im Juni an und endet im Juli. Verbringen Sie Ihren nächsten Kanada-Urlaub mit dem Blockhausbau. So können Sie der Kanadischen Botschaft in Ihrem Heimatland etwas vorzeigen. Vielleicht sind Sie damit schon einen Schritt weiter.

Berufsbezeichnungen (Deutsch/Englisch)

Deutsch	Englisch
Ärzte, allgemein	Physicians
Praktischer Arzt	General Practitioner
Agraringenieur	Agricultural Engineer
Apotheker	Pharmacist
Arbeiter	Labourer
Architekt	Architect
Autoelektriker	Automotive Electrician
Automechaniker	Auto Mechanic
Bäcker	Baker
Bankangestellte/Kassierer	Teller/Cashier
Bergwerksarbeiter	Miner
Berufsberater	Employment counsellor
Bibliothekar	Librarian
Blechschlosser	Sheet Metal Worker
Buchhalter	Accountant
Bürohilfe	Clerk
Busfahrer	Bus Driver
Dekorateur	Interior Designer
Diätspezialist	Dietician
Dieselmotoren-Mechaniker	Diesel Mechanic
Elektriker	Electrician
Empfangstelefonist	Receptionist
Ernährungsberater	Nutritionist
Fliesenleger	Tile Setter
Forscher (Archive)	Researcher (Archives)
Friseur	Hairdresser

Fürsorgedienst/Altenpflege	Care worker
Handelskapitän	Master
Handelsvertreter	Sales Representative
Haushälterin/Betreuer(in)	Homemaker
Hausmeister	Janitor
Hebamme	Midwife
Herrenfriseur	Barber
Immobilienmakler	Real Estate Agent
Industrie-Ingenieur	Industrial Engineer
Ingenieurberufe/Techniker im öffentlichen Dienst	Civil Engineers
Kinderfürsorge	Childcare Worker
Klempner/Sanitärinstallateur	Plumber
Koch	Cook
Kosmetikberufe	Cosmetologist
Kontoristin, Rechnungswesen	Accounting Technician
Kontoristin	Bookkeeping Clerk
Kranführer, Baggerführer (und andere Schwerfahrzeuge)	Heavy Equipment Operator
Krankengymnast	Physiotherapist
Krankenpfleger	Nursing Assistant
Krankenschwester	Nurse
Küchenhilfe	Kitchen Help
Kühltechnik-Mechaniker	Refrigeration Mechanic
Lagerverwalter	Warehouseperson
Landvermesser	Surveyor
Landvermesser-Gehilfe	Surveyor Assistant
Landwirt	Farmer
Landwirtschaftsbezogene Berufe	Agriculturalist
Landwirtsgehilfe	Farm Worker
Lebensmitteltechnologe	Food Technologist
Lehrer	Teacher
Leichenbestatter	Mortician
Lkw-Fahrer	Truck Driver
Maler/Lackierer	Painter
Maschinenbau-Ingenieur	Mechanical Engineer
Maschinenschlosser und verwandte Berufe	Machinist
Maschinenschreiber	Typist
Mechaniker für Schwerfahrzeuge	Heavy Duty Mechanic

Medizinisch Technische Assistentin	Medical Laboratory Technician
Möbel-Monteur	Furniture Maker
Monteur, Reparaturdienst	Maintenance Person
Notar	Notary Puplic
Optiker	Optician
Planer/Berater auf Gemeindeebene	Community Planner
Rechtsanwalt an höheren Gerichten	Barrister
Rechtsbeistand, Anwalt	Solicitor
Redakteur	Editor
Revisor	Auditor
Rigipsplattenverleger	Drywaller
Schadenssachverständige	Claim Adjusters
Schreiner/Tischler	Cabinet maker (meistens Küchen)
Schriftsetzer	Typesetter
Schweißer	Welder
Sekretärin	Secretary
Sozialarbeiter	Social Worker
Systemanalytiker (Computer)	Systems Analyst
Tankwart	Service Station Attendant
Tierarzt	Veterinarian
Verkäufer	Salesperson
Versicherungsagent	Underwriter
Versicherungsvertreter	Insurance Salesperson
Versorgungsbeamter, öffentlicher Bereich	Procurement Officer
Verwaltungsangestellte	Administrative Assistant
Verwaltungsbeamter	Personnel Officer
Wachmann	Security Guard
Werbezeichner	Advertising Artist
Wirtschaftsberater	Economist
Zahnarzt	Dentist
Zahnarzthelferin	Dental Assistant
Zahntechniker	Denturists
Zeichner	Draftsperson
Zimmermann	Carpenter
Zimmermädchen	Chambermaid

Berufsbezeichnungen (Englisch/Deutsch)

Englisch	Deutsch
Accountant	Buchhalter (und Buchhaltung allgemein)
Accounting Technician	Kontorist, Rechnungswesen, Buchführung
Administrative Assistant	Verwaltungsangestellter
Advertising Artist	Werbezeichner
Agricultural Engineer	Agraringenieur
Agriculturalist	Landwirtschaftsbezogene Berufe
Architect	Architekt
Auditor	Revisor
Auto Mechanic	Automechaniker
Automotive Electrician	Autoelektriker
Baker	Bäcker
Barber	Herrenfriseur
Barrister	Rechtsanwalt an höheren Gerichten
Biologist	Biologe
Bookkeeping Clerk	Kontoristin
Bus Driver	Busfahrer
Cabinet Maker	Kunsttischler
Care Worker	Fürsorgedienst/Altenpflege
Carpenter	Zimmermann
Chamberperson	Zimmermädchen
Chemist	Chemiker
Civil Engineer	Ingenieurberufe/Techniker im öffentlichen Dienst
Clerk	Bürohilfe (und Büroberufe allgemein)
Community Planner	Planer/Berater auf Gemeinde-Ebene
Cook	Koch
Childcare Occupants	Kinderfürsorge
Claim-adjusters	Schadenssachverständige
Cosmetologist	Kosmetik-Berufe
Dental Assistant	Zahnarzthelferin
Dentist	Zahnarzt
Denturists	Zahntechniker

Diesel Mechanics	Dieselmotoren-Mechaniker
Dietician	Diätspezialist
Dishwasher / Kitchen Help	Küchenhilfe
Draftsperson	Zeichner
Drywaller	Rigipsplattenverleger
Economist	Wirtschaftsberater
Electrician	Elektriker
Editor	Redakteur
Electrical Engineeer	Elektriker
Employment Counsellor	Berufsberater
Farmer	Landwirt
Farm Worker	Landwirtsgehilfe
Food Technologist	Lebensmitteltechnologe
Furniture Maker	Möbel-Monteur
Hairdresser	Friseur
Heavy Duty Mechanic	Mechaniker für Schwerfahrzeuge
Heavy Equipment Operator	Kranführer, Baggerführer
Homemaker	Haushälterin/Betreuer
Industrial Engineer	Industrie-Ingenieur
Insurance Salesperson	Versicherungsvertreter
Interior Designer	Dekorateur
Janitor	Hausmeister
Labourer	Arbeiter
Librarian	Bibliothekar
Life Sciences Technologist	Technologe z.B. in Zoologie, Forst- oder Landwirtschaft
Logger	Fahrer für Holztransporte
Machinist	Maschinenschlosser und verwandte Berufe
Maintenance Person	Monteur
Major Appliance Repairer	Haushalts-Elektrogeräte-Reparateur
Master	Handelskapitän
Mechanical Engineer	Maschinenbau-Ingenieur
Medical Laboratory Technician	MTA, Medizinisch-Technischer Assistent
Midwife	Hebamme
Millwright	plant und baut Industrieanlagen (ingenieurverwandter Beruf)
Miner	Bergwerksarbeiter

Mortician	Leichenbestatter
Notary Public	Notar
Nurse	Krankenschwester
Nursing Assistant	Krankenpfleger
Nutritionist	Ernährungsberater
Optician	Optiker
Painter	Maler/Lackierer
Personnel Officer	Verwaltungs-Beamter
Pharmacist	Apotheker
Physician	Praktischer Arzt
Physiotherapist	Krankengymnast
Plasterer	Verputzer
Plumber	Klempner/Sanitärinstallateur
Procurement Officer	Versorgungsbeamter
Real Estate Agent	Immobilienmakler
Receptionist	Empfangstelefonist
Refrigeration Mechanic	Kühltechnik-Mechaniker
Researcher (Archives)	Forscher (Archiv)
Salesperson	Verkäufer
Sales Representative	Handelsvertreter
Secretary	Sekretärin
Security Guard	Wachmann
Service Station Attendant	Tankwart
Sheet Metal Worker	Blechschlosser
Social Worker	Sozialarbeiter
Solicitor	Rechtsbeistand, Anwalt
Surveyor	Landvermesser
Survey Assistant	Landvermesser-Gehilfe
System Analysts (Computerbereich)	Systemanalytiker
Teacher	Lehrer
Tellers & Cashier	Bankangestellter/Kassierer
Tile Setter	Fliesenleger
Tree Harvester	Holzfäller
Truck Driver	Lkw-Fahrer
Typesetter	Schriftsetzer
Typist	Maschinenschreiber
Veterinarian	Tierarzt
Welder	Schweißer
Warehouseperson	Lagerverwalter

Der Arbeitsmarkt

Das Arbeitssystem – und was dazugehört – ist derart kompliziert und für jeden Einzelnen wiederum so unterschiedlich, dass hier nur versucht werden kann, die wichtigsten Fakten zusammenzufassen.

Zwar gibt es große Industriebetriebe von Weltniveau, aber ein leistungsfähiger Mittelstand fehlt in Kanada. Hier muss nun dafür gebüßt werden, dass in Kanada die akademische Ausbildung zwar hervorragend ist, aber eine Handwerker- und Facharbeiterschulung nach europäischem Vorbild fehlt. Der entsprechende Bedarf wurde bislang häufig durch Einwanderer gedeckt.

Arbeitsstellen mit Sozialvergütungen sind in der freien Wirtschaft nicht die Norm. Hauptarbeitgeber in allen Provinzen und Territorien sind die Regierungen.

Arbeitnehmer sind in der Regel über ihren Arbeitgeber versichert gegen Schäden, die sie in Ausübung ihres Berufes erleiden (s. »Workers Compensation Board« weiter unten).

Arbeitsverträge, wie sie in Deutschland üblicherweise abgeschlossen werden, sind in Kanada selten. Sie müssen bereit sein, die in Kanada üblichen Arbeitsbedingungen im Hinblick auf Urlaub etc. zu akzeptieren. Firmen können Mitarbeiter je nach Bedarf einstellen oder entlassen.

Um einen einigermaßen guten Job zu finden, brauchen Sie eine mindestens zwölfjährige Schulausbildung. Um einen Handwerker-Job zu erhalten, werden oft eigenes Werkzeug und eigenes Auto verlangt (s. »Anerkennung europäischer Qualifikationen«).

Die häufigsten kanadischen Berufe:

Männer:
1. Lastwagenfahrer (Truck Driver)
2. Verkäufer im Einzelhandel (Retail Sales, Clerk)
3. Hausmeister (Janitor)
4. Manager im Einzelhandel (Manager Retail Service)
5. Landwirt (Farmer)

Frauen:
1. Verkäuferin im Einzelhandel (Retail Sales, Clerk)
2. Sekretärin (Secretary)
3. Kassiererin (Cashier)
4. Krankenschwester (Nurse)
5. Buchhalterin (Accountant)

Quelle: Statistics Canada, November 2002

Arbeitszeit (offiziell)
In der Industrie wird in der Regel fünf Tage die Woche, je acht Stunden pro Tag (40-Stunden-Woche) gearbeitet.
Die Mehrzahl der Büroangestellten arbeitet 35–38 Stunden wöchentlich oder weniger. Im Einzelhandel liegt die Zahl der Arbeitsstunden etwas höher.
Realität ist: Sechs-Tage-Woche, Stundenlohn CAD 8,-, unbezahlte Feier- und Krankheitstage. (Im Durchschnitt beträgt der kanadische Stundenlohn etwa CAD 6,30.)

Gesetzliche Feiertage (Statutory Holidays)
Es gibt keine einheitliche, für ganz Kanada geltende Feiertagsregelung. Die Feiertage werden teils vom Bund, teils von den Provinzen festgelegt. Daher ist die Zahl der bezahlten Feiertage (5–10) in den einzelnen Provinzen unterschiedlich. In den Genuss der voll bezahlten Feiertage kommen nur Bundesbedienstete, Bankangestellte sowie Mitarbeiter in großen Firmen, in denen die Regelungen einer Gewerkschaft gelten.
Abweichend von der deutschen Praxis bleibt dem Arbeitnehmer in Kanada ein gesetzlicher Feiertag auch dann erhalten, wenn dieser auf einen ohnehin arbeitsfreien Tag zum Beispiel einen Sonntag fällt. In diesem Fall ist der Montag ein freier Tag (s. »Feiertage und Urlaub«).

Urlaub
Die meisten Arbeitnehmer haben nach einem Jahr Beschäftigung einen gesetzlichen Anspruch auf zwei Wochen bezahlten Urlaub sowie vier Prozent Urlaubsgeld vom Jahreseinkommen. Fällt ein Feiertag auf einen Nichtarbeitstag, so erhalten die Arbeitnehmer einen bezahlten Tag frei oder sie bekommen diesen Tag extra bezahlt.

Arbeitsausfall wegen Krankheit
Nachstehendes trifft wiederum nur zu, wenn Sie keinen Regierungs-Job haben. Bei Regierungen und großen Unternehmen, die einer Gewerkschaft angeschlossen sind, sind Sie ausreichend mit Sozialleistungen versorgt wie bezahlte Krankheits- und Urlaubstage und zahnärztliche Versicherung.
Anders als in Deutschland braucht der Arbeitgeber den Arbeitnehmer im Krankheitsfall nicht weiter zu entlohnen. Entsprechende Lohnfortzahlungen gibt es nur auf tariflicher oder einzelvertraglicher Ebene.

Bevor Sie Krankengeld vom Arbeitsamt erhalten, müssen Sie zwanzig Wochen innerhalb der vergangenen 52 Wochen gearbeitet haben. Regionale Unterschiede sind zu beachten. Bei Krankheit müssen Sie beim Arbeitsamt das Formular »Special Benefits« oder »Illness Benefits« ausfüllen. Ein Nachweis vom behandelnden Arzt ist ebenfalls vorzulegen. Das Arbeitsamt in British Columbia bezahlt maximal 15 Wochen.

Zusätzlich können Sie sich auch gegen Verdienstausfall absichern. Beispiel: Sie möchten CAD 1000 im Monat erhalten. Für einen Schlosser kostet die Versicherung monatlich CAD 45. Werden Sie nun krank und das Arbeitsamt bezahlt nur CAD 600, so erhalten Sie die Differenz von der Versicherung, also CAD 400.

Arbeitsstreitigkeiten
Es gibt keine eigenständigen Arbeitsgerichte in Kanada. Dafür wurde nur ein Schlichtungswesen entwickelt. Bei Arbeitsstreitigkeiten werden die Probleme vor einem Schlichter verhandelt oder vor ein Komitee des »Labour Relations Board« gebracht.

Gewerkschaften
Die Gewerkschaften (Unions) spielen im kanadischen Berufsleben eine wichtige Rolle. Wer einen halbwegs sicheren Job sucht, der sollte nur bei der Regierung arbeiten oder in einem Betrieb, der einer Union angehört. Die Vorteile sind mehr Lohn, bessere Krankenversicherung und besserer Kündigungsschutz.

Im öffentlichen Dienst ist es nicht Pflicht, Gewerkschaftsmitglied zu sein. Im privaten Sektor kann es Ihnen allerdings sehr wohl passieren, dass Sie eine Stelle nicht bekommen, wenn Sie nicht in der Gewerkschaft sind beziehungsweise nicht Mitglied werden wollen.

Sollten Sie aber andererseits Gewerkschaftsmitglied sein und in einem Betrieb arbeiten, der nicht der Gewerkschaft angehört, so kann es wiederum sein, dass Ihre Arbeitsbedingungen nicht dem Gewerkschaftsstandard entsprechen.

Kündigungsschutz
In vielen Provinzen ist die Kündigungsfrist von der Dauer des Beschäftigungsverhältnisses abhängig und beträgt in der Regel zwischen ein und acht Wochen (s. »Sozialwesen«).

Löhne und Gehälter
Um in Kanada etwa den gleichen Lebensstandard wie in Deutschland zu haben, müssen Sie annähernd den doppelten Lohn in Dollar verdienen. Die Mindeststundenlöhne sind in jeder Provinz unterschiedlich und liegen zwischen CAD 5 und CAD 7,50 (s. Teil 4, Provinzen). Gehälter werden in der Regel 14-tägig ausgezahlt. Arbeitnehmer werden eher per Stunde bezahlt als nach ihrer Leistung.

> **Tipp:** Sie sollten einen Stundenlohn von mindestens CAD 10 bei einer 40-Stunden-Woche haben, damit Sie bei Arbeitslosigkeit wenigstens etwa CAD 250 Unterstützung wöchentlich erhalten (s. »Gesundheits- und Sozialwesen«).

Schwangerschaft
Sie müssen mindestens fünf bis fünfzehn Monate bei einem Arbeitgeber gearbeitet haben, um die Schwangerschaftsunterstützung zu erhalten. Dies wird in jeder Provinz unterschiedlich gehandhabt. Der Schwangerschaftsurlaub in British Columbia beträgt acht Wochen vor und siebzehn Wochen nach der Niederkunft. Wegen Unterstützung wenden Sie sich an das Arbeitsamt. Das hierfür benötigte Formular heißt »Employment Insurance Maternity Benefits«. Der Antrag ist spätestens zehn Wochen vor dem errechneten Geburtstermin einzureichen. Die Unterstützung läuft maximal 15 Wochen.

Social Insurance Number
Um in Kanada offiziell arbeiten zu können, benötigen Sie eine »Social Insurance Number« (SIN, Sozialversicherungsnummer). Antragsformulare hierfür werden auf dem Arbeitsamt ausgefüllt. Die SIN wird unter anderem benötigt bei Arbeitslosenunterstützung, Krankenversicherung, Sozialhilfe und Steuer.
Zur Antragstellung müssen Sie Einwanderungspapier und Reisepass vorlegen, die Social Card wird Ihnen dann nach zirka drei Wochen zugeschickt.

Sozialversicherungsbeiträge
Arbeitslosenversicherung, Einkommensteuer und Rentenversicherung werden vom Arbeitgeber einbehalten und abgeführt (s. »Sozialwesen«). Krankenversicherungsbeiträge müssen Sie selber tragen – dies gilt aber nur für Alberta und British Columbia, die restlichen Provinzen und Territorien sind beitragsfrei.

»Workers Compensation Board« (WCB)

Das WCB ist so eine Art gewerbliche Berufsgenossenschaft, nur nicht so umfassend und in spezifische Abteilungen gegliedert wie in Deutschland. Die meisten Arbeitgeber in der kanadischen Industrie sind verpflichtet, Beiträge an das Workers Compensation Board zu leisten. Die Beiträge zu dieser Versicherung werden ausschließlich vom Arbeitgeber aufgebracht. Versichert sind alle Personen, die in einem Arbeitsverhältnis stehen. Wenn ein Arbeitnehmer während oder infolge seiner beruflichen Beschäftigung einen Unfall erlitten hat oder durch eine Berufskrankheit arbeitsunfähig geworden ist, tritt diese Versicherung ein. Die Entschädigungsleistungen sind in den einzelnen Provinzen unterschiedlich hoch. Je nachdem erhalten sie bis zu 70 Prozent des letzten Einkommens.

Krankheitstage werden vom WCB nur bezahlt, wenn der Arbeiter während oder infolge seiner Beschäftigung einen Unfall hatte beziehungsweise arbeitsunfähig geworden ist.

Sollte ein Arbeiter während seiner Beschäftigung irgend ein Zeichen von Krankheit verspüren, so ist sofort Ausschau zu halten nach einem Zeugen. Gleichzeitig ist der Arbeitgeber, sein Stellvertreter oder ein Kollege davon in Kenntnis zu setzen, was einen plagt.

Dann müssen Sie sofort ein Formular beim WCB anfordern (manchmal macht es auch der Arbeitgeber). Dies füllen Sie aus und hoffen auf bestes Gelingen. Denn der Arbeitgeber kann – wie üblich – dagegen Einspruch erheben. Wenn Sie keinen Zeugen hatten, können Sie mit ziemlicher Sicherheit mit einer Ablehnung rechnen.

Die Entscheidung darüber, ob Sie nun krank sind oder nicht, liegt beim einzelnen Sachbearbeiter. Selbst eine ärztliche Diagnose wird hierbei nicht unbedingt berücksichtigt! Gleichzeitig mit der Ablehnung erhalten Sie eine Information, dass Sie gegen diese Einspruch erheben können. Nachdem Sie den Einspruch eingesandt haben, können Wochen und Monate vergehen. So kann es passieren, dass Sie einige Wochen ohne Einkommen sind und sich notgedrungen an das Sozialamt wenden müssen.

Einige Werbekampagnen des WCB lassen vermuten, dass die Familie am ehesten Geld erhält, wenn der Ehepartner durch einen Betriebsunfall zu Tode kommt. Aber sie sagen nicht, dass Ehefrauen und abhängige Kinder nur Anspruch auf Unterstützung haben, wenn sie bis zum Tode des Ehepartners eine bestimmte Anzahl von Jahren mit diesem zusammengewohnt haben.

Fazit: gesund bleiben und arbeiten...

> **Tipp:** Wenn Sie vorbereitet sein wollen, besorgen Sie sich das Heft »Your Questions Answered« beim nächsten Workers Compensation Board (Telefonbuch, Weiße Seiten).

Arbeitssuche
Wer sich bei einer englischen oder amerikanischen Firma bewirbt, darf ruhig ein bisschen angeben. Auf das Vorstellungsgespräch sollten Sie gut vorbereitet sein. Haben Sie gerade Ihren Job verloren oder sind entlassen worden, dann erst ein paar Tage vergehen lassen, bevor Sie sich vorstellen gehen, weil Sie dann Ihre Emotionen wieder besser unter Kontrolle haben.
Gefragt wird unter anderem, warum Sie meinen, der Richtige für den Job zu sein, wie hoch das letzte Gehalt war, was Sie können (Skills) und was Sie bislang gemacht haben (Experience). Niemals schlecht über die vorherigen Arbeitgeber sprechen.
Es wird erwartet, dass der Bewerber seine Erfolge betont, von seinen Hobbys, seinen sportlichen Leistungen, von seiner guten Ehe und den wohlgeratenen Kindern berichtet. Wenn das Interview vorüber ist, und bevor Sie aus der Türe treten – ruhig noch einmal nachfassen, ob Sie nun für den Job in Frage kommen.
Sie benötigen dafür folgende Unterlagen:
Resume: Eine chronologische Zusammenfassung nach Jahren rückwärts aufgelistet (2003, 2002, 2001 und so weiter) mit persönlichen Informationen wie Fachkenntnissen, Erfahrungen und Schulausbildung. Nicht enthalten sein müssen Alter, Rasse, Gewicht, Familienstand oder andere persönliche Angaben, auch ein Passfoto ist nicht erforderlich.
Reference: Ein Empfehlungsschreiben vom früheren Arbeitgeber oder einer Person, die Sie gut kennt.
Eventuell Fotos vorzeigen, die Ihre berufliche Tätigkeit dokumentieren. Selten wird ein Lebenslauf (Curriculum Vitae) verlangt, weil diese Daten/Fragen in der Bewerbung (Application Form) schon enthalten sind. Da das Land so riesig ist, werden Bewerbungen auch per E-Mail oder Fax angenommen.
Empfehlenswert ist, sämtliche Fragen vorher zu notieren und zum Vorstellungsgespräch mitzunehmen. Sie können ruhig nach Sozialleistungen fragen wie 35-Stunden-Woche, Weiterbildungskurse, zahnärztliche Versicherung, Betriebsrente, Provision oder sonstige Zulagen oder nach einer eventuellen Verpflichtung zur Mitgliedschaft in einer Gewerkschaft.

Viele Stellen werden nicht auf dem offenen Stellenmarkt angeboten. Der Arbeitgeber wartet auf Arbeiter, die nach einer offenen Stelle fragen. Beste Quelle: Telefonbuch (Gelbe Seiten) und/oder alle Broschüren, alles Infomaterial, das von der Branche produziert wird, in der Sie einen Job suchen.
Eine weitere gute Quelle ist das »Classified Directory«. Dieses Branchenverzeichnis ist nach Berufen eingeteilt (finden Sie in der Bücherei). Hier können Sie sich Firmen heraussuchen, die für die eigenen Erfahrungen in Frage kommen. Leser mit Internet-Zugang haben weitere Möglichkeiten, einen Job zu finden (s. Internet-Adressen weiter unten).
Sollten Sie bei der ausgesuchten Firma persönlich erscheinen oder anrufen, dann fragen Sie einfach: »I am looking for work. Do you have any openings?« Sollte die Antwort negativ sein, nur nicht aufgeben, Gespräch weiterführen: »I see. I would still be interested in speaking with you. I am new to this city and I would like to learn more about companies like yours.«
Vielleicht werden Sie zu einem Job-Interview eingeladen, oder man sagt, dass Sie sich ein Bewerbungsformular (Application Form) abholen können. Sollte dann ein Job frei werden, wird man sich vielleicht an Sie erinnern.
Vor allen Dingen sollten Sie nach kleineren Betrieben Ausschau halten, da die Mitarbeiter großer Firmen in der heutigen Zeit des öfteren unter Massenentlassungen leiden.
Eine Bekannte, die Verkäuferin ist, erzählte mir, wie sie ihren Job gefunden hat: Sie suchte sich in Vancouver, British Columbia, eine Straße aus, die ihr gefiel, und ging in jedes Geschäft, um zu fragen. Am Ende des Tages hatte sie drei Stellenangebote.
Eine weitere Möglichkeit haben Sie, indem Sie Kleinanzeigen (classifieds: employment) durchlesen. Natürlich suchen Sie wiederum die Firmen aus, die für Sie in Frage kommen. Vielleicht sucht diese Firma gerade Sie, auch wenn die Anzeige für etwas anderes bestimmt war.
Sie können auch Zeitungen, die Monate alt sind, nach geeigneten Firmen durchschauen. Es könnte sein, dass die Firma keine geeignete Person für den Job gefunden oder den ersten Bewerber schon wieder entlassen hat.
Wenn Sie im Freundeskreis jemanden kennen, der in der selben Branche tätig ist, sollten Sie ihn um Hilfe und Tipps bitten.
Regel: Sie sollten sechs Arbeitgeber pro Monat aufsuchen, um eine gute Chance zu haben, eine Stelle zu finden. Fragen Sie nach dem Manager

oder der Person, die für den Bereich zuständig ist, in dem Sie gerne arbeiten möchten, und versuchen Sie, ein Interview zu bekommen. Der amerikanische Slogan lautet: »Do not write, when you can call, do not call, when you can walk in the door, say no to a letter – you can throw it in the wastebasket.«

Hinweis: Für die meisten Berufe ist keine offizielle Lehrzeit erforderlich, vielmehr geschieht das Lernen durch Training on the Job.

Tipp: Lassen Sie sich vorab einmal die Wochenendausgabe einer Tageszeitung zuschicken oder stöbern Sie im Internet. Dort finden Sie jede Menge Informationen über Jobs, Autokauf, Wohnungen und so weiter. Im Frühjahr sind Job-Angebote wieder zahlreicher. Vielleicht geben Sie auch selber eine Anzeige auf (Zeitungs-Adressen s. Teil 4, Provinzen).

Nanny – Kindermädchen (Aupair)

Immer mehr arbeitende Eltern suchen Kindermädchen aus dem Ausland. Live-in caregiver, die auf bis zu vier Kinder aufpassen müssen, erhalten monatlich zwischen CAD 1300 und 1650 brutto. Live-out caregiver verdienen zirka CAD 2000 brutto (s. »Anerkennung europäischer Qualifikationen«)

Für **Ranch- und Farmarbeiten** ist die Zeitung *The Western Producer* empfehlenswert (s. Adressenverzeichnis im Anhang). Dort werden oft Caretaker Couple gesucht. Farmen suchen oft in der Zeit von Mai bis Oktober Hilfen unter anderem für Maisernte, Viehtrieb, Zaunreparaturen und ähnliches. Oft sind Kost und Logis frei bei Mindestlohn.

Employment Opportunities in Resorts

Sommer-Saison (Mai–Oktober):
Food & Beverage: waiters, dishwashers, bartenders, hostesses, cooks, cashiers
Accommodation: front desk clerks, janitors, housekeepers, laundry
Campgrounds: maintenance, fee collectors, groundkeepers

Winter-Saison (November–April):
Food & Beverage: waiters, dishwashers, bartenders, hostesses, cooks, cashiers
Accommodation: front desk clerks, janitors, housekeepers, laundry

Skiing: lift operators, ski patrollers, ski instructors, rental shop attendants, grooming machine operators, grader operators, ticket sellers, day care attendants, parking lot attendants

Folgende Jobs werden in **Bergwerken/Minen** vergeben:

Crane Operator	Kranführer
Electrical Superintendent	Betriebselektriker
Human Resources Administrator	Personalchef
Maintenance Superintendent	Instandhaltungstechniker
Mechanic, Welder	Mechaniker, Schweißer
Shift Boss	Schichtvorarbeiter
Surveyor and Helper	Landvermesser und Gehilfe
Various Construction and Engineer Positions	diverse Positionen im Konstruktions- und Ingenieurwesen
Warehouseman	Lagerverwalter

Büropersonal
Wer im Büro arbeiten möchte, sollte folgende Computer-Erfahrungen haben: Mircosoft Word und Excel, Windows, Microsoft Office. Erwünscht sind zwei Jahre Büro-Erfahrungen. Zudem sollten Sie zwischen 50 und 80 Wörter pro Minute (wpm) schreiben können.

Job-Hunting Guides wie *Canada Employment weekly* oder *The Career Directory* und vieles mehr finden Sie bei:

International Press Publications
90 Nolan Court,
Markham, Ontario, L3R 4L9
Telefon: +1/905/946-9588
Fax: +1/905/946-9590
E-Mail: ipp@interlog.com
Website: *www.ippbooks.com*

Arbeitssuche im Internet – Finding a job online
www.SkillNet.ca – Arbeitgeber inserieren hier Vollzeit-, Teilzeit- und Sommerjobs
www.workopolis.com – Informieren Sie sich über das aktuelle Arbeitsplatzangebot

Von der Bundesregierung geförderte Arbeitsmarkt-Websites

www.workinfonet.ca – Beinhaltet Job-Informationen für jede Provinz und jedes Territorium sowie self-employment, education and training

www.workdestinations.org – Beinhaltet Informationen über Jobs, Arbeitsvoraussetzungen, Ausbildung und Bildungsmöglichkeiten in verschiedenen Regionen Kanadas

www.Imi-imt.hrdc-drhc.gc.ca – Informiert über Arbeitsmarktsituation, was bei der Arbeitssuche helfen kann und bei Entscheidungen betreffs der allgemeinen Art der Beschäftigung, der Ausbildung und der Karriere

www.workplace.hrdc-drhc.gc.ca – offeriert Links zu kanadischen Tageszeitungen mit Kleinanzeigen »help wanted«

www.worksitecanada.com/news – Diese Website bietet provinzweit Links zu Arbeitsangeboten in den Kleinanzeigen der kanadischen Tageszeitungen

www.Jobs.gc.ca – Public Service of Canada, Karriere Möglichkeiten im öffentlichen Dienst

www.hrdc-drhc.gc.ca – Human Resource Centres (Arbeitsamt), steht mit jeder Menge Information zur Verfügung. Click map of Canada, um das nächstliegende Büro zu finden

www.jb-ge.hrdc-drhc.gc.ca – The National Job Bank, Arbeits- und Geschäftsmöglichkeiten quer durch Kanada

> **Tipp:** Die vorerwähnten Websites haben meistens eine Suchmaschine. Sie können spezifische Informationen eingeben wie »employment opportunities or jobs«, »labour«, »training«, »education«, »immigration«, »health«, »housing«, »citizenship«, »multiculturalism« etc.

Volunteer

Ehrenamtlich tätig zu sein bedeutet generell, dass ohne Bezahlung gearbeitet wird. Der Staat hat mit seinen verkrusteten Ordnungen und Hierachien erkannt, dass er für seine Bürger nicht mehr alles bezahlen kann, was er ihnen schuldig zu sein glaubt. Vom sozial-karitativen bis hin zum kulturellen Bereich würde ohne freiwillige Hilfskräfte nichts mehr laufen. Ob nun Service gesucht oder tatkräftig Hilfe angeboten wird, alle ohne Profit arbeitenden Organisationen und Einrichtungen sind auf Ehrenamtliche, die motiviert sind, angewiesen.

In Kanada ist es üblich, seine Dienste kostenlos und freiwillig anzubieten. Neuankömmlinge erhalten so einen ersten Eindruck vom kanadischen Arbeitsleben. Man kann seine Fachkenntnisse zeigen und gleichzeitig Kontakte für später knüpfen. Gleichzeitig werden Englischkenntnisse verbessert. Als Volunteer kann man etwas für sein persönliches Ansehen tun und auch Vorteile für das berufliche Weiterkommen erlangen. Nach Beendigung erhält man auch ein Empfehlungsschreiben, welches man dann dem zukünftigen Arbeitgeber vorlegen kann.

Volunteer Working Holiday Program – Freiwillige Hilfe weltweit
Es werden sogar weltweit Volunteervacations angeboten, die eine große Anziehungskraft auf jüngere Menschen ausüben.
Die Organisation Willing Workers on Organic Farms (WWOOF) Canada vermittelt Interessenten aus Europa, USA, Australien, Afrika und Korea auf chemiefreie Bauernhöfe in Kanada, um dort zu arbeiten. Jahresbeitrag CAD 30, Mitglied kann jeder ab 16 Jahren werden.

WWOOF – John Vanden Heuvel
RR-G18-C9 (4429 Carlson Road)
Nelson, BC, V1L 5P5
Telefon: +1(250)354-4417
E-Mail: wwoofcan@shaw.ca
Website: *www.Wwoof.ca*

Hier noch mehr Anregungen für Besuche im Internet:
www.voyage.gc.ca – Canadas Consular Affairs Website. Hier erfahren Sie alles zum Thema Sicherheit, einschließlich Warnungen vor Krankheitsausbrüchen und Naturkatastrophen
www.volunteer.ca – Die zweisprachige Website verbindet Sie mit mehr als 200 volunteer centres von Küste zu Küste in Kanada
www.voe-reb.org – Die Volunteer Opportunities Exchange bietet provinzweit (Kanada) ehrenamtliche Tätigkeiten
www.charityvillage.com – click Volunteer/Donate und dann Virtual Volunteer Positions, um eine Jobliste zu finden
www.tyrrellmuseum.com/programs – Alberta/Kanada auf den Spuren der Dinosaurier
www.ontarionature.org – Nature Volunteers in Ontario's Provinzparks (Kanada) gesucht
www.habitat.ca – Häuser bauen für Familien mit niedrigem Ein-

kommen in Kanada, USA oder in anderen Ländern mit Habitat for Humanity
www.volunteerworkabroad.org – Go grassroots-globally. Kostet ab CAD 1855
www.rorqual.com – Mingan Island Cetacean Study (MICS), non-profit research organisation that has conducted ecological studies in the Gulf of St. Lawrence (North shore of Quebec) and Baja California, Mexico. Kostet ab CAD 1690
www.taketothehills.org – Sie beliefern per caravan, four-by-four oder sport-utility vehicles ländliche Gegenden in der Sierra Madre, Mexico
www.volunteerinternational.org – Gesuche für weltweite ehrenamtliche Tätigkeiten

Gesundheits- und Sozialwesen

Arbeitslosenunterstützung

Das soziale Netz in Kanada ist nicht so umfassend ausgebaut wie in Deutschland. Die komplexe Materie und die uneinheitliche bürokratische Verfahrensweise lassen es an dieser Stelle nur zu, einen Teil der wichtigen Punkte aufzuführen. Sie werden immer wieder neue Erfahrungen sammeln und erstaunt sein.

Die Arbeitslosenquote lag im Februar 2003 im Landesdurchschnitt bei 8,4 Prozent. Die maritimen Provinzen haben weiterhin die höchste Arbeitslosigkeit, geführt von Newfoundland. Am besten ist die Beschäftigungslage in den Prärieprovinzen. Der höchste Anteil an Arbeitslosen bei Erwerbsfähigen findet sich bei der Personengruppe ohne eine abgeschlossene Berufsausbildung. Eine Umfrage des Nachrichtenmagazins Maclean's ergab, dass die älteren genauso wie die jüngeren Kanadier in der Regel optimistisch in die Zukunft blicken, obwohl »Jugendarbeitslosigkeit« auch in Kanada schon zum Schlagwort geworden ist.

Antrag auf Arbeitslosenunterstützung/Employment Insurance

Um sich arbeitslos zu melden, benötigen Sie das Formular »Record of Employment« (ROE), welches Sie von Ihrem Arbeitgeber erhalten.

Der Bezug von Arbeitslosengeld ist an die strikte Einhaltung bestimmter Regeln gebunden. Bei Nichteinhaltung kein Geld! Das Arbeitsamt erwartet beispielsweise ständige Erreichbarkeit. Die Arbeitslosenversicherung wird von Arbeitnehmern und Arbeitgebern finanziert.

131

Nachstehend ein Beispiel aus British Columbia. Um Anspruch auf finanzielle Unterstützung zu haben, müssen Beschäftigte ein Minimum von Arbeitsstunden aufweisen. Je nach Region müssen 420–700 Stunden innerhalb von 52 Wochen gearbeitet werden. Arbeitnehmer, die zum ersten Mal am Versicherungssystem teilnehmen, müssen 910 Arbeitsstunden aufweisen, bevor sie sich für Unterstützungsleistungen qualifizieren.

Sie erhalten 55 Prozent vom Durchschnittseinkommen. Die maximale Arbeitslosenunterstützung beträgt CAD 750 pro Woche. Die regelmäßige Zahlung des Arbeitslosengeldes erfolgt 14-tägig für einen Zeitraum von 14 bis 45 Wochen. Wie lange Sie Unterstützung erhalten, ist von der lokalen Arbeitslosenrate abhängig, das heißt in der Regel, dass Sie auf dem Land länger Unterstützung bekommen, in der Stadt kürzer.

Die ersten zwei Wochen nach Antragstellung sind sogenannte Wartezeit. Bevor der erste Arbeitslosenscheck kommt, vergehen bis zu sechs Wochen. Für diese Wartezeit kann der Arbeitslose Sozialhilfe beantragen, die später aber zurückzuzahlen ist.

Kündigung: Im Gegensatz zu Deutschland gibt es in Kanada nur minimale Kündigungsschutzvorschriften. Sollte der Arbeitgeber kündigen, weil sein Geschäft schlecht geht, bekommen Sie die Arbeitslosenunterstützung in der Regel erst nach vier Wochen; aber auch nur, wenn Sie Ihre beitragspflichtigen Stunden erreicht haben. Wenn der Arbeitgeber die Kündigung ausspricht wegen schlechten Benehmens, Fehlverhaltens oder Ähnlichem, haben sie keinen Anspruch auf Unterstützung.

Auch Arbeitnehmer, die selber gekündigt und noch keinen anderen Job in Aussicht haben, haben keinen Anspruch auf Leistungen ihrer Versicherung. Es ei denn, Sie könnten triftige Gründe angeben wie: Arbeitsplatz entspricht nicht den Sicherheiten oder Sie ziehen zu Ihrem Partner in einem anderen Ort oder Belästigungen am Arbeitsplatz.

Haben Sie aus Gesundheitsgründen gekündigt, müssen Sie ein Schreiben Ihres behandelnden Arztes vorlegen, aus dem hervorgeht, dass Sie aus Gesundheitsgründen nicht mehr in der Lage sind, ihre Tätigkeit auszuführen. Die erste Arbeitslosenunterstützung erhalten Sie in der sechsten Woche.

Aus der Arbeitslosigkeit in die Selbständigkeit

Nur für Arbeitslose bietet das Arbeitsamt ein 13-tägiges Entrepreneurial Training Program an. Sollte Ihre Geschäftsidee für gut befunden wer-

den, erhalten Sie ein Startkapital, welches verzinst zurückzuzahlen ist, und für ein Jahr Arbeitslosenunterstützung.
Dieses Programm ist ins Leben gerufen worden, um die Arbeitslosigkeit abzubauen. Der Trick ist nur: Sie müssen erst gearbeitet haben und arbeitslos geworden sein, um an diesem Programm teilnehmen zu können.
Daran denken: Selbständige erhalten keine Arbeitslosenunterstützung.

Self-Employment Assistance ist behilflich beim Start in die Selbständigkeit. Zur Vorbereitung können Sie sich auf der Website der Canada Employment Centres umschauen: *www.hrdc-drhc.gc.ca*

Young Entrepreneur Financing Program
Jugendliche beziehungsweise junge Erwachsene zwischen 18 und 34 Jahren können sich mit finanzieller Unterstützung von der Regierung selbständig machen. Besuchen Sie die Website *www.cbsc.org*, klicken Sie dort auf Government Programs and Services und folgen Sie den Suchinstruktionen.
Hinweis: Für den Fall, dass Sie keine Arbeitslosenunterstützung erhalten, müssen Sie Sozialhilfe beantragen, die nicht zurückbezahlt werden muss.

> **Tipp:** Damit Sie vorbereitet sind auf Arbeitslosigkeit, Schwangerschaft oder Krankheit, sollten Sie sich schon frühzeitig beim Arbeitsamt die entsprechenden Unterlagen besorgen. Dazu gehören: »Employment Insurance: Regular benefits« und »Maternity, parental and sickness benefits«.

Sozialwesen
Folgende Sozialversicherungsprogramme werden auf Bundesebene/Provinzebene verwaltet:
- Alterssicherung (Old Age Security Pension)
- Arbeitslosenversicherung (Employment Insurance)
- Arbeitsunfallversicherung (Workers Compensation)
- Kindergeld (Child Tax Benefits)
- Krankenversicherung (Medicare)
- Rentenversicherung (Canada Pension Plan)
- Sozialfürsorge (Social Assistance)

Alterssicherung
Alle Personen ab dem 65. Lebensjahr, die kanadische Staatsbürger oder »Permanent Resident« sind, erhalten ohne vorherige Beitragsleistung und ungeachtet der Höhe ihres Verdienstes oder sonstiger Einkünfte eine monatliche Grundrente. Der Antragsteller muss mindestens 10 Jahre in Kanada gelebt haben.

Kindergeld
Für jedes Kind wird bis zum 18. Lebensjahr monatlich Kindergeld überwiesen. Der Betrag ist vom Jahreseinkommen abhängig. Der Scheck wird meistens auf die Mutter ausgestellt. Anträge erhalten Sie bei »Revenue Canada« (Telefonbuch, Blaue Seiten).

> **Tipp:** Beziehen Sie Ihr Kindergeld in Ihrem Heimatland zunächst weiter. Erst, wenn es sicher ist, dass Sie in Kanada Kindergeld erhalten, stoppen Sie die Kindergeldzahlungen im Heimatland (s. Teil 2 Abbruch der Zelte).

Rentenversicherung
Der »Canada Pension Plan« ist eine beitragspflichtige Spezialversicherung. Die Provinz Quebec hat einen eigenen Rentenplan, Rentenansprüche, die unter dem Canada Pension Plan erworben wurden, werden jedoch in der Provinz Quebec anerkannt und umgekehrt. Die Altersrente wird in der Regel an Personen gezahlt, die das Alter von 65 Jahren erreicht haben. Eine Broschüre »Canada Pension Plan« erhalten Sie von Health Canada.

Hinweis: Erwähnen möchte ich, dass Deutschland mit Kanada sowie mit der Provinz Quebec ein Rentenabkommen hat und Sie ihre Rentenzahlung aus Deutschland nach Kanada überwiesen bekommen. Bei der Bundesversicherungsanstalt für Angestellte erhalten Sie die Broschüre »Rentenabkommen mit Kanada und Vereinbarung mit der Provinz Quebec«.

Registered Retirement Savings Plan (RRSP)
Als zusätzliches Renteneinkommen können Sie monatlich ab CAD 50 ihr Geld in RRSP (Mutualfunds) anlegen. Steuer wird nur fällig, wenn Sie Geld herausnehmen. Informationen hierüber erhalten Sie von Ihrer kanadischen Bank.

Hinweis: In deutsch-kanadischen Tageszeitungen finden sie immer wieder Anzeigen unter Stichworten wie »Rentenhilfsdienst«, »Rente aus Deutschland/Österreich«. Diese Gruppen helfen Ihnen gerne weiter bei der Rentenberatung.

Sozialfürsorge
Alle Personen, die in Not geraten sind und bei denen die Bedürftigkeit nachgewiesen wurde, können Fürsorgeleistungen beanspruchen; das gilt auch, wenn Sie zu wenig Arbeitslosenunterstützung erhalten.
Sollten Sie Arbeitslosenunterstützung erwarten und brauchen nur kurzfristig eine Überbrückung, so behält es sich das Sozialamt vor, das vorgestreckte Geld direkt vom Arbeitslosengeld abzuziehen.
Sollten Sie die Dienste des Sozialamtes in Anspruch nehmen, weil Sie keine Arbeitslosenunterstützung erhalten, so braucht diese Hilfeleistung nicht zurückgezahlt werden.
Studenten, die Student Loan (eine Art BAFöG) erhalten, können während ihrer Studienzeit keine Sozialhilfe in Anspruch nehmen.

Antragstellung
Wenn Sie einen Antrag auf Sozialhilfe stellen, sollten Sie folgende Unterlagen mitbringen (sollten Sie verheiratet sein, muss der Ehepartner bei der Antragstellung mit anwesend sein):
- Einwanderungspapier
- 3 Ausweise (Reisepass, Führerschein, Social Insurance Card) und letzter Lohnzettel
- Bestätigung der monatlichen Miete mit Adresse und Telefon-Nummer des Vermieters oder
- Bestätigung von der Bank über die Höhe der monatlichen Hypothek
- Telefon- und Stromrechnung
- Eventuell eine vorläufige Bestätigung vom Arbeitsamt, dass Sie erst in zirka sechs Wochen Arbeitslosenunterstützung erhalten. Sobald Sie Arbeitslosengeld erhalten, muss die Sozialhilfe zurückerstattet werden.
- Kontoauszug

Nun werden erst einmal wieder Formulare ausgefüllt:
- 1 Antrag auf Sozialhilfe
- 1 Antrag für Arbeits- und Trainingsprogramm (jeder Partner muss separat ein solches Formular ausfüllen).

Sämtliche Daten werden im Computer gespeichert und Sie unterschreiben, dass das Sozialamt alle Daten abfragen darf bei Finanzamt, Banken und so weiter. Manchmal müssen Sie auch Ihre Geldbörse vorlegen. Achten Sie darauf, dass Sie nicht mehr als CAD 20 darin haben.

Wohnen Sie in der Stadt, muss täglich ein Nachweis gebracht werden, dass Sie sich um einen Job bemüht haben. Die Antwort vom Arbeitgeber muss vorgelegt werden.
Hinweis: Personen mit niedrigem Einkommen, die einen Anwalt benötigen, können sich an Legal Aid – Legal Services Society wenden (Telefonbuch, Weiße Seiten).

Gesundheitswesen
Krankenversicherung
Es heißt, dass das kanadische Gesundheitswesen ein hohes Niveau hat. Aber ein umfassendes nationales Krankenversicherungssystem, wie es zum Beispiel Deutschland aufzuweisen hat, existiert in Kanada nicht.
Kanadas öffentliches Gesundheitssystem heißt Medicare. Die Bundesregierung setzt den Standard für das ganze Land, aber die Programme werden bei den jeweiligen Ministries of Health umgesetzt. In Alberta und British Columbia werden Versicherungsbeiträge erhoben, während in den anderen Provinzen und Territorien die Krankenversicherungskosten über die Steuern finanziert werden.
Erst drei Monate nach Niederlassung in British Columbia, New Brunswick, Ontario und Quebec können Sie sich versichern lassen. Daher ist es empfehlenswert, sich für die ersten drei Monate privat krankenversichern zu lassen. In den restlichen Provinzen und Territorien sind Sie vom ersten Tag an gebührenfrei versichert, wenn Sie den Status Permanent Resident haben (s. jeweilige Provinzbeschreibung). Auch wenn Sie innerhalb Kanadas von einer Provinz in die andere umziehen, entsteht meistens eine dreimonatige Wartezeit.
Beispiel: Ankunft 4. Juli – versichert ab 1. Oktober. (Aber nur, wenn Sie mindestens 30 Tage vorher den Antrag gestellt haben.) Nach Ankunft besorgen Sie sich deshalb am besten sofort das entsprechende Antragsformular (Medical Services Plan Application) und füllen es aus. Hierfür wird entweder das Einwanderungspapier oder die Social Insurance Number (erhalten Sie auf dem Arbeitsamt, s. »Der Arbeitsmarkt«) benötigt.
Die Krankenversicherung beinhaltet Arztbehandlung sowie Krankenhausaufenthalt.

Zahnarzt
Zahnärztliche Behandlung ist nicht im Versicherungsprogramm eingeschlossen, es sei denn, die Zahnbehandlung ist ein chirurgischer Eingriff (wie beispielsweise die Entfernung des Weisheitszahnes) und

Die meisten Immobilien werden in CN über Maklerbüros vermittelt. Nicht selten können Sie dasselbe Objekt in Europa zu einem wesentlich höheren Preis angeboten finden.

»If we haven't got it, you don't need it.« Bio-Laden auf kanadisch.

Beer and Wine Making Equipment & Supplies Store

Einkaufsstraße in Kamloops, B.C.

Ski-Langlauf und Abfahrtslauf sind populäre Wintersportarten; Majerus Farm, Wells Gray Park, B.C.

Im Sommer ist Golfen chic ... (Colleen Foster)

... und River Rafting etwas für starke Nerven. (Dave Vollmer)

Ihr Fischreichtum macht kanadische Flüsse, Bäche und Seen bei Anglern beliebt. (Trevor Goward)

Keine Schleichwerbung, sondern Einladung zum Tanz; Pub in Kamloops.

Das Red Maple Leaf (rotes Ahornblatt) wurde weltweit zum Zeichen Kanadas. (Trevor Goward)

Auch in Kanada zuhause: Ladyslippers. (Colleen Foster)

Heile Welt? Häufig trügt der Schein.
Allzuoft setzt sich die Industrie über die Interessen der Natur hinweg. Hier der idyllische Gorman Lake – einer der vielen einsamen fischreichen Seen in B.C.

wird im Krankenhaus vorgenommen, dann tritt die Krankenversicherung in Kraft. Einige Arbeitgeber übernehmen einen Teil (bis zu 60 Prozent) der zahnärztlichen Behandlung.

Augenarzt
Eine Untersuchung wird alle zwei Jahre von der Krankenversicherung bezahlt. Sollten Sie den Augenarzt öfter in Anspruch nehmen, so ist dies aus der eigenen Tasche zu bezahlen.

Medikamente
Die Kosten für Medikamente sind immer selber zu tragen.

> **Tipp:** Bevor Sie auswandern, sollten Sie auf jeden Fall alle Zähne in Ordnung bringen lassen. Medikamente, die Sie ständig benötigen, in ausreichender Menge mitbringen; auf Haltbarkeitsdatum achten. Beim jeweiligen deutschen Konsulat in Kanada können Sie nach deutschsprachigen Ärzten fragen.

Was Sie noch wissen sollten:
Wenn Sie in Kanada vom Arzt verschriebene Medikamente in der Pharmacy abholen, werden Sie den Beipackzettel vermissen. Hier stellt der Apotheker die Fragen, ob Sie allergisch sind, welche anderen Medikamente Sie nehmen und so weiter.
Fragen Sie nach einer Medikamenteninformation, so erhalten Sie nur eine Kurzform, die nicht alle Daten enthält. Wenn Sie wirklich wissen wollen, was in dem Medikament drin steckt und was es auslösen könnte, lassen Sie sich eine Fotokopie aus dem Compendium of Pharmaceuticals and Specialties (CPS) machen. Als geduldiger Mensch warten Sie nun auf die Medizin oder Tabletten, die Sie vom Apotheker abgefüllt oder abgezählt in Plastikdosen erhalten.

> **Tipp:** Das CPS-Buch wird jährlich erneuert. Fragen Sie im Januar/Februar bei Ihrem Arzt nach, ob Sie das alte CPS-Buch haben dürften.

Aktuelle Informationen finden Sie auf den Internetseiten:
www.canadian-health-network.ca – Gesundsheitsinformationen
www.hc-sc.gc.ca – Health Canada

Ausbildung

Kassen leer – Steuern rauf. Auch hier nimmt der Bildungsraubbau kein Ende. British Columbia geht in die entgegengesetzte Richtung mit weniger Ausbildungsplätzen, obwohl die Wirtschaft mehr Ausgebildete benötigt.

Die Sprache

Die verschiedenen Sprachen halten uns getrennt und lassen uns fühlen, dass wir auch in vielen Dingen verschieden sind. Viele Dinge kann man nur in der eigenen Landessprache zum Ausdruck bringen.

Grundsätzlich gilt, dass die Kanadier als Einwanderernation mit ihrer Landessprache Englisch (ausgenommen Quebec) sehr ungezwungen umgehen. Selbst das Englisch des ehemaligen Premierministers Chretien war nicht immer perfekt, und man trifft nicht gleich auf Vorurteile, wenn die Grammatik oder die Aussprache nicht stimmt. Im Alltag kommt man auch mit dem Basis-Schulenglisch zurecht, im Geschäftsleben aber sollte man mit den verschiedenen Nuancen der Sprache vertraut sein, um teure Fehler zu vermeiden.

Sprachen lernen ist heute auch per CD-ROM möglich. Eine große Auswahl an Fach- und Wörterbüchern für Englisch für alle Gelegenheiten finden Sie bei Ihrem Buchhändler.

Die Regierung bietet Informationen und Service unter:

www.cic.gc.ca/english/newcomer/guide, Sprachinstruktionen für Zuwanderer

www.canadainternational.gc.ca

www.directioncanada.gc.ca in den Sprachen Deutsch, Englisch, Französisch, Portugiesisch und Spanisch

Das Schulsystem

Es gibt kein zentrales Schulsystem in Kanada. Die Schulen und Universitäten werden von den jeweiligen Provinzen unterhalten. Daher ist auch jede Ausbildung verschieden.

In allen Provinzen ist die Ausbildung in vier Stufen eingeteilt. Der Besuch der staatlichen Grund- und Oberschule ist gebührenfrei. Die öffentlichen Schulen werden aus Steuergeldern finanziert. Die Provinz- und Bundesbehörden stellen Stipendien, Zuschüsse oder Darlehen zur Verfügung. Außer den öffentlichen Schulen gibt es eine Reihe von Privatschulen, für deren Besuch Schul- beziehungsweise Studiengeld erhoben wird.

Die Schulpflicht beginnt mit dem 6. und endet mit dem 16. Lebensjahr. Die Studenten arbeiten oft während der Sommerferien, um ihre Ausbildung bezahlen zu können. Es werden Studenten-Jobs angeboten. Alternativ können Studenten sich auch in den Sommerferien selbständig machen. Hierfür wird ein bis CAD 3000 zinsloses Darlehen bei der Royal Bank of Canada oder der National Bank of Canada bereitgehalten.
Das kanadische Schulsystem gliedert sich in:

1. Kindergarten/Vorschule (Pre School)
Das Aufnahmealter ist fünf Jahre, der Kindergarten ist gleichzeitig eine Vorbereitung auf die Grundschule.

2. Grundschule (Elementary School)
Sie erstreckt sich vom ersten bis zum siebten Schuljahr. Der Unterricht beginnt im September und endet im Juni. Mit sechs Jahren werden die Kinder eingeschult. Die Schüler beenden ihre Grundschulausbildung nach sechs bis acht Jahren.

3. Oberschule (High School oder Secondary School)
Sie dauert vom achten bis zum zwölften Schuljahr. Der Unterricht beginnt im September und endet im Juni. Die Schüler haben die Auswahl zwischen verschiedenen Fachrichtungen. Zum Beispiel können sie eine Richtung einschlagen, die sie zur mittleren oder höheren Reife führt und sie befähigt, eine Universität oder eine höhere Lehranstalt zu besuchen. Oder sie können sich für eine technische oder berufliche Ausbildung entscheiden. Mit 18 Jahren erhalten die Schüler die »Graduation« (Reifezeugnis).
Hinweis: Die öffentlichen elementary and secondary schools sind gebührenfrei.

4. Hochschule (College)
Für eine Weiterbildung bietet das College ein umfassendes System von Kursen zur Vorbereitung auf allgemeinbildende und berufsbezogene Abschlüsse und Übergänge einschließlich Zertifikatsprüfungen an.
Voraussetzung für die Aufnahme an einer Hochschule ist das Abschlusszeugnis einer Oberschule. Es werden Kurse in allen Lebensbereichen angeboten, die natürlich aus der eigenen Tasche zu finanzieren sind. Die Studenten können zwar auch Ausbildungsbeihilfe (Student

Loan) beantragen, müssen aber sechs Monate nach der Graduation die Rückzahlung mit einem gepfefferten Zinssatz beginnen.
Hinweis: Wenn Sie einen Student Loan erhalten, können Sie keine Sozialfürsorge beantragen.

> **Tipp:** Je nach dem, für welchen Bereich Sie sich entscheiden, kommen Sie mit gezielten College-Kursen wesentlich weiter, als wenn Sie sich für ein zweijähriges oder längeres Studium einschreiben. Ein Beispiel: Sie wollen Outdoor Guide werden. Anstatt CAD 15 000 auszugeben für Schulgebühren, suchen Sie sich nur die Einzelkurse/Spezialkurse aus, die Sie dafür benötigen, und sammeln Ihre Zertifikate. Das kostet dann nur CAD 5000. Wenn Sie schon wissen, für welche Firma Sie tätig sein wollen, können Sie oft auf der Firmen-Website nachschauen, welche Kurse verlangt werden. Letztlich bekommen Sie so eher einen Job als mit dem College Diploma.

5. Universität (University)
Die Studenten benötigen den akademischen Grad, um an einer Universität aufgenommen zu werden. Das akademische Jahr beginnt an fast allen Universitäten im September und dauert acht Monate.
Hinweis: University- und Community-College-Kurse sind gebührenpflichtig. Die Kosten sind in den einzelnen Provinzen unterschiedlich.

Schulanmeldung
Sie benötigen folgende Unterlagen:
- ❒ Einwanderungspapier
- ❒ Geburtsurkunde
- ❒ Impfnachweise
- ❒ vorherige Schulzeugnisse

Mehr über das kanadische Schulsystem finden Sie auf den folgenden Websites:
www.aucc.ca – Association of Universities and Colleges of Canada
www.accc.ca – Association of Canadian Community Colleges

Home Schooling
Sollte Ihnen das kanadische Schulsystem nicht zusagen, so können Sie ihre Kinder von Grade 1 bis Grade 12 zu Hause unterrichten. Infor-

mationen hierzu erhalten Sie in der Bücherei, in Tageszeitungen oder im Telefonbuch.

Die Lehre
Lehrlingsausbildung (Apprenticeship)
Der Lehrling ist meistens zwischen 15 und 18 Jahre alt.
Es gibt hier keine Lehrlingsausbildung im direkten Sinne wie in Deutschland. Die Ausbildung erfolgt hauptsächlich im handwerklichen Bereich und besteht aus den praktischen Erfahrungen am Arbeitsplatz und periodischen theoretischen Ausbildungskursen, die meistens an Colleges angeboten werden. Auf jeden Fall sind Schulabgänger benachteiligt, die kein weiterführendes College, eine Technische Schule oder eine Universität besucht haben. In der Regel ist ein Oberschulabschluss erforderlich.
Nun muss der Schüler einen Arbeitgeber finden, der bereit ist, ihn auszubilden. Danach wird ein Antrag beim Ministry of Advanced Education and Job Training gestellt, um die Ausbildungszeit registrieren zu lassen.
Je nach Lehrberuf dauert die Ausbildung zwei bis fünf Jahre. Einmal jährlich erfolgt ein vier bis acht Wochen dauerndes Schultraining. Nur das Lernmaterial muss der Schüler selber kaufen. Der Auszubildende erhält mindestens 50 Prozent vom Gesellenlohn im ersten Ausbildungsjahr. Während der theoretischen Ausbildungszeit sollte beim Arbeitsamt Unterstützung beantragt werden. Nach einer erfolgreich abgeschlossenen Lehre erhält der Lehrling einen Gesellenbrief (Interprovincial Ticket or Licence), der zur Arbeitsaufnahme in gewissen Handwerkszweigen benötigt wird.

> **Tipp:** Achten Sie darauf, dass Sie sich eine Lehre aussuchen, die in allen Provinzen anerkannt wird. Bedingt durch die weitgehende Eigenständigkeit der einzelnen Provinzen werden in vielen Berufszweigen Berufsqualifikationen beim Wechsel in eine andere Provinz nicht anerkannt. Man muss dann die Prüfung unter den neuen Bedingungen noch einmal machen.

Studium in Kanada
Vorbemerkung: Die Bildungsinstitutionen in Kanada sind profitorientiert, trotz staatlicher Unterstützung/Förderung.
Grundsätzlich gilt, dass Stipendien für das Auslandsstudium nicht in Anspruch genommen werden können, wenn man gleich nach dem

Abitur den Sprung über den großen Teich wagt (s. Teil 1, »Einreise mit Studienerlaubnis«). Es ist ferner zu beachten, dass die meisten finanziellen Hilfen nur für die Dauer eines Jahres gewährt werden, was dem Aufenthalt meist ein klares Ende aufsetzt. Als grobe Regel gehen die meisten Studenten nach dem Grundstudium ins Ausland, wenn sich Interessensbereiche verdichtet haben. Die meisten bleiben ein Jahr. Wer allerdings vorhat, nach dem Studium in Kanada zu leben, dem ist ein Vollstudium in Kanada unbedingt zu empfehlen, um volle Anerkennung der erlangten Abschlüsse zu gewährleisten.

Wegen der Vielzahl und Verschiedenartigkeit der in Kanada angebotenen Universitätsabschlüsse ist nicht jeder Studiengang und -abschluss auch mit seinem europäischen Pendant zu vergleichen. Das Studium in Kanada ist, verglichen mit seinem deutschen Gegenstück, vor allem eines eben nicht: Billig. Studieren in Kanada kostet, und es kostet immer mehr. Der kanadische Durchschnittsstudent hat heutzutage nach vier Jahren Studium rund CAD 25 000 Bankschulden, die mit Zinsen zurückzuzahlen sind.

Für ein einziges Studienjahr ausländischer Studenten veranschlagt die University of British Columbia CAD 14 030 allein an Studiengebühren. Dazu kommen Wohn-, Unterhalts- und Versicherungskosten von weiteren CAD 9000 für die acht Monate von September bis April. Der Internationale Student sollte CAD 23 000 für ein akademisches Jahr zur Verfügung haben. Dies ist aber nur ein Beispiel. Jede kanadische Universität verlangt unterschiedliche Gebühren. Für Studenten aus der Bundesrepublik gibt es das Auslands-BAföG, das unter bestimmten Voraussetzungen gewährt wird und für Kanada Studienkosten von bis zu EUR 9000 pro Studienjahr übernimmt. Weiterhin können sich Auslandsstudenten zwecks Förderungsmitteln an den Deutschen Akademischen Austauschdienst (DAAD) wenden.

Informationen zu kanadischen Finanzhilfen für ausländische Studenten gibt das:

Canadian Bureau for International Education
220 Laurier Avenue West
Ottawa, Ontario, K1P 5Y9

Um teure Enttäuschungen zu vermeiden, sollte man sich noch in der frühen Planungsphase eines Auslandsstudiums damit befassen, welche Bescheinigungen ins Heimatland zurückzubringen sind, welche Scheine anerkannt werden und welche eben nicht. Außerdem sollte man feststellen, ob eventuell erlangte Abschlüsse mit den europäischen gleichwertig sind. Kultus- und Wissenschaftsministerien helfen in diesen Fragen weiter, in Deutschland dazu noch die Zentralstelle für das ausländische Bildungswesen in Bonn.

Trotz aller bürokratischen Hürden und erheblichen Recherche-Aufwands sollte man ein Auslandsstudium nicht gleich ausschließen, sondern diese kleinen Widrigkeiten als ersten Test für ein erfolgreiches Bestehen des Auslandsjahrs ansehen. Der Herausforderung Auslandsstudium in Kanada stellen sich jedes Jahr rund 450 Studenten aus Deutschland und rund 100 aus der Schweiz.

Bei der Bewerbung für eine kanadische Universität muss man sich über eines ganz im Klaren sein: Die Unis bearbeiten jährlich Tausende von Bewerbungsschreiben aus aller Welt und machen keine Ausnahmen für zukünftige Studenten, die irgendeine kleine Klausel missverstanden haben. Anmeldeformulare der Universitäten, an deren Programmen man interessiert ist, fordert man spätestens ein Jahr vor dem geplanten Studienbeginn an. Bei dieser ersten Kontaktaufnahme sollte man auch nicht vergessen, sich einen Undergraduate Calendar schicken zu lassen, in dem man sich über ein vollständiges Kursverzeichnis, Anmeldungsbestimmungen etc. genauestens und schwarz auf weiß informieren kann (s. dazu auch Provinzbeschreibungen und Teil 1, »Einreise mit Studienerlaubnis«).

Die Top 10 der kanadischen Universitäten, Unis, die an High Schools und in der Wirtschaft den besten Ruf genießen:
 1. University of Waterloo, Waterloo, Ontario
 2. Queen's University, Kingston, Ontario
 3. The University of British Columbia, Vancouver, B.C.
 4. University of Toronto, Toronto, Ontario
 5. McGill University, Montreal, Quebec
 6. McMaster University, Hamilton, Ontario
 7. Simon Fraser University, Vancouver, B.C.
 8. University of Alberta, Edmonton, Alberta
 9. The University of Calgary, Calgary, Alberta
10. Universite de Montreal, Montreal, Quebec

(Anschriften s. Teil 1, »Einreise mit Studienerlaubnis«)

Für jeden Studenten sind folgende Magazine interessant: The Macleans Guide to Canadian Universities und Guide to Canadian Colleges, zu bestellen bei:

Maclean Hunter Publishing Ltd
777 Bay Street
Toronto, Ontario, M5W 1A7
Fax: +1/416/596-7730
E-Mail: service@macleans.ca
Internet: *www.macleans.ca*

Fernstudium (Home Study)
Sie haben auch die Möglichkeit, zu Hause zu studieren. Fordern Sie die komplette Liste der »Home Study Courses« bei Ihrem nächstgelegenen College an.

Steuer- und Finanzwesen
Steuern
Eine Aufzählung auf dem Gebiet des Steuerwesens würde den Rahmen sprengen, daher seien hier nur die geläufigsten Steuern erwähnt. Weitere Auskünfte zur Steuergesetzgebung erteilen die zuständigen kanadischen Finanzämter sowie die Deutsch-Kanadische Industrie- und Handelskammer.

Wie in den meisten Ländern der Welt zahlen die Einwohner Kanadas Steuern, um die Kosten zahlreicher Programme und Dienstleistungen aller Regierungsebenen zu finanzieren. Jede Provinz bestimmt ihre eigenen Steuern, daher sind die Provinzsteuern unterschiedlich hoch, während die Bundessteuern einheitlich sind.

Eins steht fest, die Schulden des Staates klettern auch in Kanada auf immer neue Höhen. Bis heute fehlt ein Konzept zur Überprüfung aller öffentlichen Auf- und Ausgaben. Und ebenso ist noch keine Steuerreform in Sicht, die aus dem Wirrwarr ein gerechtes, ökonomisch effizientes und für die Steuerzahler erträgliches System macht. Statt dessen wird nur Flickwerk produziert. Ergebnis: Das kanadische Steuersystem gilt als Hängematte für Besserverdienende.

Steuern werden in Kanada von Bund, Provinzen und Gemeinden erhoben. Auf Provinzebene werden Einkommensteuer, Einzelhandelsumsatzsteuer, Steuern auf Einkommen aus Bodenschätzen und Gewerbekapitalsteuern für Gesellschaften erhoben. Die Gemeinden haben in der Regel das Recht, Grundbesitz zu besteuern und erheben Gemeinde- und Schulsteuern, die sich nach dem Wert des Grundbesitzes richten.

Gemäß dem kanadischen Steuergesetz unterliegen alle in Kanada ansässigen natürlichen Personen der kanadischen Steuer.

Einkommensteuer
Jeder Steuerzahler hat eine Sozialversicherungsnummer (SIN), die auf allen Einkommensteuerformularen anzugeben ist. In Kanada müssen fast alle Arbeitnehmer sowohl Bundes- als auch Provinzeinkommensteuer zahlen. Die Provinzen haben eigene Einkommensteuergesetze.
Einwanderer, die am Ende des Steuerjahres noch kein volles Jahr in Kanada gelebt haben, versteuern lediglich das Einkommen, das sie während ihres bisherigen Aufenthaltes in Kanada bezogen haben. Die Einkommensteuererklärung muss bis zum 30. April des folgendes Jahres an das Finanzamt (Revenue Canada) geschickt werden.
Selbständige müssen ihre Steuern vierteljährlich entrichten.

Sonderfall Quebec:
In der Provinz Quebec sind zwei separate Einkommensteuererklärungen abzugeben, nämlich eine für Bundessteuern und die andere für Provinzsteuern. Auch Selbständige müssen ihre Steuererklärung bis zum 30. April des folgenden Jahres abgeben.

Steuer-Rückerstattung (Tax Refund)
Kanada erhebt seit 1.1.1991 eine 7%ige Bundesumsatzsteuer auf Übernachtungskosten (Hotels, Motels, Pensionen) sowie auf Waren, die außerhalb Kanadas verwendet werden sollen. Touristen, die sich nicht länger als zwei Monate in Kanada aufhalten, können sich diese Goods and Services Tax (GST) erstatten lassen. Sie sollten innerhalb eines Jahres den ausgefüllten Antrag mit Originalquittung bei einem der beteiligten Duty-free Shops abgeben oder ihn an Revenue Canada senden.
Die folgenden Richtlinien sind auszugsweise der Broschüre Tax Refund for Visitors entnommen, die bei Revenue Canada oder Travel Info Centres erhältlichist. Hinweise finden Sie auch in jedem Übernachtungsführer (Accommodation Guide) der Provinzen. Die 7%ige GST gilt für alle Provinzen außer Nova Scotia, Newfoundland & Labrador und New Brunswick. In diesen Provinzen werden 15 Prozent HST (harmonized value-added tax) einbehalten. In Quebec ist die GST umbenannt worden in TPS (taxe sur les produits et services).
Die nachstehende Tabelle zeigt die Steuern, die auf Antrag zurückerstattet werden (ausgeschlossen von der Rückerstattung sind u.a. Alkohol und Lebensmittel):

Goods and Services Tax (GST)/(TPS)	7,0 Prozent
Harmonized Sales Tax (HST)	15,0 Prozent
Quebec Sales Tax (TVQ)	6,5 Prozent
Manitoba Sales Tax (PST)	7,0 Prozent

Folgende Punkte müssen erfüllt sein, um einen Erstattungsanspruch zu haben:
1) Original-Rechnungen inkl. Geschäfts-Registriernummer.
2) Waren/Güter, die innerhalb von 60 Tagen ab Kaufdatum aus Kanada ausgeführt wurden, um sie auch außerhalb Kanadas zu benutzen.
3) Kurz-Übernachtungen und Waren müssen zusammen mindestens CAD 200 betragen (vor der Steuer).
4) Für Waren: jede Einzel-Quittung muss mindestens CAD 50 vor Steuerabzug aufweisen.

Sie können ab CAD 50 bis maximal CAD 500 bei jedem Duty-free-Shop (Canada/USA) – Adressen sind in der Tax Refund Broschüre aufgeführt – bar einlösen. Oder Sie schicken das ausgefüllte Formular und die Originalbelege nach Ihrer Rückkehr ins Heimatland an die in dem Formular angegebene Anschrift. Dann erhalten Sie nach zirka 6 bis 8 Wochen Bearbeitungszeit einen Scheck zur Verrechnung in CAD zugesandt. Diesen Scheck können Sie

a) bei ihrer Bank im Heimatland einlösen oder
b) falls vorhanden, Ihrem kanadischen Konto gutschreiben (Scheck – mit Kontonummer versehen – per Post an Ihre kanadische Bank senden). Sollten Sie
c) kein kanadisches Konto haben und den Scheck nach Kanada zu einem Freund schicken wollen, dann müssen Sie auf die Rückseite des Schecks schreiben: Pay to the order of: N.N. (Name Ihres Freundes einsetzen). Nun noch unterschreiben und Ihrem Freund nach Kanada schicken. So umgehen Sie anfallende Gebühren sowie Umrechnungsverluste und haben gleichzeitig wieder ein Taschengeld für den nächsten Urlaub.

Für weitere Informationen besuchen Sie die Websites der Revenue Canada: *www.ccra.gc.ca*, *www.rc.gc.ca* oder *www.taxfree.ca*

Steuer Lexikon

GST = Goods and Services Tax, wurde bereits angesprochen; sie beträgt 7 Prozent und ist die Bundesumsatzsteuer.
HST = Harmonized Sales Tax. Am 1.4.1997 wurden GST und PST zusammengelegt, die HST beträgt 15 Prozent. Sie wird nur in den

Provinzen New Brunswick, Nova Scotia, Newfoundland & Labrador erhoben.
PST = Provincial Sales Tax, das ist die Provinzumsatzsteuer, sie wird in den meisten Provinzen erhoben und liegt zwischen 6 und 8 Prozent.
PIT = Personal Income Tax. Einkommensteuer, die alle Arbeitnehmer bezahlen müssen. Jeder Steuerzahler hat eine Sozialversicherungs-Nummer, die auf allen Einkommensteuer-Formularen anzugeben ist. Bestimmte Steuerfreibeträge (persönlicher Freibetrag, Arztkosten, Spenden, Rentenversicherungsbeiträge und so weiter) sind vorgesehen. Den Vordruck (Record of Employment) erhalten Sie fertig ausgefüllt vom Arbeitgeber. Danach berechnet der Arbeitgeber die zu entrichtende Steuer.
Lohnsteuer = Payroll Tax, gibt es nur in den Provinzen Manitoba, Newfoundland, Ontario und Quebec.
Gewerbesteuer Business Tax oder Earned Income Tax, wird in einzelnen Provinzen unterschiedlich gehandhabt und richtet sich nach
❐ dem Schätzwert des Vermögens,
❐ dem jährlichen Mietwert der gewerblichen Räume oder
❐ der Fläche der gewerblichen Räume.
Grundsteuer = Land and Property Tax, wird von den Gemeinden in unterschiedlicher Höhe erhoben.
Grunderwerbssteuer = Purchase Tax, wird nur in einigen Provinzen erhoben.

Steuerberatungsbüros finden Sie im Telefonbuch, Gelbe Seiten, unter Certified Chartered Accountant. Empfehlenswert zum Thema Steuern/Versicherungen in Kanada ist das mit vielen Tipps versehene Buch »Wealth Without Risk For Canadians« von Charles J. Givens.

Finanzwesen
Für die Ein- und Ausfuhr von Landeswährung oder Fremdwährung bestehen in Kanada keine Beschränkungen.
Kanadas Banken sind im allgemeinen von Montag bis Freitag von 10 bis 15 Uhr geöffnet. Postkonten existieren hier nicht. Die sichersten Methoden, Geld zu verschicken oder zu erhalten, sind:
❐ Certified Cheque: Scheck wird von der Bank gegenzeichnet.
❐ Bank Draft: Tratte (gezogener Wechsel).
❐ Money Order: Sie bezahlen den gewünschten Betrag auf der Post ein. Danach erhalten Sie das Formular Money Order, welches Sie ausfüllen und abschicken.

❐ Cash on Delivery (C.O.D.): entspricht der Nachnahme.
In Kanada ein Konto zu eröffnen ist kein Problem. Zur Vorlage benötigen Sie Führerschein, Social Insurance Number oder Care Card.
Internationale Kreditkarten sind als Zahlungsmittel weit verbreitet. Reiseschecks sollten Sie sich in CAD ausstellen lassen. Wenn Ihre ec-Karte das Maestro-Zeichen aufweist, können Sie an über 17 000 Geldautomaten Bargeld erhalten. Gängige Kreditkarten sind American Express, Diners Club, Euro/MasterCard (Bank of Montreal) und Visa (Royal Bank), sie werden nahezu überall als Zahlungsmittel akzeptiert. Die Mehrheit der Bürger bezahlt mit solchen Plastikkarten.
Persönliche Schecks sind nicht gleichzusetzen mit Eurocheques. Denn ohne ID (Ausweis) wie kanadischer Führerschein, Visa oder MasterCard nimmt kein Geschäft diese Schecks an. Einige Geschäfte akzeptieren persönliche Schecks, wenn Sie zum Beispiel Dauerkunde sind. Bei allen schriftlichen Zahlungen können Sie diese Schecks allerdings benutzen, zum Beispiel um Strom- und Telefonrechnungen zu bezahlen.
Einen Kredit erhalten Sie nur, wenn Sie ein regelmäßiges Einkommen oder einen Job nachweisen können.
Die größten kanadischen Banken sind: Royal Bank, Bank of Montreal, Imperial Bank of Commerce, Nova Scotia Bank, Toronto Dominion Bank, National Bank.

> **Tipp:** Bei einem Kanada-Urlaub bereits ein Konto eröffnen und einige Dollars einzahlen. Wenn möglich eine kanadische Adresse angeben, dann entfällt die sogenannte Auslands-Steuer. Zudem sollten Sie immer dann, wenn der Kurs des kanadischen Dollars niedrig ist, Geld vom Heimatland aus auf das kanadische Konto überweisen.

Wohnen
Hauskauf und Finanzierung
Außerhalb der Großstädte ist der Haus- und Grundstückserwerb wesentlich billiger. Hier einige Durchschnittspreise der verkauften Häuser quer durch Kanada (2002):

Vancouver, British Columbia	CAD 261 500
Calgary, Alberta	CAD 176 300
Edmonton, Alberta	CAD 124 200
Regina, Saskatchewan	CAD 94 500

Winnipeg, Manitoba	CAD 88 500
Toronto, Ontario	CAD 251 700
Ottawa, Ontario	CAD 159 600
Montreal, Quebec	CAD 130 000
Atlantic Canada	CAD 111 800

(Quelle: Royal Bank of Canada)

Als Ersthaus-Käufer benötigen Sie fünf Prozent Eigenkapital. Kaufen Sie ein zweites Haus, so werden mindestens 20 Prozent Eigenkapital erwartet.

Die Bank fragt nach Ihrem Jahreseinkommen. Ihr Arbeitgeber muss Ihnen bescheinigen, wie viel Sie verdienen und wie lange Sie dort arbeiten. Danach rechnet die Bank Ihre monatliche Hypothek (Mortgage) aus. Hier ein Beispiel für eine übliche Hypothek bei einer monatlichen Abzahlung mit 7,5 Prozent Zinsen auf 25 Jahre:

Hauspreis	**Hypothek**	**Jahreseinkommen**
CAD 150 000	CAD 1098	CAD 45 000
CAD 100 000	CAD 732	CAD 30 000
CAD 80 000	CAD 586	CAD 25 000

Wenn Sie ein Jahreseinkommen von CAD 30 000 haben, dann können Sie auf Haussuche bis CAD 100 000 gehen. Sie benötigen als Startkapital nur CAD 5000. Bei den derzeitigen Hypothekenzinsen von rund 7,75 Prozent und einer Laufzeit zwischen 10 und 25 Jahren liegt die monatliche Belastung zwischen CAD 610 und CAD 1194.

Dies gilt aber nur für Grundstücke mit Haus oder Trailer. Wenn Sie nur ein leeres Grundstück kaufen, erwartet die Bank 25 Prozent Eigenkapital.

Sollten Sie Ihren Zahlungsverpflichtungen nicht mehr nachkommen, so sind Sie Ihr Grundstück beziehungsweise Ihr Haus sehr schnell wieder los.

Haus- und Grundsteuern (Property Tax)

Die jährlichen Grundsteuern (Property Tax) sind meistens im Juni fällig. Sollte Ihr Haus in der Stadt oder am See gelegen sein, so können sich Ihre Jahres-Grundsteuern auf CAD 3000 belaufen, während Sie auf dem Land ohne Seeblick nur CAD 400 bezahlen werden. Außerdem gilt: Je schöner Ihr Haus, umso mehr Steuern müssen Sie bezahlen, weil das Grundstück ja nun mehr wert ist.

Zusätzliche Kosten
In der Stadt werden die Beiträge für Schulen, Polizei, Feuer, Straßen und örtlichen Service von den einzelnen Städten unterschiedlich erhoben, auf dem Land werden diese Beiträge von den »Regional Districts« erhoben.

Checkliste:
1. Überprüfen, welche Bank die günstigste Hypothek anbietet.
2. Job-Nachweis.
3. Genehmigung von der Bank besorgen.
4. Haus gefunden: Anwalt/Notar aufsuchen, der zwischen Bank und Hausverkäufer die Abwicklung des Geschäfts in die Wege leitet.
5. Vor dem Hauskauf eventuell einen home inspector das Haus inspizieren lassen. Die Kosten dafür liegen bei CAD 300 für ein Haus um die CAD 300 000 oder weniger.
6. Haus anbezahlen: 5 Prozent Eigenkapital als Ersthauskäufer.
7. Der Papierkram dauert zwischen zwei und vier Wochen (manchmal auch länger), bevor Sie in das Haus einziehen können.
8. Anwalt/Notar bezahlen.

Aktuelle Informationen zum Thema Hypotheken finden Sie im Internet unter *www.mortgage-finder.com*

Immobilienkauf
In einigen Provinzen gibt es Beschränkungen für den Erwerb von Grundstücken durch Ausländer (s. Provinzbeschreibungen).
Immer wieder hört man von in Deutschland angesehenen und erfolgreichen Geschäftsleuten, die in Kanada total unnötige Flops erleben. Warum? Weil sie von dem erträumten Land, vom Gesehenen und Erlebten so beeindruckt sind, dass sie ohne große Überlegungen die in ihrem Heimatland sorgfältig geprüften und ausgewogenen Entscheidungen einfach über Bord werfen und sorglos in Investitionen hinein stolpern, die eventuell Kopf und Kragen kosten können oder doch zumindest sehr kostspielig sind.
Erst einmal muss man sich entscheiden, in welchem Teil beziehungsweise in welcher Provinz Kanadas man investieren möchte. Vergessen sollte man hierbei nicht, dass manche Provinzen nur sehr dünn besiedelt sind und wirtschaftlich nur eine untergeordnete Rolle spielen. Sicherlich kann man hier noch teilweise billiges Land erwerben. Ob man es aber noch zu seinen Lebzeiten wieder verkaufen kann, sei dahingestellt. Andere Provinzen sind zwar für Investitionen in Ordnung, aber

vom europäischen Einschlag zu weit entfernt. Kanada ist noch relativ jung und ein sehr schnelllebiges Land mit außergewöhnlich großem Investitionspotenzial. Gerade deshalb ist äußerste Vorsicht geboten, damit man die Fehler vermeidet, die eine erfolgversprechende Immobilien-Investition in einen Alptraum verwandeln können.

Der wohl einfachste und sicherste Weg ist daher die Beratung durch eine »Consulting Firma«, die sich auf das Gebiet der Immobilien-Investitionen in Kanada spezialisiert hat. In Kanada sind Immobilienmakler (Adressen s. Provinzbeschreibungen) engen gesetzlichen Regeln unterworfen und unterliegen ethischen Grundregeln, die auch fast immer strikt eingehalten werden. Diese Makler kennen jedoch nicht die deutschen Gepflogenheiten, was unter Umständen zu (teuren) Missverständnissen führen kann.

Bevor sie sich entscheiden, ein Haus zu kaufen, sollten Sie den richtigen Ort als festen Wohnsitz gefunden haben. Das heißt, die Lage sollte günstig sein für Arbeit, Schule und Einkaufen. Die Auswahl ist riesig, und Sie sollten beim Kauf von Eigentum nur nichts überstürzen. Das erste Jahr ist meist so voll von Ereignissen, und wer weiß, vielleicht ziehen Sie doch noch in eine andere Provinz oder akzeptieren einen Job in einer anderen Stadt.

Sollten Sie den Hauskauf als Investition betrachten, dann heißt es kaufen und beizeiten wieder verkaufen. So jedenfalls machen es die meisten Kanadier. Es werden ständig so viele Immobilien-Objekte angeboten, dass es beinahe so aussieht, als ob fast die Hälfte Kanadas dauernd zum Verkauf steht. Sie sollten sich auf keinen Fall von den hohen Kaufpreisen abschrecken lassen, die Ihnen in Europa für Immobilien in Kanada genannt werden. Unter CAD 100 000 fangen europäische Makler offensichtlich erst gar nicht an.

Hinweise für den Landerwerb aus privater Hand können den Tageszeitungen entnommen werden. Ansonsten läuft das Geschäft zum größten Teil über Immobilienmakler (Real Estate Agents) und nur selten privat. Bei jedem Makler erhalten Sie kostenlose Broschüren über Haus-, Land- und Farmverkauf sowie Geschäftsverkäufe.

Wo man sich in Kanada niederlässt bei einem Jahreseinkommen von CAD 450 000:

British Columbia: North and West End of Vancouver
Ontario: Toronto – Bridle Path, Rosedal (North), Forest Hill
Quebec: Montreal – Westmound (East and North)

Die Makler-Empfehlung lautet: Haus- und Landkauf sind von Januar bis März am preisgünstigsten.

Beim Erwerb von Grund und Boden sollten Sie
- ❐ darauf achten, dass das Grundstück schuldenfrei ist,
- ❐ wissen, wie hoch die jährliche Grundsteuer ist (im Grundbuchamt sind Verkäufe, Übertragungen und Belastungen eingetragen)
- ❐ berücksichtigen, dass Grunderwerbsteuer nur in Ontario und Quebec erhoben wird,
- ❐ sicherheitshalber einen Anwalt nehmen und
- ❐ das Haus von einem Home Inspector schätzen lassen.

Gültige Grundstücksgeschäfte sollten nur unter Mitwirkung eines in der jeweiligen Provinz ansässigen, mit den örtlichen Verhältnissen vertrauten Rechtsanwalts oder Notars abgewickelt werden, um zu gewährleisten, dass eine lückenlose Auskunft über Belastungen, Rechtsvorbehalte und Auflagen vorgelegt und die Eigentumsübertragung in rechtlich unanfechtbarer Form durchgeführt wird.

Crown Land (Regierungsland)

Sollten Sie an Crown Land interessiert sein, so wenden Sie sich an das nächste Ministry of Environment, Lands and Parks. Dort erhalten Sie den kostenlosen »Crown Land Marketing Catalogue«. Diese Broschüre können Sie sich auch in der Bücherei ausleihen.

In British Columbia erscheint diese Broschüre im Frühjahr und Herbst. Sie können Crown Land im allgemeinen aber nur kaufen, wenn Sie kanadischer Staatsbürger sind. In der Provinz British Columbia hingegen müssen Sie lediglich den Nachweis erbringen, mindestens zwei Jahre lang Permanent Resident gewesen zu sein.

Die Vorschriften für den Erwerb und die Besteuerung von Grund und Boden werden entsprechend den wirtschaftlichen Gegebenheiten wie auch der wechselnden politischen Interessenlage von Zeit zu Zeit geändert. Aktuell verbindliche Auskünfte können daher in der Regel nur unter anderem die örtlichen Behörden oder Immobilienmakler erteilen.

Tax Sale Properties (Steuerverzugs-Verkauf)

Es gibt noch eine andere Möglichkeit, Grundstücke zu kaufen, und zwar »Tax Sale Properties«. Das sind Grundstücke, die an den Staat zurückgegangen sind, weil die Eigentümer mit der Steuer zwei bis drei Jahre in Verzug geraten sind. Die Gemeinde ist lediglich daran interessiert, ihre Kosten hereinzubekommen.

Deshalb sollten Sie sich immer vergewissern, wie hoch die jährliche Steuer ist – mit und ohne Haus.

Wer sich mit Crown Land und Tax Sale Properties beschäftigen möchte, dem sei empfohlen, sich in Büchereien zu informieren. Dort werden genügend Unterlagen angeboten.
Unten genannte Immobilien-Firma bietet preiswertes Land in allen Provinzen an. Die Broschüre über Landkauf wird monatlich auf den neuesten Stand gebracht und kann im Abonnement bestellt werden:

H.M.Dignam Corporation Ltd.
65 Cedar Pointe Drive, Unit 807
Barrie, ON, L4N 5R7, Canada
Telefon: +1/705/721-1515
Fax:+1/705/721-1519

Hier ein Auszug aus der Liste:
(1 acre = 4046,8 Quadratmeter oder 0,41 Hektar)

Provinz	Größe	Preis
Nova Scotia	180 acres = 72,90 ha	CAD 24 900
New Brunswick	68 acres = 27,53 ha	CAD 9 800
Prince Edward Island	27 acres = 10,93 ha	CAD 12 900
Süd-Ontario	134 acres = 54,25 ha	CAD 17 900
Nord-Ontario	160 acres = 64,80 ha	CAD 14 900
Alberta	5,28 acres = 2,14 ha	CAD 7 900
British Columbia	80 acres = 32,40 ha	CAD 24 900

Hinweis: Mit dem Landerwerb ist nicht automatisch eine Arbeits- und Aufenthaltsgenehmigung verbunden.

Immobilienmakler finden Sie im Telefonbuch, Gelbe Seiten, unter »Real Estate«. Der Hauskauf ist frei von Maklergebühren. Sollten Sie Ihr Haus über einen Makler verkaufen, so werden 10 bis 15 Prozent Provision vom erzielten Preis einbehalten.
Zur Vorbereitung Ihres Hauskaufs können Sie sich auf den Websites der anbietenden Immobilienmakler umschauen:
www.mls.ca/mls/home.asp – Multiple Listing Service, kanadaweit, oder
www.crea.ca – Canadian Real Estate Association

Mobile Homes
Mobile Homes oder Manufactured Homes oder Trailer sind fabrikgebaute mobile Fertighäuser, bestehend aus Plastik und Blech, die auf

einen fahrbaren Untersatz montiert werden, mit dem man die Mobile Homes von einem Platz zum anderen transportieren kann. Man findet sie größtenteils in speziell für Mobile Homes angelegten Parks oder Zonen, so genannten Trailer Parks, in denen es Anlagen für Trinkwasser, Abwasser und Elektrizität gibt. Mobile Homes verfügen in der Regel über Küche, Bad, Wohnzimmer und Schlafzimmer.

Viele Bürger finden das Leben in Mobile Homes vorteilhafter und billiger. Daher kaufen sie sich ein Grundstück und setzen sich dann zunächst einen Wohncontainer darauf, mit dem Gedanken, diesen später gegen ein richtiges Haus auszutauschen. Aber meistens bleibt es dann bei dem Trailer.

Kleines Immobilien-Lexikon

1 BR = 1 Bedroom	1 Schlafzimmer, Wohnzimmer, Küche und Bad
Acre	Flächenmaß, 1 acre = 4046,8 Quadratmeter oder 0,4047 Hektar; 1 ha = 2,471 acres = 10 000 qm
Acreage	Unbebautes Stück Land (erschlossen oder unerschlossen)
Affidavit	Eidesstattliche Erklärung
Agreement of Purchase and Sales	Kaufvertrag
Amortization Period	Amortisationsdauer, bei Hypotheken der Zeitraum, über den die ursprüngliche Hypothekenschuld getilgt wird, normalerweise 25–30 Jahre
Annuity	Regelmäßige gleichbleibende Zahlungen, meist monatlich, die sich aus Kapital und Zinsen zusammensetzen
Apartment	Wohnung mit einem oder mehreren Räumen nebst Küche und Bad in einem Mietshaus
Applicant	Antragsteller
Appraisal	Wertgutachten
Assignment	Abtretung, Übertragung
Bachelor Apartment	Wohn-Schlafzimmer, Küche und Bad (für Alleinstehende oder kinderlose Ehepaare)
Borrower	Schuldner
Broker/Agent	Makler
By-laws	Statuten, Satzung

Chattel	bewegliche Sache, bewegliches Gebäudezubehör
Closing	Erfüllung des Kaufvertrages durch Zahlung des Kaufpreises und Eigentumsübertragung im Grundbuch
Closing Date	Tag, an dem das »Closing« stattfindet
Commercial	Stück Land, das für Klein-Gewerbe benutzt werden darf
Condominium	Eigentumswohnung
Deed, Deeded	(Vertrags-)Urkunde, urkundlich belegtes Eigentum
Deposit	Akontozahlung als Sicherheitsleistung
Description	Beschreibung
Duplex	Doppelhaus mit zwei getrennten Wohnungen
Easement	Grunddienstbarkeit
Fee	Gebühr
Financial Statements	Aufstellung über Vermögen, Schulden, etc., normalerweise gleichzusetzen der deutschen Bilanz und G & V
Floating Interest Rate	Zinssatz, der einem festgelegten Index entsprechend variiert wird
Guarantors	Garantiegeber
House, detached	Haus einzelstehend mit eigenem Grundstück, Garten, manchmal Keller und Garage. Hat meistens zwei Schlafzimmer, Küche, Wohnzimmer und Bad
Interest Rate	Zinssatz
Industrial	Als Industriefläche ausgewiesenes Land
Insurance	Versicherung
Landlord	Eigentümer der Immobilie, Vermieter
Land Transfer	Übertragung des Grundstückes / der Immobilie
Land Transfer Tax	Grunderwerbsteuer
Lease	Pachtvertrag
Letter of Guarantee	Garantie einer Bank etc.
Levies	Öffentliche Abgaben
Liability	Haftung, Verpflichtung, Schuld
Lien	Schuldsumme, Pfand-, Zurückbehaltungsrecht

Lot	Parzelle Bauland, meist in einer Subdivision (s. dort)
Lot Size	Grundstückgröße
Maintenance fee	Monatliche Gebühr, die jeder Eigentümer einer Eigentumswohnung zur Erhaltung der »Common Elements« zu entrichten hat
Mobile Home	transportables Haus
Mortgage	Hypothek, durch die die Immobilie abgesichert ist. Die Schuld wird durch einen Eigenwechsel repräsentiert; die Hypothek dient als Sicherheit dafür. Eine »Non-Resource Mortgage« ist eine Hypothek ohne Regresshaftung, eine »Resource Mortgage« erlaubt dem Gläubiger, einen Ausfallbetrag nach Zwangsversteigerung der Immobilie vom Schuldner einzutreiben. Eine »Purchase Money Mortgage« ist eine Restkaufgeldhypothek mit dem Verkäufer als Gläubiger.
Mortgage, Mortgagee	Hypothek, Hypotheken-Gläubiger
Mortgagor	Hypotheken-Schuldner
Mortgage Application	Antrag auf Hypothek
Mortgage Payments	s. Annuity
Mortgage Term	Laufzeit der Hypothek
Net Rent	Netto-Miete, das heißt: der Mieter zahlt für Heizung, Strom, Wasser, Grundsteuer, Reparaturen, Instandhaltung und Versicherungen.
Notary Public	Eine zur Unterschriftsbeglaubigung berechtigte und benötigte Person, die im Gegensatz zu Amts- und Anwaltsnotar im Zivilrecht keinerlei juristische Ausbildung oder Funktion zu haben braucht.
Offer	Angebot
Prepayment	Vorauszahlung
Property	Grundstück/Immobilie
Property Taxes	Grundsteuern
Public Orders	Öffentliche Auflagen
Purchaser	Käufer
Real Estate	Immobilie

Realtor	Ein vom Staat lizenzierter Immobilienmakler, entweder selbständig oder mit einem Immobilienmaklerbüro assoziiert
Recreational	Land für Erholungszwecke, das nur zeitweise bewohnt werden darf
Renewal	Erneuerung, Verlängerung
Rent Payment	Mietzahlung
Repairs & Maintenance	Reparaturen und Wartung/Instandhaltung
Residential	Land, das nur als Wohnsitz dient
Room and Board/ Lodging	möbliertes Zimmer im Privathaushalt mit Verpflegung
Room, Kitchen Privileges	Zimmer im Privathaus mit Küchen- und Badbenutzung
Sale – Lease Back	Der Verkäufer verkauft die Immobilie und mietet das Objekt zurück.
Security Deposit	Sicherheitshinterlegung, Kaution
Services, Servicing, Serviced	Erschließung, Erschließungsmaßnahmen, voll erschlossen
Shared Accommodation	ähnlich wie Room, kann aber auch einer Wohngemeinschaft ähnlich sein, meistens möbliert, man teilt sich Küche und Bad
Subdivision	Bauland, aufgeteilt in Parzellen
Suite	mehrere Räume, die eine Mietwohnung ausmachen, oft in Privathäusern zu finden, mit separatem Eingang beziehungsweise auf einer eigenen Etage gelegen
Survey	Grundstücksvermessung und Plan
Tax	Steuer
Tenant	Mieter
Title Search	Überprüfung einer Liegenschaft im Hinblick auf eingetragene Belastungen etc.
Townhouse	Reihenhäuser mit Keller und Garten, Nebenkosten werden extra bezahlt
Trailer, Mobile Home	Transportables Blechhaus oder Manufactured Home
Trailer Park	Grundstück, das in kleine Parzellen aufgeteilt und mit Strom, Abwasseranlagen sowie Telefonanschluß ausgestattet ist für die Aufstellung von Trailers, Mobile Homes und Manufactured Homes

Utilities	Versorgungswirtschaftliche Einrichtungen (Elektrizität, Telefon, Wasser, Gas usw.)
Vendor	Verkäufer
Waiver	Verzichtserklärung
Witness	Zeuge
Zoning	gibt Auskunft, welche Nutzung und Bebauungsdichte auf dem Grundstück zulässig ist

Mietwohnungen

Für Neuankömmlinge ist das Angebot an Unterkünften sehr groß, es reicht von Motels (bieten of Küche, Bad, Schlafraum und TV an) über Hotels (oftmals billiger als Motels, erinnern aber oft an Absteigen), Hostels, Lodges und Campingplätze bis hin zu Bed and Breakfast (B&B, Übernachtung und Frühstück). Die Zimmer beim B&B haben öfters ein eigenes Bad und bieten zudem Gelegenheit, einen Blick in das kanadische Familienleben zu werfen.

Sollten Sie in ein Haus oder Appartement ziehen, werden Sie eine vollständig eingerichtete Küche sowie ein Bad vorfinden und eine eingebaute Garderobe. Die meisten Wohnungen sind mit Herd, Kühlschrank und Zentralheizung ausgestattet. Viele haben sogar eine Waschküche sowie Parkplatz oder Garage.

Sie können auch beim Immobilien-Makler (Real Estate Agent) nachfragen. Häuser, die zum Verkauf stehen, werden oft preiswert vermietet. Nur: Sobald sich ein Käufer findet, heißt es ausziehen.

Nebenkosten und Kaution

Die Nebenkosten (Utility) für Heizung, Strom und Wasser sind oft im Mietpreis inbegriffen. Die Miete ist wöchentlich oder monatlich zu bezahlen. Bei einem Mietabschluss von 12 Monaten wird oft ein Monat mietfrei angeboten.

Die Mietpreise steigen, je näher Sie der Stadt kommen.

Tipp: Vermieter verlangen von Neu-Einwanderern, da diese noch unwissend sind und Geld haben, gerne sechs bis acht, manchmal bis zu zwölf Monatsmieten im Voraus. Das ist gesetzwidrig! Sollte Ihnen das widerfahren, wenden Sie sich an einen Human Rights Lawyer (Telefonbuch, Gelbe Seiten, unter Human Rights Organisations).

Selten gibt es Mietverträge. Meistens müssen Mieter vor Einzug maximal (gesetzlich festgelegt) zwei Monatsmieten Kaution (Security Deposit) als Sicherheit hinterlegen.

Wohnungsangebote finden Sie in der Tageszeitung unter »Apartments for Rent«, »Rooms for Rent«, »Houses for Rent« und so weiter.

Wohnungseinrichtung

Wie bereits erwähnt, sind in den meisten Wohnungen Küchen, Bäder und Schränke bereits eingebaut.

Hier einige Preisbeispiele für Möbel (Ikea-Stil):

CAD 250	Schlafsofa (Futon)
CAD 200	Doppelbett (Holzgestell)
CAD 200	dazugehörige Matratze
CAD 300	Eßtisch mit vier Stühlen aus Holz
CAD 270	3er-Sofa, Holzgestell
CAD 195	Sessel
CAD 80	Wohnzimmer-Holztisch

Provinzweite Versandhäuser finden Sie im Internet unter:
www.ikea.ca, *www.sears.ca*, *www.homehardware.ca*,
www.canadiantire.ca, *www.homedepot.com* und
www.leevalley.com (führen nur Qualitätswerkzeuge).

Badewannen

Sanitärzubehör ist meistens »American Standard«, so auch die Badewanne. Badewanne ist eigentlich ein falsches Wort hierfür. Die Maße betragen: Länge 134 x Breite 60 x Höhe 36 cm. Sie können sage und schreibe lediglich 31 cm Wasser bis kurz vor dem Überlauf einlaufen lassen, aber dafür ist sie die billigste mit CAD 194.

Dank der eingewanderten Europäer haben auch hier mittlerweile die großvolumigen Badewannen Einzug gehalten. Eine Badewanne (Soaker Tub) mit den Maßen L 182 x B 91 x H 53 cm kostet CAD 490 ohne Dusch- und Wasserhahnzubehör.

Die klassische gusseiserne Badewanne (Clow Foot), Maße L 167 x B 78 x T 61 cm) kostet CAD 1250; Dusch- und Wasserhahnzubehör kosten extra CAD 456.

> **Tipp:** Großvolumige Badewannen gibt es auch gebraucht im Second Hand zu kaufen.

Toiletten
Die hiesigen Toiletten (American Standard) sind für Europäer sehr gewöhnungsbedürftig, da sie sehr niedrig gebaut sind und meistens kleiner. Die Wandhängetoilette (CAD 1860) und die extra hohe (41 cm) Toilette (CAD 300) fallen hier unter die Kategorie »Behinderten-Toiletten«.

Elektrogeräte
Erst in Kanada stellen Sie fest, wie verwöhnt wir Europäer doch sind, vor allem, wenn es um Qualität geht. Die kanadischen Geräte sind qualitätsmäßig nicht vergleichbar mit deutschen Produkten. Eine Umfrage bei deutschen Einwanderern ergab – und da waren sie sich alle einig: niemals mehr ohne die qualitativ besseren Elektrogeräte von zu Hause auswandern!

Netzspannung
In Kanada gibt es überall Wechselstrom: 110 bis 240 Volt (2-phasig), 60 Hertz (Europa 220 V, 50 Hz, Kraftstrom 380 V).
Prüfen Sie, ob Ihre Elektrogeräte umschaltbar sind von 220 V / 50 Hz auf 110 V / 60 Hz. Geräte, die umschaltbar sind auf 12 Volt, sind ebenfalls empfehlenswert, da der 12-Volt-Standard weltweit genormt ist.
Für die kanadischen Steckdosen benötigen Sie einen Zwischenstecker oder einen Adapter (Weltreisestecker-Set), und für nicht auf 110 V umschaltbaren Elektrogeräte einen Transformator (Umformer) von 110 auf 220 V, den Sie in einem guten Elektrofachgeschäft oder in Elektrofachwerkstätten bestellen können (z.B. Conrad Elektronik Versand, 92240 Hirschau).
Europäische Geräte mit 220 V und 50/60 Hz sind ohne weiteres betreibbar, da kanadische Elektroherde und Wäschetrockner auf 220 V / 60 Hz laufen. Sie müssen nur den Stecker austauschen und natürlich, falls notwendig, einen neuen Starkstromkreis legen nebst Steckdosenanschluss. Es empfiehlt sich, einen professionellen Elektriker zu Rate zu ziehen bei Hausbau, Renovierung und Änderungen.
Achten Sie darauf, dass Geräte wie HiFi-Anlagen, Computer, TV und Videorekorder etc. für die 60-Hz-Stromfrequenz ausgelegt sind, auch wenn sie nicht umschaltbar sind auf 110 V. Die meisten modernen Geräte vertragen beide Stromfrequenzen (50/60 Hz).

Videofilme, Videorekorder und Fernseher
Sie können Ihren deutschen Fernseher und Videorekorder nur benutzen,

um das PAL-System abzuspielen. Verschiedene Radio- und Fernsehgeschäfte bieten folgenden Service an: Video-Filme von PAL auf das NTSC-System zu kopieren, was zirka CAD 35 pro Video kostet.
Eine andere Möglichkeit ist, ein Fernseh-Video-System zu kaufen, das PAL und NTSC hat. Mit diesem System können Sie deutsche und amerikanische Videos ansehen. Dieses Multisystem kostet CAD 2000.

Elektroherde
Die Technik entspricht nicht nur bei den Elektroherden eher dem Gegenteil von high-tech. Die Kochplatten der kanadischen Elektroherde bestehen aus Heizspiralen. Sogar im Backofen liegen die Heizschleifen offen. Die Heizspiralen sind wie offenes Feuer, und die Gefahr, dass Sie sich verbrennen, ist deshalb quasi gleich mit eingebaut. Vom komplizierten Herdreinigen ganz abgesehen...
Natürlich können Sie zum Preis von CAD 700 eine europäische Kochmulde erstehen. Ich bekomme mittlerweile das Gefühl, dass Firmen wie Black & Decker, Hoover, Moulinex, Philips, Siemens und so weiter ihre Produktpalette den niedrigen Qualitätsansprüchen in Kanada angeglichen haben. Mit dem Ergebnis, dass diese minderwertigen Produkte immer noch, vielleicht sogar mit mehr Profit, verkauft werden können. Wozu finden eigentlich weltweit noch Messen statt?!

Waschmaschinen
Die amerikanischen Waschmaschinen leiden unter diversen Designfehlern und entsprechen in etwa dem Technik-Stand der Pionierzeit! Sie kennen keine Gradzahl, sondern nur heiß, warm und kalt, wobei die Temperatur bei der Heißwäsche oft nur 55 Grad beträgt. Es wird zum größten Teil nur kalt gespült. Frau Saubermann können Sie vergessen. Die Wäsche ist nach dem Waschen nur staubfrei; Flecken und Ränder bleiben drin. Was können Sie auch nach nur 25-minütigem Waschen erwarten?
Da es noch keine umweltfreundlichen Waschmaschinen in Kanada gibt, muss die Chemie herhalten. Entweder müssen Sie sich an den Grauschleier gewöhnen, oder Sie benutzen Waschpulver mit Phosphat, fügen auch noch Bleiche hinzu, und damit die Wäsche angenehm riecht, muss schließlich noch der Weichspüler herhalten. Alles zu Lasten der Umwelt und auf Kosten der Verbraucher.
Die wenigsten Maschinen haben eine Edelstahltrommel, wie man sie von Deutschland her gewohnt ist. Die amerikanischen Waschmaschinen haben nur einen Warmwasseranschluss, das heißt, sie holen

sich nur heißes Wasser vom Heißwasserspeicher, während deutsche Waschmaschinen ein eingebautes Heizungssystem haben, das per Thermostat kontrolliert wird. Zwar verbraucht das Aufheizen des Wassers den größten Teil des Stroms, der zum Waschen benötigt wird, aber ob es nun besser ist, mit warmem Wasser aus der Gaszentralheizung zu waschen, weil damit die Primärenergie besser genutzt wird, sei dennoch dahingestellt.

Mittlerweile werden auch Trommelwaschmaschinen angeboten, die sich aber nach wie vor nur das heiße Wasser holen, es also nicht selbst aufheizen. Sollten Sie mit dem Gedanken spielen, eine Trommelwaschmaschine mit eingebautem Heizsystem zu kaufen, so müssen Sie nach europäischen Modellen Ausschau halten.

Fazit: Die europäischen Waschmaschinen sind energiesparender und umweltfreundlicher. Die amerikanischen Waschmaschinen verbrauchen mehr Reinigungsmittel, das Waschresultat ist trotzdem unbefriedigend.

> **Tipp:** Wenn Sie sich ihre Waschmaschine mitbringen oder eine europäische in Kanada kaufen, benötigen Sie auch das europäische Waschpulver, wenn Sie Wäsche über 60 Grad waschen wollen. Das kanadische Waschpulver ist nur für max. 60 Grad Hitze geeignet, während deutsches Waschpulver bis zu 100 Grad geeignet ist.

Einen Münz-Waschsalon zu benutzen kann zu einem Abenteuer werden und ist oft eine unhygienische Angelegenheit. Da die Leute hier keinen Respekt vor fremdem Eigentum zu haben scheinen, sind die Maschinen meistens verdreckt oder defekt. Selten gehen die Benutzer mit Wäschekörben zum Waschsalon, sondern nur mit Plastiktüten, und die werden einfach über der Waschmaschinen-Öffnung ausgeschüttet. Egal, ob sich in der Wäsche Schrauben oder Sand befinden, ob es sich um weiße oder bunte Wäsche oder gar um Arbeitswäsche handelt.

Die Waschzeit beträgt 25 Minuten und die Trockenzeit 30 Minuten. Nachdem die Wäsche getrocknet wurde, wird sie einfach wieder in den Plastiksack gestopft.

Preisbeispiele für kanadische Elektrogeräte

Gerät	Volt	Hertz	CAD
Abzugshaube mit Abzug nach draußen	110	60	300
Eisschrank, 150 l	110	60	550
Elektroherd, offene Heizspirale	220	60	600

Gerät	Volt	Hertz	CAD
Elektroherd mit Glaskeramik-Kochfeld	220	60	1100
Einbau-Glaskeramik-Kochfeld	220	60	700
Farbfernseher, 36 cm	110	60	280
Gefrierschrank 285 l	110	60	500
Geschirrspüler	110	60	300
Kühl- und Gefrierkombi, 350 l	110	60	600
Mikrowelle	110	60	100
Multisystem PAL/NTSC (Hitachi, Grundig)	110	60	2000
Nähmaschine, elektrische	110	60	200
Staubsauger	110	60	80
Tiefkühltruhe 283 l	110	60	500
Wäschetrockner	220/240	60	400
Agitator-Waschmaschine (mit Quirl)	110	60	630
Trommelwaschmaschine	110	60	1100

Preise deutscher Geräte in Kanada

Gerät	Volt	Hertz	CAD
4er-Glaskeramik-Kochfeld AEG	220	60	700
Elektroherd Miele	240	60	2250
Gefrierschrank Liebherr	220/230	60	1500
Geschirrspüler Miele	120	60	1800
Kühlschrank Liebherr	220/230	60	1400
Trockner AEG-Lavatherm	240	60	1100
Trockner Miele	240	60	1600
Waschmaschine AEG-Lavamat	240	60	1500
Waschmaschine Miele	240	60	2000

Anbieter von Elektrogeräten finden Sie im Branchenverzeichnis, Gelbe Seiten, unter »Appliances«. Aktuelle Informationen finden Sie im Internet unter: *www.oee.nrcan.gc.ca/energuide* – Energy Efficiency at Natural Resources Canada
www.askousa.com – Waschmaschinen, Trockner und Spülmaschinen
www.wolfappliances.com – alles über Koch- und Backöfen
www.aeg.com
www.miele.ca

Transport- und Fernmeldewesen

Auto
Das private Auto ist in Kanada in Anbetracht der weiten Entfernungen das wichtigste Verkehrsmittel. Die wichtigste Straße in Kanada ist der von St. Johns / Newfoundland nach Victoria / British Columbia führende, fast 8000 km lange Trans Canada Highway. Gefahren wird hier nach Himmelsrichtung. Die Schilder zeigen statt Städtenamen oft nur Highway-Nummer und Himmelsrichtung an.

Um ein Fahrzeug führen zu dürfen, reicht in Kanada der deutsche Führerschein. Der internationale Führerschein gilt nur in Verbindung mit der nationalen Fahrerlaubnis. In allen Provinzen und Territorien ist eine Haftpflichtversicherung vorgeschrieben.

Verkehrbestimmungen:
Die zehn Provinzen und drei Territorien Kanadas haben zum Teil unterschiedliche Verkehrsregelungen und Vorschriften. Im Wesentlichen unterscheiden sie sich aber nicht von den in Europa gültigen Bestimmungen, sodass bei angemessener Fahrweise keine Probleme entstehen können.

Höchstgeschwindigkeit:
Die Tempolimits auf den Highways (Fernstraßen) liegen bei 100 km/h, auf Landstraßen bei 90 km/h und innerhalb geschlossener Ortschaften bei 50 km/h.

Stoppschilder:
Sie werden öfters das Schild »4way« sehen. Das bedeutet, dass an der nächsten Kreuzung alle herannahenden Fahrzeuge anhalten müssen. Danach hat Vorfahrt, wer als Erster an der Kreuzung war.

Ampelstopp:
Nach einem Ampelstopp können Sie, wenn frei ist, auch bei Rot nach rechts abbiegen (Ausnahme Quebec), wenn es nicht ausdrücklich untersagt ist (»no right turn on red«). Ampeln hängen in der Kreuzungsmitte oder stehen erst am Straßenrand dahinter.

Sicherheitsgurte:
Das Anlegen der Sicherheitsgurte ist für den Fahrer und alle Mitfahrer in allen Provinzen gesetzlich vorgeschrieben. Es drohen erhebliche Geldstrafen (In B.C. pro Person CAD 86).

Polizeikontrolle:
Bleiben Sie im Auto sitzen! Öffnen Sie lediglich das Wagenfenster, lassen Sie die Hände sichtbar am Lenkrad und warten Sie auf die Anweisungen des Polizeibeamten.

Schulbusse:
An haltenden Schulbussen mit eingeschalteter Warnblinkanlage und ausgeklapptem Stoppschild darf in beiden Richtungen nicht vorbeigefahren werden.

Auto-Industrie:
Die Auto-Industrie hat ihren Sitz in Ontario – in den Orten Bakerville, Belleville, Oshawa und Windsor.

Abenteuer Autokauf von Privat
In jeder Provinz gibt es Zeitungen wie Truck-Trader, Auto-Trader sowie Buy & Sell. Diese Zeitschriften eignen sich gut, um nach Gebrauchtwagen Ausschau zu halten.
Als Erstes benötigen Sie ein Kaufvertragsformular. Normalerweise sollte ja der Verkäufer ein solches vorliegen haben, unsere Erfahrungen haben jedoch gezeigt, dass das nicht die Regel ist. Sie erhalten dieses Formular – Transfer Tax Form – kostenlos bei jedem Motor Vehicle Office (Autoplan).
Nun endlich kann es losgehen. Haben Sie ein Auto gefunden, erhalten Sie vom Verkäufer eine Versicherungskopie. Mit dieser Versicherungskopie nebst ausgefülltem Kaufvertrag gehen Sie zum nächstgelegenen Autoplan-Office.
Empfehlenswert ist, das Auto vor dem Kauf einer Inspektion unterziehen zu lassen (CAD 100).

> **Tipp:** Besorgen Sie sich beim Motor Vehicle Office das Formular »Declaration of Gift«. Der Verkäufer muss das Formular unterschreiben, Sie legen es dann dem Motor Vehicle Office vor. Mit dieser (internen) Auto-Geschenk-Bescheinigung umgehen Sie die anfallenden Steuern. Beispiel: Das Auto kostet CAD 4000, Sie bezahlen die vereinbarte Summe an dem Verkäufer. In der Declaration of Gift wird nur ein Betrag von CAD 300 eingesetzt.

Autokauf beim Händler
Bei Autohändlern wie auch beim Privatkauf heißt die Devise: feilschen!

Nur bei Händlern kommen noch zusätzliche Kosten zum Verkaufspreis hinzu wie 7 Prozent GST (Bundesumsatzsteuer) plus CAD 60 und mehr für die Ausstellung der Papiere.

Autoversicherung (Car Insurance)
Der Kfz-Schadensfreiheitsrabatt (Claim for Discount) wird anerkannt, maximal werden 40 Prozent angerechnet. Hierfür müssen Sie das Formular »Application for Claim-Rated Scale Discount« ausfüllen, welches Sie beim Motor Vehicle Office erhalten. Beifügen müssen Sie ein Bestätigungsschreiben (in Englisch) Ihrer Auto-Versicherung aus dem Heimatland.
In Kanada gibt es nur eine Pflicht-Autoversicherung. In British Columbia heißt sie: ICBC (Insurance Corporation of British Columbia). Die meisten Versicherungsagenturen vertreten hier auch die ICBC-Autoversicherung. Nachdem Sie bei der Versicherung die 7 Prozent GST (Bundesumsatzsteuer) bezahlt haben, die noch zusätzlich auf den vereinbarten Kaufpreis hinzukommen, erhalten
Sie die Nummernschilder. Gegen Aufpreis können Sie auch ein Nummernschild mit Ihrem Namen oder Buchstaben nach Wahl haben.
Sie können Ihr Auto versichern für die Dauer von einem bis zu 15 Tagen und von einem viertel- bis zu einem ganzen Jahr. Empfehlenswert ist, die Autoversicherung einmal jährlich zu bezahlen, denn dann fallen nur einmalige Gebühren an.

Tankstellen (gas stations)
Die geographische Lage und die unterschiedlichen Steuern in den jeweiligen Provinzen bewirken, dass die Benzinpreise recht unterschiedlich sind. Das Netz der Tankstellen ist im Süden Kanadas sehr dicht, nach Norden hin wird es immer weitmaschiger. Dort kann es passieren, dass Sie Stunden fahren, ohne eine Tankstelle zu sehen. Deshalb: Tanken Sie bei Fahrten in nördlichen Regionen bei jeder sich bietenden Gelegenheit, und vergessen Sie nicht den Reservekanister.
Benzin (Regular, Plus, Premium) wird kurz Gas genannt. In Kanada gibt es seit Ende 1990 kein verbleites Benzin mehr, dafür enthält es methylcyclopentadienyl mangan tricarbonyl (MMT), eine oktan-verbessernde Manganverbindung mit zweifelhaftem Ruf.
Quelle: Canadian Geographic, June 1999
Kraftstoffpreise im Februar 2003:

Provinz	cents per litre (Regular)
British Columbia	82

Manitoba	68
Quebec	89
N.W.T.	92
Kanada-Durchschnitt	84

Aktuelle Informationen finden Sie auf der Website *www.mjervin. com*
Möchten Sie wissen, welches Auto am wenigsten Benzin verbraucht? Dann fordern Sie die kostenlose Broschüre »Fuel Consumption Guide« an bei:

Energy Publications
c/o Canada Communication Group
Ottawa, ON/Canada, K1A 0S9
Fax: +1/819/994-1498

Autounfall
Alle Autofahrer müssen eine Autohaftpflicht-Versicherung haben. Bei einem Schaden von mehr als CAD 400 – oder wenn jemand verletzt ist – ist die Polizei zu benachrichtigen. Wie viel die Versicherung bezahlt, hängt von der Art der Versicherung ab, die Sie abgeschlossen haben, und dem Unfallgrund. Wenn die Versicherung den Schaden anerkennt, schreibt Sie Ihnen auf, was zu reparieren ist und welchen Reparaturpreis sie anerkennt. Mit diesem Schreiben gehen Sie zu irgendeinem Body Shop (Karosseriewerkstatt) und fragen, ob der die vorgeschlagenen Versicherungs-Reparaturpreise Übernehmen will. Wenn nicht, halten Sie nach einem billigeren Body Shop Ausschau, sonst müssen Sie zuzahlen.
Autowerkstätten finden Sie im Telefonbuch, Gelbe Seiten, unter Automobile / Body Repairing.

Führerschein (Driver's License)
Besucher brauchen keinen kanadischen Führerschein, solange sie
a) einen gültigen Führerschein ihres Heimatlandes besitzen sowie den internationalen Führerschein, wenn sie länger als sechs Monate verweilen,
b) nicht länger als sechs Monate pro Jahr in Kanada wohnhaft sind und während des Aufenthaltes im Besitz eines in ihrem Lande gültigen Führerscheins sind und
c) das vorgeschriebene Mindestalter erreicht haben (zwischen 19 und 21 Jahren, wird in den einzelnen Provinzen unterschiedlich gehandhabt, s. Teil 4 Provinzbeschreibungen).

Für Neuankömmlinge ist es ratsam, gleich nach Eintreffen in Kanada den Führerschein zu machen, da dieser als offizieller Ausweis (ID = identity card) gilt. Da ein Personalausweis nicht vorgeschrieben ist, ebenso wenig wie es eine Meldepflicht gibt, ist der kanadische Führerschein das meistgebrauchte Identifikationspapier.

Wenn möglich, machen Sie Ihren Führerschein auf dem Lande, da ist es wesentlich einfacher – jedenfalls für Anfänger. In ländlichen Gegenden findet die Fahrprüfung nur einmal im Monat statt.

Sie gehen zum nächsten Motor Vehicle Office (Autoplan) und holen sich das kostenlose Lehrbuch »Safe Driving Guide« für Pkws und/oder »Save Riding Guide« für Motorrad. Wenn Sie das Heft durchgearbeitet haben, können Sie zur schriftlichen Prüfung gehen.

Für diese schriftliche Prüfung brauchen Sie sich nicht anzumelden. Sie erhalten lediglich ein Formular mit 30 Fragen aus dem Lehrbuch. Es stehen pro Frage drei bis fünf Antworten zur Verfügung, wobei nur eine Antwort richtig ist. Bei diesem Test dürfen Sie insgesamt vier Fehler haben. Die Bediensteten sind sehr freundlich und hilfsbereit. Vor allem, wenn Sie der Sprache noch nicht so mächtig sind.

Nach Bestehen der schriftlichen Prüfung erhalten Sie einen vorläufigen Führerschein (Learner Driver's License), der besagt, dass Sie nur in Begleitung einer mindestens 19-jährigen Person, die einen gültigen Führerschein (deutschen oder kanadischen) hat, fahren dürfen. Diese Lizenz ist sechs Monate gültig. Sie können sich aber frühestens 30 Tage nach der schriftlichen zur praktischen Fahrprüfung (Straßentest) anmelden.

Zur praktischen Prüfung fahren Sie mit dem eigenen Wagen. Zuerst werden ein Seh- und ein Hörtest absolviert. Gefahren wird gerne in Schulzonen, in denen strikt Tempo 30 (km/h!) vorgeschrieben ist. Geprüft werden unter anderem: Rückwärts einparken, Anfahren am Berg, Abbiegen nach rechts an der roten Ampel. Nach zirka zehn Minuten kann schon alles erledigt sein. Bei der praktischen Prüfung unbedingt beachten: Oft ist das kanadische Stoppschild schon ein paar Meter vor der Kreuzung aufgestellt. Hier, unmittelbar an dem Schild, wird Halt gemacht, auch wenn Sie die Kreuzung noch gar nicht übersehen können. Nun dürfen Sie langsam weiterfahren ohne nochmaliges stoppen, falls der Verkehr es zulässt.

Der Führerschein gilt nur fünf Jahre und wird dann ohne Prüfung wieder erneuert (neues Passbild und neue Gebühren). Sinn dieser Übung ist, dass er nur erneuert wird, wenn alle Strafbefehle und Versicherungsprämien bezahlt sind.

Um den kanadischen Führerschein zu erhalten, benötigen Sie Geburtsurkunde oder Einwanderungspapier oder Studenten-Visum sowie Ihren Reisepass oder ein anderes Dokument, das Ihren Namen enthält, eine Dokument-Nummer, Ihr Foto und Ihre Unterschrift.
Laut Auskunft vom Straßenverkehrsamt in Köln (Führerscheinstelle) dürfen Sie mit dem kanadischen Führerschein bis zu einem Jahr auch in Deutschland fahren.

Autovermietung (rent-a-car)
Sofern man nicht eine reine Wandertour, Schiffs- oder Zugreise plant, ist der Personenwagen/Camper/Wohnmobil wohl die praktischste Möglichkeit, das Land kennen zu lernen. Die Wohnmobile (eingerichtete fahrbare Wochenendhäuser) machen Ferienreisende ziemlich unabhängig. Es gibt überall Campingplätze, die auf diese Fahrzeuge eingerichtet sind.
Für junge Fahrer bis zu 25 Jahren gelten meist etwas höhere Tarife, und bei der Anmiete sollte man eine Kreditkarte vorweisen. Autovermieter in Kanada haben eine Kreditkarte lieber als Bargeld. Der Grund ist einfach: Wenn Sie mit dem Auto verschwinden, ohne es zurückzugeben, ist der Vermieter glücklich, wenn er Ihre Kreditkarte kennt. Er kassiert dann den Betrag für einen Autoverkauf und hat ein gutes Geschäft gemacht. Ohne Kreditkarte müssen Sie – bar oder in Travellerschecks – eine Kaution hinterlegen, die mehrere hundert Dollar betragen kann. Den Reisepass sollte man niemals als Pfand aus der Hand geben.
Pauschalreisen beinhalten meist ein Mietwagenarrangement. Ist dies nicht so, sollten Sie den Wagen unbedingt in Deutschland buchen, am besten zusammen mit Ihrem Flugticket. Das ist billiger, und gleichzeitig ist sichergestellt, dass bei Ihrer Ankunft ein Auto für Sie bereitsteht.
Wenn Sie in Kanada ein Auto mieten wollen, finden Sie die namhaften Autovermieter an jedem Flughafen und auch im Telefonbuch, Gelbe Seiten, unter »Car Rentals«. Informieren Sie sich auch in einschlägigen Zeitungen wie Canada Journal. Dort finden Sie genügend Adressen deutsch/kanadischer Anbieter. Oder schreiben Sie Mietwagenfirmen direkt an. In den jeweiligen Provinzbeschreibungen sind die Adressen aufgelistet.
Mietwagenfirmen geben ihre Autos nicht an Fahrer unter 21 Jahren ab.

> **Tipps:** Sie sollten versuchen, einen Preis ohne Kilometerzulage auszuhandeln. Bei den kanadischen Entfernungen haben Sie schnell 5000 km zusammen, und dies kann trotz relativ niedriger Benzinkosten recht teuer werden.
> Bei Anmieten eines Autos besser nachfragen, ob auch Ihr Partner das Auto fahren darf. Bei einigen Mietwagenfirmen sind die Ehepartner automatisch einbezogenen. Manche Mietwagenfirmen nehmen CAD 5 pro Tag für einen zusätzlichen Fahrer. Der zusätzliche Fahrer muss auch den Führerschein vorzeigen. Regulär darf niemand den Mietwagen fahren, der nicht im Vertrag erwähnt ist.
> Wer entlegene Seitenstraßen befahren will, sollte immer zusätzlich zu einem frisch gefülltem Tank auch noch einen ebensolchen Reservekanister sowie Ersatzreifen mit sich führen.

Autopannen

Öffnen Sie die Motorhaube, um dem übrigen Verkehr zu signalisieren, dass Sie Hilfe benötigen. Das kann irgendein freundlicher Autofahrer sein, der für Sie die nächste Tankstelle oder Werkstatt verständigt. Oder eine Polizeistreife, die über Funk den Abschleppdienst ruft.

Vor einer größeren Reparatur müssen Sie auf jeden Fall zuerst Ihren Vermieter anrufen (innerhalb von 48 Stunden nach der Panne). Er sagt Ihnen, was Sie tun müssen.

Wenn Sie Mitglied eines Automobil-Clubs sind, wird die CAA (Canadian Automobile Association) von Nutzen sein, wenn Sie Hilfe benötigen. Also: Mitgliedsausweis (ADAC o.Ä.) nicht vergessen.

Bus, Flugzeug und Bahn
Reisen mit dem Bus

Wenn Sie zum Beispiel Vancouver / British Columbia kreuz und quer kennen lernen möchten, dann lohnt es sich, einen DayPass zu kaufen. Diesen bekommen Sie in jedem 7-Eleven-Store, in Tabak-Lotterie-Geschäften sowie am Ticket-Automat mit Fare-Dealer-Symbol. Er berechtigt zu beliebig vielen Fahrten innerhalb Vancouvers einschließlich Fahrten mit SkyTrain und SeaBus (Fähre). Gültig: Montag bis Freitag ab 9.30 Uhr, Samstag, Sonntag und Feiertag ohne zeitliche Beschränkung. Jede Provinz bietet ähnliche Angebote.

Die zwei größten Busgesellschaften in Kanada sind Voyager im Osten und die Greyhound Buslines of Canada. Sie bieten die billigste

Möglichkeit, in Kanada zu reisen. Die Greyhound Lines unterhalten ein weitverzweigtes Busverkehrsnetz im ganzen Land. Die Busse selbst sind bequem, schnell und pünktlich. Es gibt nur Sitzplätze, kein Passagier darf stehen. Rauchen ist in den Bussen nicht gestattet. Für die Fans des landnahen Reisens gibt es den Canada Coach Pass (von sieben bis 60 Tage) für unbegrenztes Fahren auf allen Greyhound-Routen und den angeschlossenen Busunternehmen.
Die große Fernstraße, die von der Atlantikküste nach West-Kanada führt, ist der Transkanada Highway one. Wenn Sie die 4492 km lange Strecke von Toronto/Ontario nach Vancouver/BC zurücklegen wollen, brauchen Sie Sitzfleisch. Die reine Fahrzeit dauert zwei bis drei Tage (etwa 61 Stunden).
Aber Sie müssen ja nicht durchfahren. Wie bereits erwähnt, gibt es die Buspässe, mit denen man die Fahrt beliebig oft unterbrechen kann und die unterschiedlich lange gelten. Interessant für Busreisende, die in Jugendherbergen (Hostels) übernachten wollen, ist der Kombi aus Bus-Pass und Gutschein für Jugendherbergen.
Aktuelle Abfahrten und Preise finden Sie unter *www.greyhound.ca*

Reisen mit dem Flugzeug
Kanada wird täglich von den beiden größten, inzwischen zusammengeschlossenen nationalen Fluggesellschaften Canadian Airlines und Air Canada angeflogen. Viele kleinere Fluggesellschaften besorgen die Verbindung zwischen dem dicht besiedelten Süden des Landes und dem wenig bewohnten Norden. Sie bringen Jäger und Angler zu »Fly-In-Camps«. Auch Gruppen von nur zwei oder drei Fluggästen können kleine Maschinen zu annehmbaren Preisen chartern.
Fliegen in Kanada ist billiger als in Europa. Bei der Buchung Ihres – je nach Zielort acht bis zwölfstündigen – Transatlantikfluges sollten Sie sich dennoch auch gleich nach Angeboten für innerkanadische Flüge erkundigen. Wenn sie die bereits in Ihrem Heimatland buchen, sparen Sie sich die lokale Umsatzsteuer.
Bei Charterflügen sind 20 kg Freigepäck pro Person erlaubt. Ansonsten liegt die Freigepäckgrenze bei 32 kg pro Person. Als Handgepäck in der Kabine ist nur ein Gepäckstück zulässig, dessen Ausmaße in der Regel 55 x 40 x 20 cm nicht überschreiten darf. In der Regel wird das Gewicht des Handgepäcks nicht auf das Freigepäck angerechnet. Zusätzlich dürfen Sie noch eine Handtasche mitführen.
Was über die Freigepäckmenge hinausgeht, können Sie gegen Bezahlung als Übergepäck mit dem übrigen Reisegepäck aufgeben.

Diese zusätzlichen Ausgaben können Sie sich sparen: Tun Sie sich beim Einchecken einfach mit einem Mitreisenden zusammen, dessen Koffer noch unter dem Gewichtslimit liegt. Wichtig: Checken Sie mit Ihrem Gepäck-Partner am Zielort auch wieder aus! Wenn Ihnen zum Beispiel ein Gepäckstück fehlt und der hilfreiche Mitreisende mit den Flugabschnitten schon über alle Berge ist, zahlt Ihnen die Versicherung nämlich keinen Pfennig. Trennen Sie sich deshalb von Ihrem Gepäck-Partner erst, wenn Sie Ihre Siebensachen wiederhaben.
Preiswerte Flugangebote gibt es bei:

Follow Me Flugreise GmbH
Kaiserstraße 35
80801 München
Telefon: +49/(0)89/38182-222
Fax +49/(0)89/38182-233
E-Mail: weltweit@followme.de
Internet: *www.followme.de*

Hilfreiche Internet Reise-Adressen sind beispielsweise *www.adac.de* und *www.worldofvacations.com*

Reisen mit der Bahn
Die landschaftlich schöne und interessante Transkontinentalstrecke der VIA Rail Canada (Passagierzug mit Service) verbindet Ost und West. Die Strecke führt durch die Rocky Mountains, und aus dem Aussichtswagen des Zuges haben Sie einen herrlichen Blick in die Bergwelt. Die gesamte Fahrstrecke beträgt knapp 6500 km und dauert bis zu sechs Tage vom Atlantik bis zum Pazifik. Sie durchqueren vier Zeitzonen. Adresse:

VIA Rail Canada
2 Place Ville Marie
Montreal, PQ, H3B 2G6
Telefon: +1/800/561-8630 (gebührenfrei innerhalb Kanadas)
Internet: *www.viarail.ca*

Die Rocky Mountaineer Rail Tour fährt durch die Rocky Mountains bei Tageslicht. Adresse:

Great Canadian Railtour Co.Ltd.
1150 Station Street
Vancouver, BC, V6A 2X6
Telefon: +1/604/0606-7200
Fax: +1/604/606-7250
E-Mail: rkymtn@fleethouse.com
Internet: *www.rkymtnrail.com*

In British Columbia fährt die BC Railway von Vancouver aus durch die Coast Mountains nach Prince George.
Wenn Sie die Wahl haben zwischen Bahn und Bus, sollten Sie immer die Bahn vorziehen, weil die Reise viel abwechslungsreicher, interessanter und geruhsamer ist – allerdings auch teurer.

Das Postsystem

Weltweit hat die so genannte Briefkultur unter dem zunehmenden Einsatz von Telefon, Fax und E-Mail gelitten. Wer noch handschriftlich auf richtigem Papier seitenlange Berichte verfasst und in Kauf nimmt, dass diese den Empfänger in der alten Heimat unter Umständen erst nach Wochen erreichen, gilt auf beiden Kontinenten als lebendes Fossil. Was die Zuverlässigkeit der Zustellung angeht, haben jedenfalls in Kanada Fax und E-Mail vor dem Briefträger einen großen Vorsprung.

Was die Qualität des eigentlichen Postversandes angeht, sind Deutschland und Kanada so verschieden wie die Farbe der landesüblichen Briefkästen. Die deutsche Post ist weltweit eine der teuersten. So manchem Auswanderer, der ein Päckchen aus Deutschland bekommt, frankiert mit Porto im doppelten Wert des Inhalts, treten angesichts der Briefmarkenmenge schier die Tränen in die Augen.

In Kanada dreht sich alles um den »Postal Code«. Solange diese sechsstellige Zahlen- und Buchstabenkombination richtig auf dem Brief steht, können Straßenname und vor allem auch der Name des Empfängers schon mal falsch sein, es wird dennoch versucht, die Sendung zuzustellen.

Nachsendeanträge sind gebührenpflichtig.

Zwischen Briefen und Postkarten werden keine Unterschiede gemacht. Beide kosten nach Europa CAD 1,25 bis 30 g und werden per Luftpost versandt. Seit 1.1.1991 werden auch auf Briefmarken sieben Prozent GST (Bundesumsatzsteuer) erhoben.

Canada Post Website: *www.mailposte.ca*

> **Tipp:** Wenn Sie für mindestens CAD 5 Briefmarken kaufen und in der Post draufkleben, brauchen Sie keine GST zu bezahlen, allerdings nur dann, wenn die Post für das Ausland bestimmt ist. Kaufen Sie aber für CAD 5 Briefmarken und nehmen Sie diese mit nach Hause, dann müssen Sie sieben Prozent GST bezahlen – auch wenn Ihre Briefe für das Ausland bestimmt sind.

Wenn Sie von zu Hause Post erwarten und keine ständige Adresse haben, lassen Sie sich die Sachen postlagernd ans Hauptpostamt einer Stadt schicken. Nach Ihrem Namen muss dann als Adresse stehen:

Mrs/Mr xxx
c/o General Delivery
Ort und Provinz
Postal Code

Postlagernde Sendungen werden 15 Tage lang auf den Postämtern aufbewahrt und dann an den Absender zurückgesandt. Sicherheitshalber wird dem Absender von der Post empfohlen, den Brief mit Ihrem Ankunftsdatum in dem Ort und dem Zusatz »Hold for Pick up« zu versehen.
Sobald Sie ein Postfach haben oder Post zugestellt bekommen, werden Sie erschlagen von Werbe-Sendungen. Die Post wird dadurch finanziert. Die Firmen bezahlen und beauftragen die Post damit, dass sie die Flyer in jedes Postfach verteilt, ob man will oder nicht. Jede Werbung, kurz Junk Mail genannt, die im Postfach liegt oder der Tageszeitung beigefügt ist, sollten Sie sofort in den dafür vorgesehenen Abfallkorb der Post werfen, bevor Sie Ihren Privathaushaltsmüll damit zusätzlich belasten.
Noch besser ist, die unadressierte Junk Mail (max. 1 kg) zu sammeln und an den Postminister zu schicken. Dies ist gebührenfrei, da er Member of Parliament ist. Adresse:

Minister in Charge
of Canada Post
House of Commons
Ottawa, ON, K1A 0A6

Schreiben Sie an einen Politiker, der Member of Parliament (MP) ist, oder an den Prime Minister, so sind diese Briefe immer gebührenfrei, aber nur, wenn Sie nach Ottawa, Ontario, an das House of Commons geschickt werden.

Postleitzahlen
Ein weiterer Unterschied zum deutschen Postsystem: Kanada kennt ein sehr originelles System der Postleitzahlen. Es sind sechsstellige und absolut unverständliche Kombinationen aus Buchstaben und Zahlen, die ans Ende der Adresse gesetzt werden. Wenn Sie nach oder innerhalb Kanadas schreiben, setzen Sie zur Stadt, die Sie erreichen wollen, zweckmäßigerweise die zugehörige Provinz. Hier die Empfehlung der kanadischen Post für die Provinzabkürzungen:

AB	Alberta
BC	British Columbia
MB	Manitoba
NB	New Brunswick
NF	Newfoundland & Labrador
NWT	Northwest Territories
NS	Nova Scotia
NT	Nunavut Territory
ON	Ontario
PE	Prince Edward Islsand
PQ	Quebec
SK	Saskatchewan
YT	Yukon Territory

Die Post ist nicht für Telefonverkehr oder Telegramme zuständig (s. »Das Telefonsystem«).

Postsendungen aus dem Heimatland
Am problemlosesten sind Postsendungen bis zu 10 kg Höchstgewicht auf dem Seeweg (vier bis sechs Wochen Laufzeit) und Luftpostpakete. Auszufüllen sind eine Internationale Paketkarte sowie eine Zollinhaltserklärung (Ausfüllen in Englisch oder Französisch), die außen auf das Paket aufzukleben ist (Geschenk heißt auf Englisch »Gift«). Sollte Ihre Sendung über 10 kg wiegen, müssen Sie einen Frachtspediteur beauftragen oder aus dem einen großen mehrere kleine Pakete machen.
Nachstehende Proforma-Rechnung gilt nur, wenn eine Sendung über den Frachtspediteuer geht und nicht per Post.

Muster ohne Handelswert sind zollfrei!
Die Proforma-Rechnung ist dreifach auszustellen: Original an den Empfänger, eine Kopie an den Spediteur und eine Kopie in das Paket:

»Gerhard Lustig, Teststraße 4, 56075 Koblenz/Germany

A+J Foster   Proforma-Invoice
Empfangsadresse in Kanada   15. Mai 20..

Text:
Muster ohne Wert = Samples without Commercial Value
Gebrauchtes Werkzeug/Used Tools, Used Clothes, Books, Magazines
CAD 60
Payment: no commercial value – only for customs clearance

Unterschrift: Gerhard Lustig«

Das Paket wird so lange im Zollhof verbleiben, bis der Empfänger es mit der Original-Proforma-Rechnung einlöst. Manchmal öffnet der Zoll auch die Pakete.
Geschenke im Einzelwert von CAD 60 pro Person sind zollfrei.

Das Telefonsystem

Das Fernmeldesystem wird nicht von der Post, sondern von privaten Gesellschaften betrieben. Die meisten Orte Nordamerikas können durch Selbstwählen direkt erreicht werden. Zwischen Europa und Kanada besteht Selbstwählverkehr. Ein Telefon-Vorwahlverzeichnis (Area Code) finden sie als Liste in jedem kanadischen Telefonbuch.
Beachten Sie die Zeitzonen beim Telefonieren innerhalb Kanadas. Addieren beziehungsweise subtrahieren Sie die jeweils angegebene Stundenzahl in der Tabelle entsprechend Ihrem Aufenthaltsort. Da sich die Provinz- und Zeitzonengrenzen sowie Telefonvorwahlzonen manchmal überschneiden, kann es zu Abweichungen kommen. In den kanadischen Telefonbüchern finden Sie eine Übersichtskarte.
Innerhalb Kanadas können sie auch R-Gespräche (collect calls) führen, das heißt, der Angerufene übernimmt die Kosten.
In einem Notfall wählen Sie 911 oder die 0 (Operator) und lassen sich mit der Polizei verbinden, die weitere Schritte veranlasst. Oder aber die Polizei-Nummer des jeweiligen Ortes im Telefonbuch nachschlagen.

Telefonieren von **Deutschland nach Kanada:**
001 plus dreistellige Provinz-Vorwahl und Teilnehmernummer
Telefonieren von **Kanada nach Deutschland:**
01149 (Vorwahl für Deutschland) plus Ortsvorwahl (ohne vorangestellte 0) und Teilnehmer-Nummer.

Cellular Phone (Cellphone)

Das Wort »Handy« klingt zwar sehr amerikanisch, bedeutet hier aber nicht mehr als handlich. Bei dem Begriff »Handy« denkt hier also wirklich niemand an ein Mobiltelefon.
Sie können mit Ihrem Gerät, wenn es dem internationalen Standard GSM (bzw. PCS) bei 1900 MHz entspricht – oder wenn Sie ein Triple-Band-Handy besitzen – in Nordamerika telefonieren. Erkundigen Sie sich bei Ihrem Anbieter.

Öffentliche Fernsprecher

Von den meisten öffentlichen Fernsprechern können Sie Gespräche bargeldlos mit Telefonkarten (calling cards) führen, die es in fast jedem Geschäft oder an Tankstellen zu kaufen gibt.
Bei den Münzfernsprechern kosten Ortsgespräche (local calls) 25 cents. Bei Ferngesprächen innerhalb Nordamerikas werden Ihnen die Gebühren von der Vermittlung (Operator) vor dem Telefonat angekündigt. Wenn Sie die 0 wählen, meldet sich der Operator (Vermittlung), der Ihnen mitteilt, wie viel Geld sie ein- bzw. nachwerfen müssen. Am besten halten Sie zahlreiche 25-Cent-Stücke bereit.

Party-Line

Die Party-Line ist seltener geworden. In ländlichen Gegenden kann es sie noch geben. Haben Sie eine sogenannte Party-Line, dann meldet sich die Vermittlung (Operator) und fragt nach Ihrer kanadischen Telefon-Nummer. Nachdem Sie der Vermittlung die Telefon-Nummer genannt haben, erhalten Sie die Verbindung.
Bei einem Party-Line-Anschluss wird die Telefonleitung von mehreren Teilnehmern benutzt. Wenn Sie gerade telefonieren möchten, kann es passieren, dass Sie Ihren Nachbarn beim Telefonieren zuhören können. Kurz, Sie können das Gespräch abhören.

Telefonanschluss

Wollen Sie einen Telefonanschluss, so gehen Sie zum nächsten Büro der Telefongesellschaft. Dort müssen Sie einige Fragen beantworten, wie:

- Wer ist der Arbeitgeber?
- Welche Art von Arbeit machen Sie?
- Für wie viel Dollar im Monat werden Sie Ferngespräche (Long Distance Calls) führen?

Außerdem müssen Sie zwei Empfehlungen mit Telefon-Nummern vorlegen.

Gebührenfreie 800er-Nummern (Toll Free Phone Numbers)
Gebührenfrei sind Telefonnummern, die mit den Ziffern 1-800 beginnen. Hört sich gut an. Funktionieren aber eigentlich nur bei Kleinbetrieben. Sollten Sie versuchen, größere Firmen oder die Regierung gebührenfrei zu erreichen, kann das zu einem Alptraum werden. Was früher einmal zwei Minuten gedauert hat, dauert nun ewige Zeiten. Oftmals verbleiben Sie in der Warteschleife, bis Sie entnervt wieder einhängen.

Telefonbuch
Das kanadische Telefonbuch ist wie folgt aufgeteilt:
Weiße Seiten: Teilnehmer von A-Z
Blaue Seiten: a) Regierung von Kanada
b) Provinz-Regierung
c) Gemeindeverwaltung
Gelbe Seiten: Branchenverzeichnis (manchmal auch als separates Buch)

Kanadische Staatsbürgerschaft

Das kanadische Gesetz erlaubt eine doppelte Staatsangehörigkeit. Sie müssen mindestens 18 Jahre alt sein und den Status des Permanent Resident haben. Nach drei Jahren (ab Einwanderungsdatum) können Sie dann die kanadische Staatsbürgerschaft beantragen.
Wenn Sie Kanadier werden wollen, sollten Sie folgendes können beziehungsweise wissen:
- Gute Sprachkenntnisse (Englisch/Französisch sprechen und schreiben)
- Allgemeinwissen über den Bundesstaat, die Provinzen und Ihre Gemeinde/Stadt
- Kenntnisse über Rechte und Pflichten, die man als Kanadier hat, wie z.B. Wahlrecht
- Kenntnisse über die kanadische Geschichte und Geographie sowie über das politische System.

Jugendliche unter 18 Jahren sowie Erwachsene ab 60 Jahren brauchen nicht am schriftlichen Test teilnehmen.
Das Formular für die Beantragung der kanadischen Staatsbürgerschaft (Application for Citizenship) können Sie aus dem Internet ausdrucken. Wer keinen Internet-Zugang hat, wendet sich an die Call Centres und fragt nach dem zuständigen Citizenship office:
Montreal   +1/514/496-1010
Toronto   +1/416/073-4444
Vancouver   +1/604/666-2171
Für alle anderen Gegenden innerhalb Kanadas: 1-888-242-2100
Internet: *www.cic.gc.ca* (click citizenship applications)
Die Antragstellung kostet CAD 200 pro Person. Die Kosten hierfür werden nicht zurückerstattet. Mit dem Antrag erhalten Sie alle dazugehörigen Informationen.
Nachdem Sie Ihren Antrag eingesandt haben, entsteht eine Wartezeit bis zu sechs Monaten (mehr oder weniger), bevor Sie zur Vereidigung eingeladen werden.

Reisepass
Nach Erhalt der kanadischen Staatsbürgerschaft können Sie einen Reisepass beantragen, der aber nur fünf Jahre gültig ist. Auf dem Postamt erhalten Sie kostenlose Antragsvordrucke. Die Ausstellung des Reisepasses selber kostet CAD 85. Nähere Informationen finden Sie im Internet unter *www.passport.gc.ca* oder unter *www.ppt.gc.ca*

> **Tipp:** Nach Erhalt Ihrer kanadischen Staatsbürgerschaft erhalten Sie lediglich eine Plastikkarte, aus der ersichtlich ist, dass Sie nun kanadischer Staatsbürger sind. Der deutsche Pass wird weder einbehalten noch mit einem Vermerk versehen. Bevor nun Ihr deutscher Pass abläuft, fliegen Sie nach Deutschland und lassen ihn dort verlängern. Dies dauert aber zirka acht Wochen (geht aber auch nur, wenn Sie eine Postadresse haben bestehen lassen). Der neue Reisepass ist zehn Jahre gültig. Nun haben Sie einen kanadischen und einen deutschen Reisepass und sind weiterhin in Deutschland wahlberechtigt, dürfen arbeiten und so lange verweilen, wie Sie wollen.

Als »Neu-Kanadier« werden Sie in Deutschland als »Ausländer« behandelt. Sie dürfen nur mit einem gültigen kanadischen Reisepass für

187

die Dauer von drei Monaten (ohne Arbeitserlaubnis) nach Deutschland einreisen. Möchten Sie als Neu-Kanadier wieder einmal in Deutschland arbeiten, so benötigen Sie eine Aufenthaltserlaubnis, die vor der Einreise in der Form des Sichtvermerks (Visum) bei der deutschen konsularischen Vertretung in Kanada einzuholen ist, und das bedeutet unter Umständen einen zähen Kampf mit der Bürokratie und schier endloses Ausfüllen vieler Formulare.

Deutschen Staatsangehörigkeit

Der Erwerb der ausländischen Staatsangehörigkeit, der auf eigenen Antrag erfolgt, hat in der Regel den Verlust der deutschen Staatsangehörigkeit zur Folge, wenn der Betreffende weder seinen Wohnsitz noch seinen dauernden Aufenthalt in Deutschland hat.
Seit 1. Januar 2000 gilt das neue deutsche Staatsbürgerschaftsrecht. Ausnahmsweise tritt der Verlust der deutschen Staatsbürgerschaft nicht ein, wenn dem Betreffenden vor dem Erwerb der ausländischen Staatsangehörigkeit die Beibehaltung der deutschen Staatsangehörigkeit schriftlich genehmigt worden ist.
Die Beibehaltungsgenehmigung wird allerdings nur in eng umgrenzten besonderen Fällen erteilt. Dabei sollte eigentlich mit der Neuregelung die Beibehaltung der deutschen Staatsangehörigkeit wesentlich erleichtert werden. Ob letztendlich eine solche Genehmigung erteilt wird, steht einzig und allein im Ermessen des Bundesverwaltungsamtes in Köln.
Die Beibehaltungsgenehmigung kann erteilt werden, wenn öffentliche oder private Belange den Erwerb der ausländischen Staatsangehörigkeit oder aber den Fortbestand der deutschen Staatsangehörigkeit rechtfertigen und keine übergeordneten Belange entgegenstehen. Ein wesentliches Entscheidungskriterium sind die fortbestehenden Bindungen in Deutschland, unter anderem:

- Nachweis des Besitzes der deutschen Staatsangehörigkeit;
- Ausreichende Kenntnisse der deutschen Sprache;
- Beziehungen zu nahen Verwandten;
- Besitz von Immobilien;
- Unterhalt einer Wohnung zur Eigennutzung;
- Wenn Renten- oder Versicherungsleistungen in Deutschland geleistet werden oder zu erwarten sind.

Um eine Beibehaltungsgenehmigung zu bekommen, müssen Sie stichhaltige Gründe dafür vorlegen, warum Sie die kanadische Staats-

bürgerschaft erwerben wollen. Als solche Gründe gelten gewichtige Nachteile, die Ihnen als Nicht-Kanadier entstehen, beispielsweise
- wirtschaftliche oder vermögensrechtliche Nachteile,
- Beschränkungen bei der Berufsausübung oder
- Nachteile beim Erwerb von Crown Land (Regierungsland).

Natürlich sind in jedem Fall entsprechende Nachweise vorzulegen.
Antragsvordrucke können über die Botschaft oder über das zuständige Konsulat angefordert werden. Von dort wird der Antrag an das Bundesverwaltungsamt in Köln weitergeleitet. Es wird eine Gebühr von EUR 255 für die Beibehaltungsgenehmigung erhoben. Bei Ablehnung betragen die Kosten EUR 38,25.
Eigentlich wäre nun der Weg frei für die doppelte Staatsangehörigkeit, wie sie bei den meisten europäischen Nachbarn üblich ist. Aber…
Aktuelle Informationen finden sie Internet unter:
www.einbuergerung.de – Allgemeine Information zum neuen Gesetz
www.integrationsbeauftragte.de
www.bundesauslaenderbeauftragte.de
www.GermanEmbassyOttawa.org – Antragsvordrucke (click Consular and Legal Affairs)

Application for Search of Citizenship Records
Ein Hinweis für diejenigen, die ihre deutsche Staatsbürgerschaft beibehalten haben, obwohl sie in Kanada leben: Bei der Erneuerung des deutschen Reisepasses (der sich nun Europass nennt) in Kanada (Gebühr: CAD 75) wird jetzt vom deutschen Konsulat das Ausfüllen eines Formulars verlangt, das sich »Application for Search of Citizenship Records« nennt. Auf diese Art und Weise soll geprüft werden, ob die betreffende Person inzwischen kanadischer Staatsbürger geworden ist und somit zwei Staatsangehörigkeiten in Anspruch nimmt.

Teil 4: Provinzen und Territorien Kanadas (A–Z)

Alberta
Auf einen Blick
Provinzgröße: 661 190 qkm (1,8-mal so groß wie Deutschland)
Bevölkerung: 3,0 Millionen, 91,9 % englisch-, 6,7 % zweisprachig
Volljährigkeit: 18 Jahre
Provinzhauptstadt: Edmonton, 862 597 Einwohner

Regionen	Städte
Nord	Fort McMurray
Central	Edmonton, Red Deer
Süd	Calgary, Medicine Hat

National Parks: Banff, Elk Island, Jasper, Waterton Lakes, Wood Buffalo (geteilt mit den Nordwest-Territorien)
Geographie: Alberta ist die größte der drei Prärieprovinzen. Der Süden besteht aus einer baumlosen Prärie und der Norden aus Mischwäldern, dem borealen Waldgürtel. Im Westen liegen die Rockies und im Nordosten der Rand des Canadian Shield. Es gibt zahllose Seen in dieser Provinz, die drei größten sind Lesser Slave Lake, Lake Athabaska und Lake Claire. Der höchste Punkt ist der Mount Columbia (3747 m) in den Rocky Mountains. Alberta ist die sonnigste Provinz in Kanada. (Calgary liegt auf dem gleichen Breitengrad wie Berlin, Edmonton auf dem gleichen wie Hamburg.)
Klima: Sommer im Süden lang und heiß, Winter kalt, kontinentales Klima
Temperaturen: Sommer 16 bis 32 °C, Winter +5 bis -45 °C
Zeitzone: Gebirgszonen-Normalzeit, -8 Std. von MEZ
Wirtschaftszweige: Bergbau (Erdöl und Erdgas), Bauindustrie, Herstellungsindustrie (Fleischverpackung), Landwirtschaft (Getreide und Viehzucht), Tourismus. In Alberta sind über 400 Erdöl- und Erdgasgesellschaften ansässig.
Steuer: 7% GST, keine Provinz-Verkaufssteuer (PST), 5% Room Tax für Unterkünfte. Alberta hat die niedrigste Steuerbelastung in ganz Kanada.

Was man noch wissen sollte:
Die Einwohner Albertas zählen zu den am besten ausgebildeten in Nordamerika. *Calgary* wird als eine der bevorzugten Städte zum Leben und Wohnen genannt. Calgary hat niedrige Landpreise und die niedrigste Provinz-Einkommenssteuer in Kanada. Calgary ist die Stadt der berühmten Stampede (größte Rodeo-Show der Welt), die jährlich im Juli für zehn Tage statt findet. Die *West Edmonton Mall* ist der größte Einkaufs- und Vergnügungskomplex der Welt. *Lake Louise* ist mit 1540 m über NN die höchstgelegene Gemeinde in Kanada.

Krankenversicherung
(s. auch Teil 3, »Gesundheits- und Sozialwesen«)
Nach Ankunft sollten Sie sich sofort bei der Krankenversicherung »Alberta Health Care Insurance Plan« (AHCIP) melden, um das entsprechende Formular auszufüllen. Hierfür wird das Einwanderungspapier benötigt. Die »Personal Health Card« wird Ihnen zugesandt. (Sie können sich auch via Internet anmelden.)
Als Einwanderer entsteht Ihnen keine Wartezeit. Sie sind vom ersten Tag an versichert. Sollten Sie aus einer anderen Provinz nach Alberta ziehen, so entsteht eine Wartezeit von drei Monaten.
Websites:
www.health.gov.ab.ca – Alberta Health Care
www.calgaryis.com – click health insurance

Sozialfürsorge (Welfare):
Family and Social Services, Website: *www.gov.ab.ca* – click online services oder contact government

Kindergeld (Child Tax Benefit Program):
Für Kinder unter 18 Jahren können Sie Kindergeld beantragen. Das Formular erhalten Sie bei jedem Taxation District Office. Oder schauen Sie in den Blauen Seiten im Telefonbuch nach unter Government of Canada, Revenue Canada, und lassen Sie sich das Formular zusenden.

Jobs und Gehälter
(s. auch Teil 3, »Arbeitsleben«)
Alberta hat eine Arbeitslosenquote von 5 Prozent (Februar 2003).
Um arbeiten zu können, benötigen Sie die Social Insurance Card. Diese Plastikkarte erhalten Sie auf Antrag beim zuständigen Arbeitsamt (s. Teil 3, »Arbeitsleben«).

Seit 1. Oktober 1999 beträgt der Mindestlohn CAD 5,90/Stunde. Der Durchschnittswochenlohn beträgt CAD 236 bis 618, das durchschnittliche Jahres-Familieneinkommen liegt bei CAD 15 452 bis 46 196. Die Arbeitszeit beträgt maximal 12 Stunden/Tag und 44 Stunden/Woche, mindestens ein Tag pro Woche ist frei.

Eine Vollzeitbeschäftigung ist Voraussetzung für zwei Wochen bezahlten Urlaub. Nach fünf Jahren im gleichen Betrieb erhalten Sie drei Wochen bezahlten Urlaub. Bei einer Teilzeitbeschäftigung erhalten Sie vier Prozent vom Jahresgehalt als Urlaubsgeld.

Es gibt acht bezahlte Urlaubstage: New Years Day, Alberta Family Day, Good Friday, Canada Day, Labour Day, Thanksgiving, Remembrance Day und Weihnachten (25. Dezember).

Arbeitsmarkt-Information im Internet:

www.careerclick.com – Kleinanzeigen

www.gov.ab.ca – Webpage der Regierung (click Employment oder Online Services)

www.alberta-learning.ab.ca – click career oder employment

Verdienstbeispiele:

Job	CAD
Accounting Analyst Finance	29 000–36 000/year
Accounting Assistant	24 000–30 000/year
Area Supervisor	31 400–39 000/year
Assistant Supervisor	6–7/hr
Audio Visual Technican	13–15/hr
Building Operator	25 000–28 000/year
Building Service Worker	1400–1800/month
Cashier	6–8/hr
Child Care Counsellors, Social Services	23 300–29 100/year
Cleaners	6–10/hr
Clerk	22 000–26 000/year
Clerk Enforcement	21 600–25 500/year
Cook	8–15/hr
Construction Manager	2000/month
Database Analyst	35 100–43 900/year
Daycare Worker	7/hr
Desk Sales	9–10/hr
Disc Jockey	1300/month
Dishwasher	6/hr
Driver, City Deliveries	7/hr

Electrical Engineer	33 000–55 300/year
Electricians	15–19/hr
Electronics Technician	16/hr
Food Service Supervisor, Health	30 500–38 000/year
Framer	7–10/hr
General Help	8–16/hr
Hairdresser	1000–1300/month
Homemaker	8/hr
Housing Worker	1300–1643/month
Installer – Auto Glass	1600/month
Inventory Counters	6/hr
Janitor	6/hr
Keypunch Operator IBM 36	20–25/hr
Kitchen Helper	7,50/hr
Laborer	10/hr
Library Assistant	1400/month
Machinist	18/hr
Manager of Personnel, Social Services	35 000/year
Manager, Water Resources	38 600–58 300/year
Meat Manager	12–16/hr
Muffin Sales und Delivery	8–12/hr
Nanny	11 000/year
Nurse	40 000–48 400/year
Office Help	7,50/hr
Optometrist	90 000/year
Payroller	1500/month
Pharmacists in Hospital	2500/month
Pharmacist	17–21/hr
Pharmacy Technician	12–15/hr
Phone Person	8–12/hr
Picture Framer	6/hr
Planner for Education	26 000–37 000/year
Plumber (own Truck + Tools!)	16/hr
Programmer / Analyst	50 000/year
Programm Supervisor, Social Services	28 900–33 200/year
Real Estate Sales	40 000/year
Receptionist	22 000/year
Recreational Leader (Children)	7/hr
Renovation Assistant	2400/month
Retail Sales	30 000–40 000/year

Safety Supervisor	44 000–53 800/year
Sales Person	8–12/hr
Sales Person	25 000–40 000/year
Sales Manager (District)	75 000/year
Secretary, High School	19 900–23 700/year
Secretary / Receptionist	1300/month
Security Guard	6–8/hr
Service Technician, Computer	24 000/year
Store Management	32 000–65 800/year
Stucco Applicator	20/hr
Surveyor	18/hr
Swimming Pool Supervisor	12/hr
Systems Analyst II	49 300–62 300/year
Systems Analyst, Senior	40 000–50 600/year
Teacher	26 000–47 300/year
Team Leader	28 900–33 200/year
Telephone Clerk	10–12/hr
Truck Drivers	2100–3200/month
Typist	25 000–30 000/year
Waiter / Waitress	6–8/hr
Welder	18/hr

Ausbildung

Das Schuljahr in Alberta beginnt Anfang September und endet im Juni. Die Schulen sind an gesetzlichen Feiertagen geschlossen sowie sieben Tage im März für die »Spring Break«. Schulzeiten sind Montag bis Freitag von 8 bis 16 Uhr.

Lehrergebühren für College CAD 1145/Jahr, für Universitäten CAD 2100–3200/Jahr (s. Teil 3, »Ausbildung«).

Adressen:
Home Schooling
Alberta Home Education Association
2015-74th Street
Edmonton, AB, T6K 2L3

Montessori School
Elementary School
5915 Lewis Dr SW

Calgary, AB, T3E 5Z4
(von Vorschulkindergarten bis Klasse 12)

Waldorf School
1915-36 Ave SW
Calgary, AB, T2T 2G6
(von Vorschulkindergarten bis Klasse 9)

German Language School of Calgary
201, 3112-11 St NE
Calgary, AB, T2E 7J1
(Klasse 10-12)

Alberta Advanced Education & Career Development
Immigrant Settlement Services
10155-102nd Street
Edmonton, AB, T5J 4L5

Bei der letztgenannten Adresse erhalten Sie den Leitfaden »Welcome to Alberta«. Ebenso erhalten sie hier den Leitfaden (Directory) »Certification & Registration Bodies for Professions & Occupations in Alberta«. Diese 75-seitige Broschüre enthält Berufe wie Hebamme (Midwife) oder Krankenschwester (Nurse) bis hin zum Lehrer (Teacher). Sie zeigt auf, welche Zertifikate benötigt werden, um in Alberta zum Beispiel als Krankenschwester zu arbeiten.
Detaillierte Informationen über Schulen, Colleges und Universitäten finden Sie auf folgenden Websites:
www.alberta-learning.ab.ca – click learning
www.gov.ab.ca – click online services
www.calgaryis.com – click education

Alberta Business Immigration Program
(s. auch Teil 1, »Business Class«)
Wer als Entrepreneur, Investor oder Self-employed in Alberta einwandern möchte, erhält alle nötigen Unterlagen einschließlich »Application For Permanent Resident« bei:

Alberta Economic Development & Tourism
Business Immigration Program

10155-102 Street
Edmonton, AB, T5J 4L6

Websites:
www.gov.ab.ca – Webseite der Regierung (for Business click about Alberta oder quick links oder online services)
www.calgaryis.com – click Investing

Sollte Ihr Vorab-Antrag positiv beschieden, wird Alberta Economic Development Sie bei Ihrer Antragstellung bei der Kanadischen Botschaft unterstützen. Diese vorab »Summary Form« ist kostenlos.

Die Schlüsselindustrien Albertas:
Energievorräte: Die Rohstoffgewinnung bleibt weiterhin Kernbereich der Wirtschaft Albertas.
Rohöl: Das in Alberta geförderte Rohöl wird größtenteils an Abnehmer außerhalb der Provinz geliefert.
Ölsande und synthetisches Rohöl: Ölführende Sandschichten, die sich über ein weit ausgedehntes Gebiet im nördlichen Alberta erstrecken, enthalten bedeutende Vorräte von Rohbitumen. Das bedeutendste Ölsandrevier liegt im nordöstlichen Alberta, seine ölführenden Sandschichten treten am Ufer des Athabasca, dem größten Fluss der Gegend, an die Oberfläche.
Erdgas und flüssige Nebenprodukte: In seinem weit ausgedehnten Erdgasvorkommen besitzt Alberta einen bedeutenden Rohstoff. Im Laufe der letzten 25 Jahre hat die Petroleumindustrie stark verfeinerte Methoden zur Verarbeitung der großen Mengen von in Alberta anfallendem feuchtem und/oder saurem Erdgas entwickelt. Dieses enthält Schwefel und flüssige Anteile wie Propan, Butan und leichtsiedende Kohlenwasserstoffe.
Landwirtschaft: Mehr als 20 Mio. Hektar fruchtbaren Ackerlandes dienen in Alberta dem Anbau von Feldfrüchten oder der Viehhaltung. Noch bis heute wird in manchen Regionen, zum Beispiel dem Peace River District im Nordwesten Albertas, Land gerodet und urbar gemacht. Durch Zusammenlegung entstehen heute immer größere landwirtschaftliche Betriebe. In der Honigerzeugung steht Alberta unter allen Provinzen Kanadas an erster Stelle. Bienen sichern hohe Samenerträge beim Anbau von Raps, Luzerne, Klee und Flachs.

Top-Industriezweige:
Agriculture and related Industries, Forestry, Telecommunications, Oil and Gas. Der viertgrößte Industriezweig ist Tourism (Fremdenverkehr).

Immobilien

(s. auch Teil 3, »Wohnen«)
Für detaillierte Auskünfte wende man sich direkt an die »Real Estate Agencies«. Es gibt Grundbuchämter, in denen Verkäufe, Übertragungen und Belastungen eingetragen sind. Grunderwerbssteuer wird nicht erhoben. Außerhalb der Stadt sind Grundstücke wesentlich billiger.

Immobilien-Makler:
RE/MAX, Calgary
www.calgaryrealestate.com
www.calgaryis.com – click Real Estate
www.gov.ab.ca – click Land and Properties

Interessante Städte:
Calgary (832 000 Einwohner, 5,5 Prozent Arbeitslose) wird als Halb-Wüste klassifiziert, weil es sehr trocken ist. Vom 25.5. bis 15.9. ist Calgary frostfrei, daher hat es eine kurze Garten-Saison. Calgary ist bekannt für seine Kinderfreundlichkeit. Für eine so große Stadt sind die Straftaten sehr minimal. Ein Durchschnitts-Einfamilienhaus kostet CAD 139 000. Ein 3-Bedroom-Appartement kostet CAD 632/Monat. Eau Claire Lookout ist die teuerste Wohngegend in Central Calgary (Hauskauf CAD 153 000 bis 588 000).
Drumheller (6300 Einwohner) hat die weltgrößte Ausstellung von kompletten Saurier-Skeletten.
Edmonton (863 000 Einwohner), die Hauptstadt der Provinz und Kanadas nördlichste Großstadt, hat eine Garten-Saison von Mai bis Anfang Oktober. Ein Durchschnitts-Einfamilienhaus kostet CAD 124 000. Ein 3-Bedroom-Appartement CAD 595/Monat.
Fort McMurray (40 000 Einwohner) ist bekannt bei Naturliebhabern. Es grenzt an den Wood Buffalo National Park, Kanadas größten National Park. Außerdem finden Sie hier die weltgrößten Vorkommen an Öl-Sänden.
Lloydminster (18 300 Einwohner) gehört zu zwei Provinzen. Es liegt genau auf der Grenze Alberta/Saskatchewan.
Okotoks (9250 Einwohner), nur 34 km südlich von Calgary entfernt, ist

bekannt für eine schöne und beschauliche Umwelt. 85 Prozent der Einwohner sind unter 45 Jahre. Jobs werden angeboten in: Energie, Herstellung, Landwirtschaft, Technologie und Tourismus. Ein 3-Bedroom-Haus kostet CAD 120 000.

Unterkünfte

Einige Neuankömmlinge wohnen die ersten Tage in einem Hotel oder Motel, bis sie eine geeignete Unterkunft gefunden haben. Motels sind in der Regel preisgünstiger als Hotels. Die Übernachtungspreise liegen um CAD 50 per Zimmer. In der Nebensaison erhalten Sie günstigere Angebote. In Kanada bezahlen Sie immer per Zimmer und Nacht, basierend auf einer Zimmerbelegung mit zwei Personen. Zu dem angegebenen Übernachtungspreis müssen Sie noch zusätzlich 12 Prozent Steuern bezahlen: sieben Prozent Goods and Services Tax (GST) sowie fünf Prozent Room Tax (Unterkunftsteuer).
Fordern Sie den Alberta Accommodation Guide an:

Travel Alberta
P.O.Box 2500
Edmonton, AB, T5J 2Z4

Websites:
www.travelalberta.com (auch in Deutsch)
www.AlbertaHotels.ab.ca
www.gov.ab.ca – click Travel
www.calgaryis.com – click Travel

Das Magazin »Moving to and around Alberta« ist sehr hilfreich für jeden Neuankömmling, um sich schnell in einer neuen Stadt einzuleben. Es ist zu beziehen bei:

Moving To
44 Upjohn Road, Ste 100
Don Mills, ON, M3B 2W1
Fax: (416)441/1641
Internet: *www.movingto.com*

Lebenshaltungskosten
Energieversorgung:
Adresse:

Alberta Energy
Electricity Branch
9945-108 Street
Edmonton, AB, T5K 2G6
Website: *www.energy.gov.ab.ca* – click Electricity

Die Stromspannung beträgt 110 Volt bei 60 Hertz.
Eine Umstellung auf 220 Volt/60 Hertz ist mittels eines Transformators möglich und auch empfehlenswert (s. Teil 3, »Elektrogeräte«).
Monatliche Grundgebühren für Strom: CAD 18
Die Rechnung wird alle zwei Monate zugeschickt.
Durchschnittlicher Stromverbrauch monatlich: 500 kWh
Preise:

Stadt	Versorger	Stromkosten (500 kWh) in CAD
Airdrie	TransAlta	53
Calgary	Enmax	51
Edmonton	Edmonton Power	53
Grande Prairie	Alberta Power	67
Lethbridge	Lethbridge Power	54
Medicine Hat	Medicine Hat Electric	45
Red Deer	The City of Red Deer	51

Telefon:
Monatliche Grundgebühren: CAD 25

Telus
P.O.Box 2525, Stn M
Calgary, AB, T2P 5A5
Telefon: +1/403/310-2255

Vorwahl für Alberta südlicher Teil: 403
Vorwahl für Alberta nördlicher Teil: 780
Website von Bell World: *www.bell.ca*

Lebensmittelpreise:

Huhn, frisch	CAD 3,50/kg
Rinderbraten	CAD 6,60/kg
T-Bone-Steak	CAD 8,80/kg
Rindergehacktes	CAD 2,00/kg
Schweinebraten	CAD 4,80/kg
Lachs	CAD 9,90/kg
Äpfel	CAD 2,00/kg
Bananen	CAD 1,00/kg
Birnen	CAD 2,00/kg
Kartoffeln	CAD 2,00/10kg
Kopfsalat	CAD 0,60/Stück
Möhren	CAD 2,50/2,5kg
Zwiebeln	CAD 1,30/1,5kg
Butter, ungesalzen	CAD 3,50/454g
Käse (Gouda)	CAD 1,20/100g
Brot (Toast)	CAD 1,70/680g
Marmelade	CAD 2,20/250g
Kaffee	CAD 3,00/300g
Tee	CAD 2,50/20 Beutel
Mehl	CAD 6,00/10kg
Nudeln	CAD 1,40/900g
Reis	CAD 4,30/1,4kg
Olivenöl	CAD 7,00/1L
Zucker	CAD 1,00/kg

Website: *www.calgaryis.com* – click Shopping

Auto

(s. auch Teil 3, »Auto«)

Führerschein:

Sie können zwar bis zu einem Jahr mit einem Internationalen Führerschein fahren, jedoch sollten Sie innerhalb von drei Monaten einen Antrag auf Ausstellung einer »Alberta Operator's Licence« stellen, wenn Sie Ihren ständigen Wohnsitz in Alberta haben. Um die Klasse 5 (Personenwagen und Pick-ups) zu erhalten, müssen Sie mindestens 16 Jahre alt sein. Der Führerschein aus Ihrem Heimatland wird nicht einbehalten. Daran denken: Der deutsche Schadensfreiheitsrabatt wird anerkannt.

Anmeldung für den Führerschein: Alberta Registries Office. Adressen finden Sie im Telefonbuch, Gelbe Seiten, unter »License Services«.
Für weitere Informationen:
Alberta Transportation
www.saferoads.com
www.www.gov.ab.ca – click Vehicle
www.calgaryis.com – click Car

Führerscheinkosten:
Motorrad- und Autoführerschein je CAD 45 (wird alle fünf Jahre erneuert).
Seit 20. Mai 2003 gelten neue Regeln für Jugendliche:
1) Fahrschulanfänger (Learner): Learners Licence erhältlich ab 14 Jahre, Kosten zirka CAD 80.
2) Führerschein auf Probe (Probationary): Probationary Driver ab 16 Jahre, mindestens für zwei Jahre, danach erhält man den
3) endgültigen Führerschein (fully licenced driver).

Versicherung:
Autoversicherungen finden Sie in den Gelben Seiten unter »Insurance Agents«. Die Haftpflichtversicherung (liability insurance) muss eine Mindesthöhe von CAD 250 000 haben.

Autovermietung:
Sie müssen 21 Jahre alt und im Besitz eines gültigen Führerscheins sein. Nicht alle Autoverleih-Firmen vermieten an Fahrer unter 25 Jahre.
Internetseiten:
www.avis.com
www.budgetrentacar.com
www.hertz.com
www.thrifty.com

Autokauf:
Im Osten Kanadas befinden sich die Autofabriken, daher sind Autos im allgemeinen dort billiger. Dort rosten sie allerdings auch schneller.
Worauf Sie achten müssen: Einige Händler kaufen billig rostige Autos im Osten auf, lackieren sie über und verkaufen sie zu Alberta-Marktpreisen. So kann zum Beispiel ein 1994 VW Rabbit in Ontario CAD 2500 kosten und in Alberta CAD 4000. Mit dem Unterschied, dass

der »Ontario-VW« ein Schrotthaufen ist und der »Alberta-VW« fast rostfrei.

Bevor Sie ein Auto bezahlen, sollten Sie sich erkundigen, ob Schulden auf dem Auto sind, sonst kann es passieren, dass die Bank das Auto kassiert. Überprüfen Sie, ob keine Belastung (lien) auf dem Auto ist: Private Registry Office, Gelbe Seiten im Telefonbuch unter »Licenses & Registrations«. Auch eine mechanische Inspektion ist ratsam, sie kostet etwa: CAD 100.

Preise:
Cars:
2003 Toyota Corolla, automatic   CAD 18 000
2002 Ford Taurus SE, automatic   CAD 17 000
2001 VW Golf GL   CAD 16 000
2000 Honda Civic, automatic   CAD 13 000
1999 VW Beetle GLS   CAD 14 500
Trucks:
2003 Dodge Ram 4x4, automatic   CAD 49 900
2002 Ford Ranger 4x4, automatic   CAD 26 900
2001 Toyota Tundra 4x4, automatic   CAD 33 500
1999 Dodge Dakota 4x4   CAD 19 900
Benzin:
Normalbenzin CAD/l 0,84

Informationen & Service

Hier erhalten Sie die kostenlose Broschüre »Welcome to Alberta« mit Informationen für Einwanderer:

Immigrant Settlement Services
Alberta Advanced Education and Career Development
10155-102 Street
Edmonton, AB, T5J 4L5
Fax: +1/780/422-1297

Office of the Premier
Legislature Building
Edmonton, AB, T5K 2B7
Telefon: +1/403/427-2251

Verbraucherschutz:
Die Verbraucherzentrale heißt in Kanada »Better Business Bureau«,
Website: *www.betterbusiness.ca*

Tageszeitungen:
The Edmonton Journal
Box 2421
Edmonton, AB, T5J 2S6
Telefon: +1/780/429-5100
Fax: +1/780/498-5718
Internet: *www.edmontonjournal.com*
Auflage: 150 500

Calgary Herald
215-16th Street S.E.
Box 2400 Stn M
Calgary, AB, T2P 0W8
Telefon + Fax: +1/403/235-7100
Internet: *www.calgaryherald.com*
Auflage: 140 000

Deutsche Zeitungen:
Kanada Kurier
19 Whitehall Gate N.E.
Calgary, AB, T1Y 3E4
Telefon & Fax: +1/403/280-0271

Kanada Kurier
12942-101 Street
Edmonton, AB, T5E 4E7
Telefon: +1/780/475-7312

British Columbia

Auf einen Blick
Provinzgröße: 947 800 qkm (2,6-mal so groß wie Deutschland)
Bevölkerung: 4,1 Millionen; 90,6 % englisch-, 9,3 % zweisprachig
Volljährigkeit: 19 Jahre

Provinzhauptstadt: Victoria, 334 577 Einwohner
20.7.1871 Eintritt in das Commonwealth als sechste Provinz

Regionen	Städte	Einwohner
Vancouver Island	Victoria	334 577
Vancouver, Küste und Berge	Vancouver	1,8 Mio.
Thompson Okanagan	Kamloops	79 566
Thompson Okanagan	Kelowna	136 541
BC Rockies	Cranbrook	18 780
Cariboo Country	Williams Lake	11 398
Nord BC	Prince George	77 996

National Parks: Glacier, Gwaii Haanas/South Moresby, Kootenay, Mt. Revelstoke, Pacific Rim, Yoho

Geographie: British Columbia liegt an der kanadischen Westküste. Vor der Küste liegen rund 7000 Inseln. Zur Provinz gehören die Küsteninseln, von denen die bedeutendsten Vancouver Island und Haida-Gwaii (Queen Charlotte) sind.

Die Provinz wird von vielen Gebirgsketten und Plateaus durchzogen: Island Mountains, Coast Mountains, Fraser Plateau, Cariboo Highlands, Columbia Mountain System und Rocky Mountains. Fast drei Viertel der Provinz sind bewaldet und reich an Wasser.

Berge und Flüsse: Der Mount Robson ist mit seiner 3954 m Spitze der höchste Berg in den kanadischen Rockies. Dort entspringt Kanadas drittlängster Fluss, der Fraser River – 1370 km lang, bevor er das Meer erreicht. Die Küstenberge sind die höchsten in Nordamerika. British Columbia/Alaska-Grenze: Fairweather Mountain, 4663 m, höchster Berg in BC. Der Williston Lake ist der größte künstliche See in BC (1200 km Ufer!). Aus ihm fließt der Peace River ab. Mit 500 m Länge ist der Powell River einer der kleinsten Flüsse der Welt. In der Nähe von Prince George sind einige von BCs größten Seen wie Babine, Francois, Ootsa, Quesnel und Stuart. Höchster Wasserfall in Kanada: Della Falls, BC, 440 m. Höchstgelegene Stadt in Kanada: Kimberley, BC, 1128 m. Längster Tunnel in Kanada: Mount Macdonald Railway Tunnel, Rogers Pass, BC, 14,6 km.

Östlichster Punkt:	Akamina Paß
Westlichster Punkt:	Boundary Peak
Südlichster Punkt:	Rosedale, Vancouver Island
Nördlichster Punkt:	Beaver River

Klima: *Südküste und Vancouver Island:* Milde Sommer und Winter mit starken Niederschlägen. Die meisten Leute leben hier. Victoria ist der beliebteste Pensionärsort in Kanada. *Südliches Inland:* Trockenes, bergiges Land mit langen Seen. Heiße Sommer, kalte Winter. *Südöstliches Inland:* Die Kootenays, abwechselnd Täler und Gebirge. Kalte, schneereiche Winter, warme bis heiße Sommer. *Zentrales Inland:* Cariboo und Chilcotin. Kalt und trocken im Winter, mäßig warm im Sommer. *Nordküste:* Haida Gwaii (Queen Charlotte Islands). Mild und nass an der Küste, sehr hohe Niederschläge. *Nördlich-zentrales Inland:* Prince George. Kalte Winter, heiße bis mäßige Sommer. *Nordwest:* Sehr entlegen und rau. Sehr kalte Winter, mäßige Sommer. *Nordost:* Prärie. Extreme kalte, trockene Winter, heiße Sommer.
Zeitzone: Pacific Standard Time, -9 Std. von MEZ
Wirtschaftszweige: Baugewerbe, Bergbau, Fischerei, Holz- und Landwirtschaft, Tourismus, Elektrizitätsgewinnung und -Export, verarbeitende Industrie.
Steuer: 7 Prozent GST (Federal Goods and Services Tax), 7,5 Prozent PST (Verkaufssteuer), 8 Prozent Hotelsteuer (Übernachtungssteuer).

Krankenversicherung

(s. auch Teil 3, »Gesundheits- und Sozialwesen«)
Sobald Sie vom Arbeitsamt die Sozial-Versicherungs-Nummer (Social Insurance Number = SIN) erhalten haben, sollten Sie sich sofort bei der Krankenversicherung »Ministry of Health« melden, um das entsprechende Antragsformular auszufüllen, damit Sie Ihre »Care Card« erhalten. Sie können dieses Formular auch vorab ausfüllen und schreiben, die »SIN« werde nachgereicht. Sollten Sie noch keine Stellung gefunden haben oder noch nicht wissen, wie hoch Ihr Jahreseinkommen sein wird, so tragen Sie auf jeden Fall vorläufig ein niedriges Jahreseinkommen in das Formular ein. Denn der monatliche Beitrag basiert auf dem jeweiligen Jahreseinkommen (s. Teil 3, »Gesundheits- und Spozialwesen«).
BC hat eine Wartezeit von drei Monaten. Es ist empfehlenswert, für diese Wartezeit eine Reisekrankenversicherung oder eine Privatversicherung abzuschließen.
Ein Beispiel: Familienversicherung (Ehepaar, ohne Kinder), Jahreseinkommen ab CAD 19 000, monatlicher Beitrag: CAD 96.
Eine Ermäßigung ist erst nach 12 Monaten ab Einwanderungsdatum gültig: Wenn Sie arbeitslos geworden sind und ein jährliches Einkom-

men von CAD 24 000 oder weniger haben, tritt die »Premium Assistance« in Kraft.

Medical Services Plan
PO Box 9035 Stn Prov Govt
Victoria, BC, V8W 9E3
Fax: +1/250/952-3427
Web Site: *www.healthservices.gov.bc.ca/msp*

Hinweis: Jede Geburt in BC muss innerhalb von 30 Tagen angemeldet werden, damit Sie das Geburtszertifikat erhalten. Anträge erhalten Sie in Krankenhäusern oder bei den »BC Government Agencies« oder direkt bei:

Ministry of Health
Division of Vital Statistics
818 Fort Street
Victoria, BC, V8W 1H8

BC Medical Association
115, 1665 Broadway West
Vancouver, BC, V6J 5A4
Telefon: +1/604/736-5551 oder 1-800-665-2262
Hier erhalten Sie Adressen von Ärzten die alternative Medizin praktizieren.

Sozialfürsorge (Welfare):
In Not geratene wenden sich an das zuständige Sozialamt. Flüchtlinge, die finanzielle Hilfe benötigen, wenden sich an die nächste »Immigrant Settlement Agency«.

Inland Refugee Society
100 – 1720 Grant Street
Vancouver, BC, V5L 2Y7

Kindergeld / Child Tax Benefit:
Das Kindergeld für Kinder unter 18 Jahren liegt monatlich zwischen CAD 50 und CAD 112, je nach Familieneinkommen. Der Scheck wird meistens auf die Mutter ausgestellt. Antrag anfordern bei:
Revenue Canada

Surrey Tax Centre
9755 King Georg Hwy
Surrey, BC, V3T 5E1

Unter Umständen können Familien mit Kindern und niedrigem Einkommen zusätzlich den »B.C. Benefits Family Bonus« erhalten.

Jobs und Gehälter
(s. auch Teil 3, »Arbeitsleben«)
B.C. hat eine Arbeitslosenquote von 9,7 Prozent (zum Winter hin steigt die Arbeitslosenquote an).
Um arbeiten zu können benötigen Sie die »Social Insurance Card«. Die erhalten Sie auf dem Arbeitsamt (s. Teil 3, »Arbeitsleben«).
Seit 1. November 2001 beträgt der Mindestlohn CAD 8,00/Stunde. Der durchschnittliche Wochenlohn beträgt CAD 615. Das Gehalt wird 14-tägig ausbezahlt. Urlaubsgeld: vier Prozent vom Jahresgehalt.
Wenn Sie bei der Regierung angestellt sind oder bei einem Betrieb, der der Gewerkschaft angehört, so werden alle Feiertage bezahlt. Arbeiten Sie in einem Betrieb, der nicht der Gewerkschaft angeschlossen ist, so erhalten Sie nur vier Feiertage bezahlt (Neujahr, Karfreitag, Canada-Day und 1. Weihnachtstag). Auch Arztbesuche sind unbezahlte Stunden.

Verdienstbeispiele:

Job	CAD
Accountant	22 000–30 000/year
Accounting Clerk	8–15/hr
Assistant Manager	1200–1500/month
Autobody Repair/Painter	8–18/hr
Auto Mechanic	10–18/hr
Baker	130/day
Bartender	8–10/hr
Bookkeeper	8–10/hr
Bus Driver	8–16/hr
Caretaker	1200/month
Carpenter	12–18/hr
Cashier	8–10/hr
Chamberperson	8–10/hr
Childcare Worker	9–10/hr
Clerk	1600–1900/month

Clinician Adminstrator	27 000/year
Chef Cook	160/day
Cook	8–16/hr
Cook assistant	8–10/hr
Computer Programmer I	2600–3200/month
Drivers, general (own car)	8–18/hr
Drywaller (Rigipsplattenverleger)	20/hr
Electrician	13–22/hr
Farmworker	8–9/hr
General Office Clerk	8–15/hr
Hairdresser	1000–1500/month
Heavy Equipment Operator	10–20/hr
Homemaker (Altenpflege)	8–10/hr
Janitor/Cleaner	10–16,50/hr
Kitchen Helper	8,50/hr
Lab & X-ray Technician	13/hr
Labourer	8,50–12/hr
Landfill Attendant	8/hr
Loghome Builder	26/hr
Machinist	17,50–20/hr
Maintenance	1100–1400/month
Motel Manager Couple	1500/month
Nurse	1100–2300/month
Office Assistant	1400–1900/month
Office Help	8/hr
Office Manager	28 000–30 000/year
Outdoor Sport & Recreation Guide	2500/month
Painter	8–16/hr
Pipefitter	23/hr
Plumber	23/hr
Programmer Analyst II	2800–3400/month
Receptionist	8–19/hr
Restaurant Manager	20 000–25 000/year
Sales Clerk	8/hr
Secretary	16/hr
Security Officers	10/hr
Sous Chef	1800–2800/month
Switchboard Operator	8/hr
Teachers Aide	15/hr
Tour & Travel Guide	2200/month

Tutors (private)	15/hr
Typist	8–12/hr
Waitress/Waiter	8–10/hr
Warehouse Worker	8,50–17/hr
Welder	10/hr and up

Human Resources Centres of Canada
Regional Office BC & Yukon
300 Georgia Street, W
Vancouver, BC, V6C 3E9
Website: *www.gov.bc.ca* – click Families, click Ministry of Human Resources

Canada Employment Weekly ist eine Zeitung nur mit Arbeitsangeboten. Erhältlich in 7-Eleven Stores und in gut sortierten Zeitungsläden.
Website: *www.mediacorp2.com* (unter anderem werden angeboten: Kanadas top 100 Employers, Career Directory, Who is hiring).
In Fort St. John ist die »Natural Gas and Oil Industry« ansässig. Die Bauindustrie hat dort Hochkonjunktur.
Jobs im Internet:
www.careerclick.com
www.vancouver.jobhunting.com
www.hunt.ca (Englisch und Französisch)

Ausbildung

Alle Kinder in B.C. ab fünf Jahren müssen zur Schule gehen. Die öffentlichen Schulen sind kostenlos.
B.C. hat viele unabhängige und private Schulen, außerdem ist »Home Schooling« möglich. Die Unterlagen für den Unterricht zu Hause erhalten Sie per Post zugesandt.
Adressen finden Sie im Telefonbuch, Gelbe Seiten, unter »Schools – Academic – Colleges and Universities« (s. Teil 3, »Ausbildung«).
Alternative Schulen wie Montessori, Waldorf, Steiner High School (teilweise vom Kindergarten bis Klasse 8) finden Sie in den Telefonbüchern, Gelbe Seiten, unter Schools.
Das Ziel des Lester B. Pearson College of the Pacific, Victoria, ist, Rassengleichheit zu praktizieren. Die Schule hat Studenten aus 79 Ländern sowie aus allen kanadischen Provinzen. Telefon: +1/604/391-2411.

English as a Second Language (ESL):
Falls erforderlich, können sie entweder eine Klasse zu besuchen oder aber einen Fernkursus zu machen. Die »Open Learning Agency« (OLA) versorgt Sie per Post mit Unterrichtsmaterial. Sie machen Ihre Hausaufgaben zu Hause und senden sie Ihrem Lehrer zu. Dieser Service kostet zwischen CAD 150 und CAD 200.

Open College and Open University
Divisions of the Open Learning Agency
4355 Mathissi Place
Burnaby, BC, V5G 4S8
Fax: +1/604/431-3333
E-Mail: studentserv@ola.bc.ca

Sie finden weitere Sprachschulen im Telefonbuch, Gelbe Seiten, unter »Language Schools«

Websites:
www.educationcanada.com
www.artschool.com

Studenten:
Das Island Medical Program (IMP) bildet aus: Medical students, Nursing, Social work, Psychology, Health Information Science.

University of Victoria
3800 Finnerty Road
Victoria, BC, V8P 5C2
Telefon: +1/250/721-7211
Fax: +1/250/721-7212
Website: *http://web.uvic.ca/imp*

Business Immigration
(s. auch Teil 1, »Business Class«)
Das Wirtschaftszentrum sagt: »Strategisch gelegen, bietet jede BC-Geschäftsstelle der Geschäftswelt in British Columbia und potentiellen Kunden und Investoren mit hiesigen Verbindungen Ratschläge und Marktkenntnisse«.
Die wichtigsten Wirtschaftszweige: Bergbau, Elektronik, Fahrzeugbau, Fischfang, Forstwirtschaft und Tourismus.

Geschäftseinwanderer erhalten hier weitere Informationen (die Unterlagen gibt es auch in Deutsch):

British Columbia Trade Investment
Suite 730, 999 Canada Place
Vancouver, BC, V6C 3E1
Telefon: +1/604/844-1900
Fax: +1/604/660-2450
Internet: *www.cse.gov.bc.ca/immigration* – click business immigration, tourism oder communities of BC
www.gov.bc.ca – Website der Regierung

Detailliertere Informationen erhalten Sie auf der Website der Regierung von British Columbia: *www.smallbusinessbc.ca*

Fort St. John, BC:
Wie bereits unter »Jobs und Gehälter« erwähnt, hat Fort St. John für die nächsten Jahre einen Boom zu verzeichnen im Hotel- und Bauwesen. Naturgas- und Öl-Industrien sind dort ansässig. (Fort St. John hat schon Mountain Time, -8 Stunden MEZ).

Immobilien
(s. auch Teil 3, »Wohnen«)
Für detaillierte Auskünfte wende man sich direkt an die Real-Estate-Agenturen. Auf den Grundbuchämtern sind Verkäufe, Übertragungen und Belastungen eingetragen. Grunderwerbssteuer wird nicht erhoben. Außerhalb der Städte sind Grundstücke wesentlich billiger
Unabhängig davon, wo Sie in B.C. leben, die Wildnis ist immer zur Hand. Mit 400 Provinz-Parks und sechs National-Parks hat B.C. das größte Park-System in Nordamerika.
Vancouver: West End ist das teuerste Wohnviertel in Vancouver. 2003 wurde hier ein freistehendes Haus, 12 Jahre alt, 300 qm Grundstück, für CAD 772 500 verkauft. Geldanleger investieren in Downtown, West Side und West End Vancouver, Kitsilano, Yaletown und Concord Pacific. Durchschnittspreise in Greater Vancouver:

Eigentumswohnug (condiminium)	CAD 198 000
Reihenhaus (townhouse)	CAD 247 000
Freistehendes Haus (detached)	CAD 247 000

Fraser Valley: Die Durchschnittspreise liegen bei:
Eigentumswohnung   CAD 112 000
Reihenhaus   CAD 185 000
Freistehendes Haus   CAD 272 000

Farmen:
Farm 84 000 qm, Chilliwack   CAD 515 000
Farm 65 000 qm, Prince George   CAD 250 000
Milchfarm 488 000 qm, Sardis   CAD 1 Mio.

Immobilien-Makler im Internet:
www.Remax.com
www.RoyalLePage.com
Es gibt eine Broschüre »Multiple Listing Service (MLS)«, darin finden Sie kreuz und quer durch BC Immobilien-Angebote von verschiedenen Maklern.

Interessante Städte:
Fraser Valley ist aufgrund der Schneeschmelze und heftiger Regenfälle alljährlich im Frühling von Überflutungen bedroht. Aufgrund intensiver Landwirtschaft und hemmungsloser Pestizid-Sprühungen ist das Grundwasser sehr stark gefährdet.
Kelowna ist der größte Ort im Okanagan-Tal und die am schnellsten wachsende Stadt Kanadas. Viele Europäer haben sich hier niedergelassen. Kelowna hat schon eine Wohnungsknappheit zu verzeichnen. Das Okanagan Tal wird gerne »kanadisches Nordkalifornien« genannt. Bekannt ist es durch Obst- und Weinanbau sowie die jährlich stattfindenden Weinfestivals.
Kimberley ist die bayerische Stadt der Rockies.
Nelson hat noch mehr als 350 alte Häuser aus der Zeit der Goldsucher von 1880, die zum Teil restauriert wurden.
Osooyos ist bekannt für seine Sandwüste. Hier sind die Klapperschlangen und Kakteen zu Hause. Die wärmsten Gewässer in ganz Kanada finden Sie hier.
In *Smithers* im Bulkley Valley fühlen sich nicht nur die Schweizer wohl.
Vancouver lockt mit Ozean und Bergen und als BCs Wirtschaftswunder. Die wachsende Kluft zwischen Arm und Reich hat die Kriminalität ansteigen lassen.
Vernon (28 000 Einwohner) mit seinem milden Klima ist der Platz für

Gärtner, hier wächst so ziemlich alles. Hier fühlen sich die Rentner hingezogen (3-Bedroom-Haus CAD 126 000).
Victoria, gelegentlich »Stadt der Gärten« genannt, ist sehr beliebt unter Sammlern und Antikliebhabern.
White Rock liegt gerade 50 km südlich von Vancouver, war einmal eine »Logging Town« und wurde eine Stadt, in der Rentner sich wohlfühlen. Die Durchschnittstemperaturen im Sommer betragen +22 °C und im Winter +6 °C. Heute ziehen aber auch sehr viele junge Familien nach White Rock, was die Hauspreise ansteigen lässt (2-Bedroom-Haus CAD 249 000, 1-Bedroom-Eigentumswohnung CAD 175 000, 2-Bedroom-Appartement CAD 1100/Monat).
In *Tumbler Ridge, Northeast B.C.* ist die Einwohnerzahl seit der Schließung der Quintett Coal Ltd. im Jahre 2000 von 5000 auf 2700 gefallen. Die Gemeinde Tumbler Ridge, umgeben von den Rocky Mountains, sucht nun nach Möglichkeiten, eine ökologisch verträgliche Tourismus-Industrie aufzubauen. Inzwischen werden Häuser zwischen CAD 25 000 und CAD 35 000 verkauft.

Hinweis: Wenn Sie so durch B.C. fahren, sehen Sie immer wieder un- oder halbfertige Häuser. Warum? Sobald das Haus fertig ist, müssen mehr Steuern bezahlt werden, da es ja nun im Wert gestiegen ist! In der Regel kommen alle zwei Jahre vom Finanz-Ministerium Prüfer heraus und schauen sich das Haus an, wie weit die Fertigstellung ist. Fotos von Haus und Grund werden auch gemacht. Je nachdem wird Haus/Grundstück wieder neu besteuert. Eigentlich sollte es eher umgekehrt gehandhabt werden: dass Häuser, die in Ordnung sind und zur Stadt- oder Landverschönerung beitragen, niedriger besteuert werden.

Informationen im Internet:
www.gvrd.bc.ca – Hier erfahren Sie unter anderem mehr über die Luftqualität in Vancouver und Umgebung. Auch finden Sie Links zu Regional Service, Business und Landkarten.

Unterkünfte
Viele lieben B&B (Bed and Breakfast), weil es persönlicher ist.
Nachstehend ein kleiner Auszug quer durch B.C. aus dem Accommodation Guide. Die Preise, wenn nicht anders angegeben, gelten per Nacht für 2 Personen. Hotels/Motels machen oft außerhalb der Saison preiswerte Angebote, bitte nachfragen.

Vancouver Island:
Robin Hood Motel
136 Gorge Road E
Victoria, BC, V9A 1L4
Fax: +1/250/383-4399
E-Mail: info@robinhoodmotel.com
Website: *www.robinhoodmotel.com*
CAD 60–80

Sooke Harbour House
1528 Whiffen Spit Road
Sooke, BC, V0S 1N0
Fax: +1/604/642-6988
E-Mail: info@sookeharbourhouse.com
Website: *www.sookeharbourhouse.com*
CAD 280–512
Das Restaurant ist bekannt für »Pacific Northwest Cuisine«.

Vancouver:
Ediths Bed & Breakfast
10275 McLeod Court
Richmond, BC, V6X 3L3
Telefon: +1/604/278-4795
CAD 50–70
Dieses B&B ist 10 Minuten vom Flughafen entfernt. Edith spricht deutsch, kommt Sie auch auf Wunsch vom Flughafen abholen.

Thompson Okanagan:
Fountain Motel
506 Columbia Street
Kamloops, BC, V2C 2V1
Fax: +1/250/374-2469
E-Mail:fountain@kamloops.com
Website: *www.fountain.kamloops.com*
CAD 48–62

Chinook Motel
1864 Gordon Drive
Kelowna, BC, V1Y 3H7
Telefon: +1/250/763-3657

Fax: +1/250/868-8893
CAD 52–59

BC Rockies:
Almo Court Motel
316 Second Street
Cranbrook, BC, V1C 1C3
Telefon: +1/250/426-3213
Fax: +1/250/426-2915
CAD 45–48

Haus Lemon Creek
7721 Loyola Road, Hwy6
P.O.Box 329
Slocan, BC, V0G 2C0
Telefon: +1/250/355-2536
Fax: +1/250/355-2536
E-Mail: hauslemon@netidea.com
Website: *www.hauslemon.com*
Cottage für 4 Personen: ab CAD 700/week
(deutschsprechend)

Blue Sky Resort
8021 Lower Galena Farm Road
Silverton, BC, V0G 2B0
Telefon: +1/250/358-2362
Fax: +1/250/358-7270
E-Mail: BlueSkyResort@telus.net
Website: *www.BlueSkyResort.ca*
Ein schweizer Ehepaar vermietet Chalets.
Wochenmiete ab CAD 600. Langzeitmiete
nach Absprache.

Cariboo Country:
Valleyview Motel
1523 Cariboo Hwy
Williams Lake, BC, V2G 2W3
Telefon: +1/250/392-4655
CAD48–55

Northern British Columbia:
Lake Kathlyn B&B
7475 Hwy 16 West
RR1-S5-C7
Smithers, BC, V0J 2N0
Telefon: +1/250/847-5590
Fax: +1/250/847-5590
Guest Cabin für 2 bis 4 Personen: CAD 100
(deutschprechend)

PG HI-Way Motel
1732-20th Avenue
Prince George, BC, V2L 4B9
Fax: +1/250/562-5687
E-Mail: pghiway@princegeorge.com
Website: *www.princegeorge.com/pghiway/*
CAD45–55

Die vollständige Broschüre erhalten Sie bei:

Tourism British Columbia
P.O.Box 9830, Stn Prov Govt.
Victoria, BC, V8W 9W5
Fax: +1/250/387-9406
Website: *www.travel2canada.com*

Das folgende Magazin ist sehr hilfreich für jeden Neuankömmling, der sich schnell in einer neuen Stadt einleben möchte: »Moving to and around British Columbia«. Es ist erhältlich bei:

Moving To
44 Upjohn Road, Ste 100
Don Mill, ON, M3B 2W1
Fax: +1/416/441-1641
Website: *www.movingto.com*

Lebenshaltungskosten
Energieversorgung (Utilities):
Adressen:

Aquila Networks Canada
PO Box 2570 Station M
Calgary, AB, T2P 5H4
E-Mail: service@quila.com
Website: *www.AquilaNetworks.ca*

BC Hydro
6911 Sothprint Drive
Burnaby, BC, V3N 4X8
Web Site: *www.BcHydro.com*

Die Stromspannung beträgt 110 Volt bei 60 Hertz. Eine Umstellung auf 220 Volt/60 Hertz ist mittels eines Transformators möglich. (s. Teil 3, »Elektrogeräte«). Der durchschnittliche Stromverbrauch (500 kWh pro Monat) kostet etwa CAD 50/Monat, die monatliche Grundgebühr beträgt CAD 15. Die Stromrechnung wird alle zwei Monate zugesandt. Die versorgungswirtschaftlichen Einrichtungen kosten jährlich: Wasser CAD 176–352, Abwasser CAD 190–380, Müllabfuhr CAD 85.

Telefon:
Monatliche Grundgebühren: CAD 23 für einen privaten Anschluss, CAD 45 für einen geschäftlichen Anschluss.

Telus
P.O.Box 6767
Vancouver, BC, V6B 4L6
Website: *www.telus.com*

Vorwahl 604 gilt für Vancouver/Lower Mainland, Fraser Valley, Sunshine Coast und Whistler/Howe Sound-Regionen, Vorwahl 250 gilt für den Rest von B.C.

Lebensmittelpreise:

Brot/Toast 454 g	CAD 1,50
Butter 454 g	CAD 3,80
Eier 12 Stück	CAD 1,80
Honig 500 g	CAD 3,50
Käse (Gouda)	CAD 13,00/kg
Kaffee 300 g	CAD 2,50
Milch, 4 l	CAD 4,80

Tee 227 g	CAD 3,20
Lendensteak	CAD 8,00/kg
Roastbeef	CAD 7,00/kg

Auto
(s. auch Teil 3, »Auto«)

Führerschein:
Ihr nationaler Führerschein ist in Verbindung mit dem Internationalen Führerschein nach Ankunft in B.C. ein Jahr gültig. Neu Zugezogene in BC müssen innerhalb von 90 Tagen ihren Führerschein durch einen BC-Führerschein ersetzen. Alle fünf Jahre erhält man einen neuen Führerschein (neues Passfoto und Gebühren). Ein neuer Führerschein wird nur ausgestellt, wenn alle ausstehenden Bußgelder bezahlt wurden. In BC ist es Pflicht, auf dem Motorrad und auf dem Fahrrad entsprechende Helme zu tragen. Ab 16 Jahren kann man den Führerschein in BC machen.

Führerscheinkosten: CAD 40 bis CAD 75 (class 5).

British Columbia Automobile Association (BCAA) bietet ähnlich wie der ADAC in Deutschland Service von der Pannenhilfe bis hin zur Urlaubsplanung (Insurances, Maps, Travel).

BCAA
999 West Broadway
Vancouver, BC
Telefon: +1/604/268-5600
Internet: *www.bcaa.bc.ca*

Versicherung:
Die Höhe der Beiträge hängt davon ab, in welcher Region das Fahrzeug angemeldet wird und ob es sich um einen Gebraucht- oder Neuwagen handelt. Die »Insurance Corporation of British Columbia« (ICBC) ist staatlich: ICBC – autoplan, Website *www.icbc.com*
Daran denken: Der Schadensfreiheitsrabatt wird anerkannt.
Beispiel für Vancouver: 1997 Ford Taurus »Sedan4« jährlich CAD 1434.

Autovermietung:
Adressen:

Budget
501 Georgia St W
Vancouver, BC, V6B 1Y9
Web Site: www.budget.com

Thrifty Car Rental
International Airport
Richmond, BC, V6X 2B6
Web Site: www.thrifty.com

Wild West Campers
4981 Byrne Road
Burnaby, BC, V5J 3H6
Telefon: (604)432-7624
vermieten Wohnmobile / sprechen deutsch

Preise:
Cars:
2003 Ford Focus LX	CAD 14 800
2002 Ford Taurus, automatic	CAD 20 200
2001 Chrysler Cruiser, automatic	CAD 24 900
2000 Toyota Solara, automatic	CAD 26 500
1999 Ford Taurus, automatic	CAD 15 900

Trucks:
2003 Toyota 4Runner	CAD 40 149
2002 Dodge 4x4	CAD 32 900
2001 Dodge Ram 4x4, automatic	CAD 24 900
2000 Toyota Tundra,4x4, automatic	CAD 28 800
1999 Dodge 4x4	CAD 19 900

Benzin: Normalbenzin CAD/l 0,84, Superbenzin CAD/l 0,96

Informationen und Service
Tourismus BC
802-865 Hornby Street
Vancouver, BC, V6Z 2G3
Fax: +1/604/660-3383
Internet: *www.travel.bc.ca*

Restaurants:
The Naam (Vegetarian Cuisine)
2724-4th Avenue
Vanocuver, BC, V6K 1P9
Telefon: +1/604/738-7151
(24 Stunden geöffnet und fast täglich Live Music)

Tojos
202-777 Broadway West
Vancouver, BC, V5Z 4J7
Telefon: +1/604/872-8050
Eines der besten japanischen Restaurants in B.C., geöffnet 17.30–22.30 Uhr, Gerichte ab CAD 22.

Buchläden:
Duthie Books Ltd
Robson St 919
Vancouver, BC, V6Z 1A5
Fax: +1/604/732-3765

UBC Bookstore (Universtity of BC)
6200 University Boulevard
Vancouver, BC, V6T 1Z1
Telefon: +1/604/822-2211

Legislative Library
BC Parliament Buildings
Downtown Victoria (Vancouver Island)
(Privatpersonen können außerhalb der Sitzungszeiten des Parlaments die Bibliothek besichtigen und die viktorianische Eleganz bewundern – die Benutzung der Bibliothek ist nur Parlamentsangehörigen gestattet.)

Weinanbau im kanadischen Westen:
Im Okanagan-Tal hat sich ein Weinbaugebiet nach europäischem Vorbild entwickelt. Sehr erfreulich ist, dass auch Weine erhältlich sind, die aus ungespritzten und natürlich gedüngten Weintrauben hergestellt sind oder sogar aus biologisch-organischem Anbau stammen. Es gibt mittlerweile Dutzende von Weingütern, die erstklassige Weine produzieren.

Verbraucherschutz:
Better Business Bureau (BBB)
404-788 Beatty Street
Vancouver, BC, V6B 2M1
Telefon: +1/604/682-2711
Fax: +1/604/681-1544
(Verbraucherschutz)

Rentenhilfsdienst:
Ingeborg Brügge
10288-149 A Street
Surrey, BC, V3R 4A4
Telefon: +1/604/581-1948
Fax: +1/604/583-5868
(Deutsch-Kanadischer Kongress, auch Bearbeitung österreichischer Rentenanträge)

Bürgertelefon / Enquiry BC:
Bevor Sie verzweifelt im Telefonbuch die Blauen Seiten der Regierung wälzen, wenden Sie sich direkt an Enquiry BC:
Montag bis Freitag 8 bis 17 Uhr
Telefon innerhalb von Victoria 387-6121
Telefon innerhalb von Vancouver 604/660-2421
Ansonsten innerhalb BC 1-800-663-7867 (gebührenfrei)
E-Mail: EnquiryBC@gems3.gov.bc.ca
Die Website der Regierung ist in Englisch oder Französisch, sie bietet unter anderem Zugang zu allen Provinzen und Territorien unter *http://canada.gc.ca*

B.C. Government Agents-Offices:
Hier erhalten Sie Informationen und Anmeldeformulare, die mit der Regierung zu tun haben (Geburtszertifikat, Geschäftsanmeldungen, Krankenversicherung und vieles mehr).

Ministry Responsible for Multiculturalism and Immigration
1125 Howe Street
Vancouver, BC, V6Z 2K8
Fax: +1/604/660-2283
Internet: *www.mrmi.gov.bc.ca*
Fragen Sie nach dem »Newcomers Guide«

Erwerb einer privaten Piloten-Lizenz:
Kootenay Airways Ltd.
Box 118
Cranbrook, BC, V1C 4H6
Telefon: +1/250/426-3762
Fax:+1/250/426-4050
Der Kursus kostet CAD 6000 und beinhaltet 45 Flugstunden sowie 40 Stunden Theorie.

Blockhausbau-Kursus:
Snowy Mountain Log Crafters
Chris Gowling und Linda Jonke
PO Box 155
Tatla Lake, BC, V0L 1V0
Telefon und Fax: +1/250/476-1174
E-Mail: SnowyMtnLog@telus.net
Der Kurs dauert zirka 6 Wochen und kostet CAD 2500 (s. Teil 3, »Arbeitsleben«)

Reisen:
www.Travel.BC.com – Fremdenverkehr in British Columbia
www.BCFerries.com – Fährenabfahrten in British Columbia

Tageszeitungen:
The Vancouver Sun
1-200 Granville Street
Vancouver, BC, V6C 3N3
E-Mail: adinquiries@pacpress.sotham.ca (für Kleinanzeigen)
Website: *www.vancouversun.com*

The Publisher, Alaska Highway News
9916-98 Street
Fort St. John, BC, V1J 3T8
Fax: +1/250/785-3522

Wer wissen möchte, was in Vancouver los ist, der besorgt sich die *Georgia Straight*. Diese kostenlose Zeitung finden Sie in fast jedem Zeitungsladen sowie in Cafés, Pubs und Restaurants.

The Georgia Straight
1770 Burrard Street
Vancouver, BC, V6J 3G7
Telefon: +1/604/730-7000
Fax: +1/604/730-7010
E-Mail: info@straight.com
Website: *www.straight.com*

Alive-Publishing Group Inc.
7432 Fraser Park Drive
Burnaby, BC, V5J 5B9
Telefon: (604)435-1919
E-Mail: editorial@teamalive.com
Website: *www.alivepublishing.com*
Monatliches kanadisches Gesundheitsmagazin. Kostenlos erhältlich in Health Food Stores.

www.canada.com – Tageszeitungen kreuz und quer durch Kanada
www.buysell.com – Kostenlose Kleinanzeigen (Vancouver)
www.interiorbuysell – Kostenlose Kleinanzeigen (Okanagan-Gegend)

Deutsche Zeitung:
Kanada Kurier
908 West 21st Avenue
Vancouver, BC, V5Z 1Z1
Fax: +1/604/731-0513

Manitoba

Auf einen Blick
Provinzgröße: 649 950 qkm (1,8-mal so groß wie Deutschland)
Bevölkerung: 1,15 Millionen, 89,4 % englisch-, 10,6 % zweisprachig
Volljährigkeit: 18 Jahre
Provinzhauptstadt: Winnipeg, 680 000 Einwohner

Regionen	**Städte**
Central	Selkirk
Süd	Morris
West	Brandon, Portage La Prairie

| Ost | Steinbach |
| Nord | Thompson |

Nationalparks: Riding Mountain, Wapusk
Geographie: Manitoba ist die am östlichsten gelegene Prärieprovinz. Flaches Plateau in der südlichen Hälfte der Provinz. Der nördliche Teil, der innerhalb des kanadischen Schilds liegt, ist stark bewaldet (349 000 qkm). Unzählige Seen, Flüsse und Sümpfe.
Klima: Heiße, trockene Sommer und kalte, aber sonnige Winter.
Temperaturen: +40 °C bis -40 °C
Zeitzone: Zentral-Normalzeit, -7 Std. von MEZ
Wirtschaftszweige: Land- und Holzwirtschaft im Osten und Norden, Bergbau im Norden, Herstellungsindustrie, Wasserkraft, Transport (Eisenbahn), Fleischverarbeitung
Steuer: 7 % GST Bundesumsatzsteuer, 7 % PST (Provinzverkaufssteuer)

Anmerkung: Der Ku Klux Klan (Geheimbund in den USA) ist auch in Manitoba aktiv.

Krankenversicherung

(s. auch Teil 3, »Gesundheits- und Sozialwesen«)
Manitoba erhebt keine Beiträge für die Krankenversicherung. Sie wird über die allgemeinen öffentlichen Einnahmen der Provinz finanziert. Wenn Sie den Status »Permanent Resident« haben, sind Sie vom ersten Tag an gebührenfrei versichert. Nach Ankunft sollten Sie sich sofort bei der Krankenversicherung melden, um das entsprechende Formular auszufüllen. Hierfür wird die »Social Insurance Number« (erhalten Sie auf dem Arbeitsamt) benötigt, die gleichzeitig auch die Krankenversicherungs-Nummer ist. Adresse:

Manitoba Health
599 Empress Street
Winnipeg, MB, R3C 2T6
Fax: +1/204/783-2171

Die Krankenversicherung beinhaltet Arztbehandlung sowie Krankenhausaufenthalt, aber keine zahnärztliche Behandlung. In der University of Manitoba am Dental College praktizieren Zahnarzt-Studenten, die Behandlung kostet entsprechend weniger.

Beim Augenarzt (Optometrist) erhalten Personen unter 19 und ab 65 Jahren jährlich eine kostenlose Untersuchung. Wenn Sie zwischen 19 und 64 Jahre alt sind, müssen Sie die Behandlung selber bezahlen. Die Versicherung deckt nur die Kosten für bestimmte medizinische Augenprobleme. Personen über 65 Jahre erhalten nur eine minimale Vergütung zwischen CAD 8 und CAD 98. Das »Pharmacare Program« tritt in Kraft, wenn man sehr viele teure Medikamente einnehmen muss. Im Einzelfall übernimmt die Krankenkasse auch 100 Prozent.

Sozialfürsorge (Welfare):
Jeder, der »Permanent Resident« von Manitoba und in Not geraten ist, kann mit finanzieller Hilfe rechnen. Adresse:

Social Services Department
705 Boradway Ave.
Winnipeg, MB, R3G 0X2
Telefon: +1/204/986-4301

Flüchtlinge/Refugees wenden sich an:

Settlement Unit
Citizenship and Immigration Centre
Johnston Terminal
25 Forks Market Road
Winnipeg, MB, R3C 4S9
Telefon: +1/240/983-5853

Kindergeld / Child Tax Benefit:
Für Kinder unter 18 Jahren erhalten Sie monatliche Unterstützung, die auf dem Jahreseinkommen basiert. Nach Antragstellung dauert es einige Monate, bevor Sie mit der Beihilfe rechnen können. Auskünfte bei:

Revenue Canada, Tax Services
325 Broadway Ave.
Winnipeg, MB, R3C 4T4
Telefon: +1/204/984-5700

Jobs und Gehälter

(s. auch Teil 3, »Arbeitsleben«)
Manitoba hat die niedrigste Arbeitslosenquote in Kanada (5 Prozent).

Der Mindeststundenlohn beträgt CAD 6,75 Der wöchentliche Durchschnittslohn liegt bei CAD 539. Auszubildende erhalten mindestens CAD 11/hr.
Manitoba hat sieben bezahlte Feiertage. Die Telefon- und Elektrizitätsgesellschaften bezahlen sogar elf Feiertage.
Die Social Insurance Number (SIN) ist ihre persönliche Identitätskarte und ist zu beantragen bei ihrem nächstgelegenen »Human Resources Development Canada Office«. Adresse:

Human Resources Development Canada
391 York Avenue
Winnipeg, MB, R3C 9Z9
Telefon: +1/204/983-4662
Fax: +1/204/983-4269
Website: *www.gov.mb.ca* – click labour

Für den Antrag benötigen Sie: Canadian Immigration Record, Visa or Record of Landing, Visitor Record, Employment Authorization or Ministers Permit Extension, Refugee Status Claim.

Verdienstbeispiele:

Job	CAD
Accountant	28 400–31 300/year
Agricultural Representative	39 400–49 600/year
Agronomist	39 400–49 600/year
Ambulance Officer	31 400–37 800/year
Assistant Manager	16 000/year
Biologist	38 400–46 700/year
Bookkeeper	1000–1400/monthly
Carpenter	11/hr
Cement Finisher	14/hr
Child Care (Privat)	3–5/hr or 17/day
Child Care Worker	8–11/hr
Clerk, Bakery	1120/monthly
Clerk, Loans	8/hr
Clerk, School	800–1000/monthly
Commercial Loans Officer (Bank)	3000–3700/monthly
Consultant	34 600–47 000/year
Courier Drivers	1500–2800/monthly
Data Entry Clerk	15 000/year

Director, Church Ministry	80 000/year
Director Womens Crisis Centre	42 000–48 000/year
Environment Officer	30 000–40 076/year
Executive Secretary	24 000–25 000/year
Financial Worker	23 700–27 900/year
Geologist	40 800–51 900/year
Graphic Illustrator	28 000–33 400/year
Foreman	16/hr
Housecleaner (Privat)	8/hr
Hairdresser	8–11/hr
Homemaker	8/hr
Insurance Broker	16 000–22 000/year
Laboratory Technician	14–16/hr
Labourer	10/hr
Library Technician	28 500–32 600/year
Loans Manager	42 000–55 000/year
Maids / Cleaners	12–14/hr
Marketing Consultant	45 800–61 100/year
Mechanic Apprentice	8/hr
Medical Secretary, Urology	15/hr
Meteorological Technicians	20 000–54 000/year
Nurse	29 500–43 200/year
Office Manager, School	2700/month
Order Desk Clerk	880/month
Process Plant Operator	11/hr
Programmer / Analyst	26 200–36 400/year
Pump Attendant (Tankwart)	8/hr
Pharmacist	50 000/year
Realtor	30 000–50 000/year
Receptionist	10–11/hr
Recreation Worker	22 000/year
Residential Worker	7–9/hr
Sales Assistant (Computer)	12 000–17 000/year
Secretary	18 000–23 000/year
Secretary Treasurer	35 000–41 000/year
Shop-Assistant	8–12/hr
Social Worker	29 800–41 600/year
Station Engineer	13/hr
Store Assistant/Helper	8/hr
Typist	7/hr

Supervisor, Recreation	21/hr
Supervisor, Program (Health)	34 600–47 000/year
Youth Outreach Worker	20 800/year

Bewerber mit ausländischer Fachausbildung haben in der Regel keine Aussicht auf sofortige Anstellung. In den meisten Branchen ist ein Befähigungsnachweis vor der Berufsausübung erforderlich.

Fachlich ausgebildete Arbeitskräfte wie zum Beispiel Koch oder Schweißer, aber auch Architekt oder Tierarzt erhalten entsprechende Informationen bei:

Immigrant Credentials and Labour Market Branch
Citizenship Division
213 Notre Dame Avenue
Winnipeg, MB, R3B 1N3
Telefon: +1/204/945-6300
Fax: +1/204/948-2148

Berufsliste für Einwanderer:
Sehr gesucht sind in Manitoba folgende Berufe:
Composite Technician (Aerospace Industry)
Computer Numerical Control (CNC), Machine Tool Operator
Computer Programmer
Computer Systems Analyst
Electrical Engineering Technician
Electrical Enginnering Technologist
Electronics Engineering Technician
Electronics Engineering Technologist
Electrical & Electronics Engineer
Electrical Service Technician
Heavy Equipment Mechanic
Hog Barn/Unit Manager
Machnist (General)
Mechanical Engineer
Sheet Metal Worker
Tool and Die Maker
Welder

Gefragt sind außerdem auch noch folgende Berufe:
Actuary (Kalkulator)

Carpenter
Computer Engineer
Drywall Installer (Plasterer, Finisher)
Industrial Instrument Technician
Industrial Instrument Mechanic
Industrial ElectricanIndustrial Engineering Technician
Industrial Manufacturing Technician
Motor Vehicle Mechanic
Plumber
Residential Construction Electrician

Internet: *http://www.gov.mb.ca*

Ausbildung

Auch in Manitoba haben die Eltern die Wahl zu entscheiden zwischen öffentlichen und privaten Schulen oder Home Schooling. Schulen finden sich im Telefonbuch, Gelbe Seiten, unter »Schools – Academic, Elementary and Secondary«.
Unabhängige und private Schulen:

Montessori Learning Centre Inc.
170 Ashland Avenue
Winnipeg, MB, R3L 1L1
Telefon: +1/204/475-1039
(Vorschulkindergarten bis Klasse 12)

Mennonite Brethren Collegiate Institute
180 Riverton Avenue
Winnipeg, MB, R2L 2E8
Telefon: +1/204/667-8210
Fax: +1/204/661-5091
(Klasse 7-12)

Home Schooling: Wenn Sie Ihre Kinder zu Hause unterrichten wollen, wenden Sie sich an:

Manitoba Association for Schooling At Home
89 Edkar Crescent
Winnipeg, MB, R2G 3H8

English as a Second Language (ESL):
Englisch-Klassen für Einwanderer aller Altersgruppen werden angeboten. Welche Klasse für Sie in Frage kommt, erfahren Sie bei:

Citizenship & Multiculturalism Division
213 Notre Dame Avenue
Winnipeg, MB, R3B 1N3
Telefon: +1/204/945-6300
Fax: +1/204/948-2148

Business Immigration
(s. auch Teil 1, »Business Class«)
Die wichtigsten Wirtschaftszweige: Landwirtschaft, Maschinenbau, Transporttechnik, Lebensmittel, Aerospace.
Auskünfte erteilt:

Manitoba Trade and Investments
7-155 Carlston Street
Winnipeg, MB, R3C 3H8
Telefon: +1/204/945-2466
Fax: +1/204/957-1793
Website: *www.gov.mb.ca*

Einwanderungsberater für Facharbeiter, Unternehmer, Investoren und Selbständige (Hier wird Sie die deutsche Rechtsanwältin Bärbel Langner beraten):

Zaifma Associates
191 Lombard Avenue
Winnipeg, MB, R3B 0X1
Telefon: +1/204/944-8888
Fax: +1/204/956-2909
E-Mail: zaifman@escape.ca

Immobilien
(s. auch Teil 3, »Wohnen«)
Nachstehend einige Angaben zu Haus- und Landkauf. Wer mehr erfahren möchte, wende sich direkt an die »Real Estate Agencies«.
Winnipeg (Zentral)
1-Bedroom-Appartement CAD 448 Miete

2-Bedroom-Bungalow kostet CAD 63 900
Haus-Preise in Winnipeg: Durchschnitt CAD 88 500
Durchschnitt freistehender Häuser: CAD 157 500

Farmland:
Deacons Corner, 76 acre Farm CAD 54 900
Minnedosa Lake, 406 acre Farm CAD 295 000

Homelife Riverband Realty
Bob Schinkel
Steinbach, MB, (südlich von Winnipeg)
Telefon: +1/204/326-9844
spezialisiert auf Milch- und Kuhfarmen
Herr Schinkel macht jährlich Trips nach Europa, um Seminare für interessierte Bauern/Farmer anzubieten.
Eine durchschnittliche Milchfarm kostet CAD 800 000.

Regierungsland erwerben:
Land Management Services
25 Tupper Street N
Portage la Prairie, MB, R1N 3K1
Telefon: +1/204/239-3526
Internet: *www.landmgmt.gov.mb.ca*
Beispiel: 5 acre Land CAD 5900

Immobilien-Makler im Internet:
www.ReMax.com
www.RoyalLePage.com

Interessante Städte:
Brandon mit 43 500 Einwohnern ist eine mit der schönsten Städte in Kanada. Brandons Universität ist Kanadas beste Ausbildungsstätte für Musik. Die Lebenshaltungskosten sind – wie die Gehälter – niedrig.
Gimli mit 1600 Einwohnern ist die größte isländische Gemeinde außerhalb Islands. Ihren Namen verdankt sie der norwegischen Mythology, er bedeutet soviel wie: »Das Zuhause der Götter«. Eine riesige Wikinger-Statue sowie den ältesten isländischen Friedhof in Kanada finden Sie am Südwestende vom Lake Winnipeg. Gimli ist bekannt für den besten Hafen zwischen Thunder Bay und der Westküste.

Neepawa mit 3300 Einwohner ist bekannt für kulturelle Ereignisse. Jährlich finden hier Künstler-Festspiele statt sowie High School Musicals. Das Roxy-Opernhaus wird durchgehend benutzt.

Unterkünfte

Nachstehend ein Auszug aus dem »Manitoba Übernachtungsführer« (Accommodations Guide). Die Preise gelten, wenn nicht anders angegeben, für 2 Personen pro Nacht.

Barneys Motel
105 Middleton Avenue
Brandon, MB, R7A 1A8
Telefon: +1/204/725-1540
Fax: +1/204/728-1506
CAD 40–55

Burkes Motor Inn
Box 148
Morris, MB, R0G 1K0
Telefon: +1/204/746-2222
Fax: +1/204/746-6895
CAD 54

Portage Hotel
125 Saskatchewan Avenue East
Portage la Prairie, MB, R1N 0L7
Telefon: +1/204/239-5100
Fax: +1/204/239-5808
CAD 28–60

Selkirk Motor Hotel
219 Manitoba Avenue
Selkirk, MB, R1A 0Y4
Telefon: +1/204/482-1900
Fax: +1/204/785-1669
CAD 45–55

Frantz Motor Inn
Box 2558
Steinbach, MB, R0A 2A0

Telefon: +1/204/326-9831
Fax: +1/204/326-6913
CAD 36–50

Northern Inn & Steakhaus
104 Hemlock Crescent
Thompson, MB, R8N 0R6
Telefon: +1/204/778-6481
Fax: +1/204/778-4080
ab CAD 55

Gordon Downtown Motor Hotel
330 Kennedy Street
Winnipeg, MB, R3B 2M6
Telefon: +1/204/943-5581
Fax: +1/204/947-3041
E-Mail: info@downtowner.mb.ca
Website: *www.downtowner.mb.ca*
CAD 52–60

Die vollständige Broschüre erhalten Sie bei:

Tourism Winnipeg
279 Portage Avenue
Winnipeg, MB, R3B 2B4
Fax: +1/204/788-0245
Internet: *www.travelmanitoba.com*

Lebenshaltungskosten
Manitoba hat die niedrigsten Hauspreise sowie die günstigsten Autoversicherungen, Elektrizitätskosten und Universitätsgebühren.

Energieversorgung (Utilities):
Adresse:

Manitoba Hydro
820 Taylor Avenue
Winnipeg, MB, R3M 3T1
Fax: +1/204/475-9044

E-Mail: publicaffairs@hydro.mb.ca
Website: www.hydro.mb.ca

Die Stromspannung beträgt 110 Volt bei 60 Hertz. Eine Umstellung auf 220 Volt/60 Hertz ist mittels eines Transformators möglich (s. Teil 3, »Elektrogeräte«).
Durchschnittlicher Stromverbauch monatlich: 750kWh, entspricht Kosten in Höhe von CAD 46 bis CAD 56. Die Grundgebührt beträgt CAD 12,50.

Telefon:
Monatliche Grundgebühren: CAD 8 bis CAD 31.

Manitoba Telephone System
Box 666
191 Pioneer Avenue
Winnipeg, MB, R3C 3V6
Telefon: +1/204/941-6126

Um ein Telefon anzumelden benötigen Sie Führerschein, Social Insurance Number oder Health Card.

Lebensmittelpreise:

Kotelettes	CAD 7,30/kg
Rindersteaks	CAD 7,30/kg
Schweinesteaks	CAD 9,70/kg
Lachssteak	CAD 3,40/213 g
Brot/Toast	CAD 1,40
Butter	CAD 2,50/454 g
Eier	CAD 1,40/12 Stück
Käse	CAD 2,55/250 g
Kaffee	CAD 2,35/200 g
Mehl	CAD 3,10/2,5 kg
Nudeln	CAD 1,10/500 g
Tee	CAD 2,85/72 Beutel
Zucker	CAD 1,70/2 kg
Zigaretten	CAD 43,00/200 Stück
Kartoffeln	CAD 2,50/4,5 kg
Kohl	CAD 0,80/kg
Möhren	CAD 1,10/kg

Salat   CAD 1,90/kg
Zwiebeln   CAD 0,70/kg

Auto
(s. auch Teil 3, »Auto«)

Führerschein:
Ihr nationaler Führerschein ist nach Ankunft in Manitoba nur drei Monate gültig. In Verbindung mit dem Internationalen Führerschein können Sie bis zu einem Jahr fahren. Danach müssen Sie sich zum schriftlichen Test und zur Fahrprüfung anmelden. Mindestalter ist 16 Jahre. Neulinge können erst neun Monate nach der Learner Licence den Straßentest und somit den endgültigen Führerschein machen. Kosten: CAD 70. Auskunft bei:

Driver Testing Office
1075 Portage Avenue
Winnipeg, MB, R3G 0S1
Fax: +1/204/948-2018

Manitoba Driver & Vehicle Licensing
1075 Portage Avenue
Winnipeg, MB, R3G 0S1
Telefon: +1/204/945-6850
Fax: +1/204/945-0652
Website: *www.gov.mb.ca*

Versicherung:
1997 Ford Taurus »Sedan« in Winnipeg: CAD 871. Nicht vergessen: Ihr Schadenfreiheitsrabatt wird anerkannt.

Autovermietung:
Adressen:

Thrifty Car Rental
420 Kensington Street
Winnipeg, MB, R3J 1J7
Telefon: +1/204/949-7600
Website: *www.Thrifty.com*

Budget rent a car
1765 Sargeent Avenue
Winnipeg, MB, R3H 0C6
Telefon: +1/204/774-5373
Website: *www.budget.com*

Autokauf:
Das *Auto Trader Magazin* zeigt Fotos von Gebrauchtwagen, die zu verkaufen sind. Ein Gebrauchtwagen muss ein »Safety Check Certificate« haben, bevor sie ihn anmelden können. Für die Fahrzeugzulassung wenden Sie sich an Autopac:

Manitoba Public Insurance Corporation
234 Donald Street
Winnipeg, MB, Canada
Telefon: +1/204/985-7000
Fax: +1/204/943-9851

Preise:
Cars:
2003 Mazda Protege, automatic	CAD 21 900
2002 Chrysler Cruiser, automatic	CAD 22 900
2001 Mazda Protege, automatic	CAD 13 800
2000 Honda Civic SE	CAD 10 900
1999 VW Golf	CAD 17 500

Trucks:
2003 Chevrolet Silverado 4x4, automatic	CAD 34 100
2002 Dodge Dakota 2x4, automatic	CAD 24 500
2001 GMC Sonoma 4x4, automatic	CAD 21 500
2000 Ford Ranger 2x4	CAD 16 900
1999 GMC Sierra 4x4	CAD 26 900

Benzin:
Normalbenzin CAD/l 0,83 / Supberbenzin CAD/l 0,94

Informationen & Service
Hier erhalten Sie das Buch »Welcome to Manitoba« für Neuankömmlinge:

Culture, Heritage and Citizenship
2213 Notre Dame Avenue

Winnipeg, MB, R3B 1N3
Telefon: +1/204/945-6300
Fax: +1/204/948-2148
E-Mail: cstewart@chc.gov.mb.ca

Verbaucherschutz:
Better Business Bureau
301-365 Hargrave Street
Winnipeg, MB, R3B 2K3
Telefon: +1/204/943-1486
Fax: +1/204/943-1489

Regierungs-Informations-Service:
Inquiry Service / Bürgertelefon
Telefon: +1/204/945-3744
Fax: +1/204/945-4261

Eine hilfreiche Regierungs-Website finden Sie unter *www.gov.mb.ca* – Sie enthält Informationen über Tourism, Employment Standards, und Education.
E-Mail: mgi@gov.mb.ca
Telefon +1/204/945-3744
Fax: +1/204/945-4261

Büchereien:
Hier werden auch Bücher in deutscher Sprache angeboten:

Centennial Library
Special Services, Multicultural Section
251 Donald Street
Winnipeg, MB, R3C 3P5
Telefon: +1/240/986-6489

German Society of Winnipeg, Library
121 Charles Street
Winnipeg, MB, R2W 4A6
Telefon: +1/204/589-7724

Legislative Library
Culture, Heritage & Citizenship

200 Vaughn Street
Winnipeg, MB, R3C 1T5
Telefon: +1/204/945-4330

University of Winnipeg Library
515 Portage Avenue
Winnipeg, MB, R3B 2E9
Telefon: +1/204/786-9801

Tageszeitungen:
Unter *www.canada.com* finden Sie im Internet Tageszeitungen kreuz und quer durch Kanada.

Winnipeg Free Press
1355 Mountain Avenue
Winnipeg, MB, R2X 3B6
Telefon: +1/204/697-7000
Fax: +1/204/697-7412
E-Mail: Letters@freepress.mb.ca
Internet: *http://www.freepress.mb.ca/freepress*
Auflage: 133 530

Farmerzeitung
Western Producer
Roberta Rampton
Winnipeg, MB
Telefon: +1/204/943-6294
Fax: +1/204/957-0762

Deutsche Zeitungen:
Der Bote
600 Shaftesbury Blvd
Winnipeg, MB, R3P 1G5
Telefon: +1/204/888-6781
Fax: +1/204/831-5675

Kanada Kurier
955 Alexander Avenue
P.O.Box 1054
Winnipeg, MB, R3C 2X8

Telefon: +1/204/774-1883
Fax: +1/204/783-5740

Mennonitische Rundschau
3-169 Riverton Avenue
Winnipeg, MB, R2L 2E5
Telefon: +1/204/669-6575
Fax: +1/204//654-1865

New Brunswick
Auf einen Blick
Provinzgröße: 73 440 qkm (0,2-mal so groß wie Deutschland)
Bevölkerung: 756 500, 57,3 % englisch-, 10,1 % französisch-, 32,6 % zweisprachig
Sprache: Aufgrund britischer Einwanderer und französischsprachiger Akadier ist New Brunswick tatsächlich eine zweisprachige Provinz
Vollährigkeit: 19 Jahre
Provinzhauptstadt: Fredericton

Regionen	Städte	Einwohner
Saint John River Valley	Fredericton	80 000
Fundy Tidal Coast	Saint John	129 000
Southeast Shores	Moncton	57 000
Miramichi Basin	Newcastle	5804
Acadian Coast	Bathurst	14 683
Restigouche Uplands	Campbellton	9073

National Parks: Fundy, Kouchibouguac
Geographie: New Brunswick ist die größte der drei Maritim-Provinzen und zu 85 Prozent bewaldet. Obwohl im allgemeinen bergig, mit Erhebungen von über 600 Metern, hat die Provinz in der südlichen Tiefebene viele Flüsse. Das nördliche Hochland geht über in ein welliges Zentralplateau.
Klima: Feuchtes Kontinentalklima, außer entlang der Küste, wo maritimes Klima vorherrscht. Reichliche Regenfälle sichern dichten Waldbestand. Sommer wie Winter gemäßigtes Klima.
Zeitzone: Atlantische Normalzeit, -5 Std. von MEZ
Wirtschaftszweige: Holz- und Landwirtschaft, Fischerei, Bergbau, Fabrikation, Tourismus, Papierherstellung

Steuer: 15 Prozent Harmonized Sales Tax (HST). Besucher erhalten 15 Prozent HST zurück für Übernachtungen und Produkte, die ausgeführt werden.

Kostenloser Fährservice: Die Fähren auf dem Saint John River und dem Kennebecasis River sowie von Letete nach Deer Island (Fundy Tidal Coast) sind kostenlos, wie auch während des Sommers die zwischen Lameque und Miscou Islands (Acadian Coast).

Fährservice: (von / nach)
Cape Tormentine / Borden, Prince Edward Island
Saint John / Digby, Nova Scotia
River Crossing / Pte. Miguaska, Quebec
Blacks Harbour / Grand Manan, New Brunswick
Deer Island / Campobello, New Brunswick (nur im Sommer)

Was man noch wissen sollte:
Die größte Brücke (Confederation Bridge) in Kanada ist die zwischen New Brunswick und Prince Edward Island: 12,9 km. In Hartland befindet sich die längste bedeckte Brücke: 391 m.

Krankenversicherung

(s. auch Teil 3, »Gesundheits- und Sozialwesen«)
New Brunswick erhebt keine Beiträge für die Krankenversicherung. Sie wird über die allgemeinen öffentlichen Einnahmen der Provinz finanziert.

Nach Ankunft sollten Sie sich sofort bei der Krankenversicherung (Medicare) melden, um das entsprechende Formular auszufüllen. Hierfür wird benötigt: Reisepass, Landed Immigrant Document. Es besteht eine Wartezeit von drei Monaten, bis Sie Ihre Medicare Card erhalten und versichert sind. Zum Beispiel: Ankunft 20 Juli – Versichert ab 1. Oktober.

Die Versicherung zahlt nicht für Medikamente, Augen- und Zahnarzt, Chiropraktiker, Physiotherapeut, Heilpraktiker, Massage, jährliche medizinische Vorsorge-Untersuchung.

Department of Health and Wellness
P.O.Box 5100
Fredericton, NB, E3B 5G8
Telefon: +1/506/453-2536
Fax: +1/506/444-4697
Website: *www.snb.ca* (für Formulare)

Die früher endlos anmutenden Wälder haben mittlerweile kahlgeschlagene Bergkuppen, und manchmal frißt sich der Raubbau bis hinab zu den Uferrändern der Seen. Solch massive Eingriffe in die Natur nennt man »selective logging« – »selektiven« Holzschlag. (John Foster)

Die Wiederaufforstung in CN hält mit dem Kahlschlag nicht Schritt. Allein Schweden pflanzt jährlich 600 Millionen Bäume, in British Columbia sind es mal eben 280 Millionen. (Dave Vollmer)

Der Castle Mountain im Banff National Park, Alberta.

Der Mount Robson (3954 m) ist der höchste Berg der kanadischen Rockies. Er nährt einen der wenigen noch wachsenden Gletscher der Welt mit Wasser.

Die indianische Fertigkeit Elchfleisch zu trocknen ist bewährt, N.W.T. (Dave Vollmer)

Von den 58 000 Einwohnern der Northwest Territories sind nur noch 1,2 Prozent Indianer – Chipewyans und Crees. (Dave Vollmer)

Romantisch, aber unbewohnt, die verlassene Minenstadt in Kootenays. (Colleen Foster)

Auf dem Areal der Douglas Lake Ranch in British Columbia, der größten Viehzucht-Ranch Kanadas. (Dave Vollmer)

Geliebt, gepflegt und unverkäuflich. Die ersten Traktoren nahmen Farmern und Pferden eine enorme Last von den Schultern und ermöglichten eine bis dahin nicht gekannte Erweiterung der Anbauflächen. (Dave Vollmer)

Fischerhütte am Fraser River. (Dave Vollmer)

Rodeos sind fester Bestandteil des kanadischen Lebensgefühls. Die kleinen Veranstaltungen im Hinterland sind allerdings viel interessanter als die großen professionellen Stampedes in Calgary und Williams Lake.

Ein typisch kanadisches Fast-Food Restaurant.

An die tägliche »Junk Mail« werden Sie sich gewöhnen müssen – die Post lebt davon. Befördern Sie die Werbung am besten sofort in den bei der Post dafür vorgesehenen Abfallkorb, bevor Sie Ihren Privathausmüll damit belasten.

Der Canada Place in Vancouver.
(Dave Vollmer)

Nach der Oberschule stehen viele Wege offen. Mit 18 Jahren erhalten die High School-Absolventen am Ende des zwölften Schuljahres die Graduation.
(Trevor Goward)

Sozialfürsorge (Social Assistance):
Human Resources Development – NB
300 St. Marys Street
Fredericton, NB, E3A 2S4
Telefon: +1/506/453-3216

Adjustment Assistance Program (AAP):
Dieses Programm hilft anerkannten Flüchtlingen/Refugees, sich niederzulassen, und gibt finanzielle Unterstützung, um die Lebenshaltungskosten im ersten Jahr abzudecken.

Kindergeld (Child Tax Benefit):
Für jedes Kind unter 18 Jahren erhalten Sie monatlich Kindergeld. Den entsprechenden Antrag können sie anfordern bei:

Revenue Canada Taxation
Telefon: 1-800-387-1193 (gebührenfrei)

Jobs und Gehälter

(s. auch Teil 3, »Arbeitsleben«)
New Brunswick hat eine Arbeitslosenquote von 11,3 Prozent.
Um arbeiten zu können, benötigen Sie die »Social Insurance Card«. Die erhalten Sie auf dem Arbeitsamt (s. Teil 3, »Arbeitsleben«).
Der Mindeststundenlohn beträgt CAD 5,25 bis CAD 7, der durchschnittliche Wochenlohn CAD 530. Die Arbeitszeit beträgt 8 Stunden pro Tag an 5 Tagen pro Woche. Das Urlaubsgeld beläuft sich auf 4 Prozent vom Jahreseinkommen, bezahlte Feiertage sind: Neujahr, Karfreitag, Kanada-Tag, New-Brunswick-Tag, Arbeitstag und 1. Weihnachtstag. Wenn der Kanada-Tag auf einen Sonntag fällt, ist der folgende Montag frei.

Human Recources Development
300 St. Marys Street
Fredericton, NB, E3A 2S4
Telefon: +1/506/453-2377
Fax: +1/506/444-5189
Internet: *http://jb-ge.hrdc-drhc.gc.ca/* (Job-Bank)

Verdienstbeispiele:

Job	CAD
Baker	6_14/hr
Body Repairer	6–14/hr
Clerk-Typist	21 600/year
Cook	6–15/hr
Diesel Mechanic	7–15/hr
Electrical Engineer	15 000–38 000/year
Electrical Repairer	900–1400/month
Electrician	13–20/hr
Electrician Apprentice	6–11/hr
Electronic-Equipment Repairer	13 000–32 000/year
Facharbeiter	14/hr
Farm Worker	6–8/hr
Flying Instructor	12 000–27 000/year
Hairdresser	6–9/hr
Heavy-Duty-Equipment Mechanic	10–15/hr
Labourer, general	6/hr
Life-Insurance Agent	20 000 and up
Machinist	10–14/hr
Machinist Apprentice	7–13/hr
Mechanical Engineer	20 000–40 000/year
Motor-Vehicle Mechanic	8–18/hr
Nurse	13–17/hr
Pharmacist	8–25/hr
Physiotherapist	6–15/hr
Salesperson	15 400–35 000/year
Secretary	15 000–30 000/year
Social Worker	1200/month
Teacher, Elementary-School	1700/month
Teacher, Secondary-School	16 800–38 800/year
Welder	12–15/hr
Word Processor Operator	15 600–21 100/year

Business Immigration

(s. auch Teil 1, »Business Class«)
Die Regierung unterstützt Geschäftseinwanderer in den Kategorien *Entrepreneur:* Unternehmer, die zum Wirtschaftswachstum beitragen und Arbeitsplätze schaffen; *Investor:* Kapitalanleger, die bereits erfolg-

reich ein Geschäft unterhielten und mindestens CAD 500 000 investieren müssen; *Self-Employed:* Selbständige, zum Beispiel Farmer.

Wirtschaft:
Traditionell ist Moncton Standort für Nahrungsmittelindustrie, metallverarbeitende Betriebe und Transporttechnik-Unternehmen. Seit Anfang der 90er-Jahre aber eilt der Stadt der Ruf als Hochburg der Call Centres, der Telekommunikations-Dienstleistungen, voraus. Das Telefonnetz der NB Tel – das erste volldigitalisierte in ganz Nordamerika – schuf hierfür die Voraussetzungen.
New Brunswick hat die niedrigsten Produktionskosten in Nordamerika, günstige Energiekosten und niedrige Boden- und Gebäudepreise. Einkommenssteuer für die ersten CAD 200 000: 19 bis 45 Prozent
Fredericton ist bekannt für Export-Geschäfte. In Saint John und Umgebung haben sich die meisten West-Europäer niedergelassen.
An Investment-Industrien finden Sie:
Textile & Garment: Primary Textile, Technical Textile, Knitting & Finishing Manufacturing
Metalworking: Sheet Metal Fabrication, Custom Fabrication, Machine Shops, Precision Metalworking
Plastics: Consumer Products, Processing, Thermo Forming, Blow Molding, Custom Processing
Information Technology: Software Development, Multimedia, Advanced Training, Technologies, GIS Applications/Development
Call Centres/Help Desks: Financial, Insurance, Hospitality, Travel, Software/Hardware
Auskünfte und die Broschüre »Boost Your Profits, Cut Your Costs« erhalten Sie bei:

Economic Development and Tourism
Investment Section
670 King Street
Fredericton, NB, E3B 5H1
Telefon: +1/506/453-2981
Fax: +1/506/444-4277
E-Mail: www@gnb.ca
Website: *www.gnb.ca*

Weitere Informationen im Internet:
www.web11.snb.ca – Kataloge vom Business bis Arbeiten

Hamburg Office (Büro der Provinzregierung):
Dr. Claudia Schulz
Telefon: +49/(0)406/8912744
Fax: 049/(0)406/8912745
E-Mail: cschulz@nbhhoff.hh.eunet.de

Interessieren Sie sich für Franchising business? Informationen zu Business Corporation Act, Partnership and Business Name Registration Act und Partnership Act erhalten Sie von:

The Queens Printer
P.O.Box 6000
Fredericton, NB, E3B 5H1
Telefon: +1/506/453-2520

Es gibt ein monatliches Magazin: »Successful Franchising«.

Immobilien
(s. auch Teil 3, »Wohnen«)
Nachstehend einige Angaben zu Haus und Landkauf. Wer mehr erfahren möchte, wende sich direkt an die »Real Estate Agencies«. Es gibt Grundbuchämter, in denen Verkäufe, Übertragungen und Belastungen eingetragen sind. Grunderwerbssteuer wird nicht erhoben. Außerhalb der Städte sind Grundstücke wesentlich billiger.

Immobilien-Makler:
Royal LePage
E-Mail: realtyex@nb.aibn.com
Internet: *www.royallepage.ca*

Moncton mit 60 000 Einwohnern liegt an den Ufern des Petitcodiac-Flusses. Der Großraum Moncton (113 000 Einwohner) ist der größte Verbrauchermarkt in ganz New Brunswick und bekannt für niedrige Steuern sowie erschwingliche Hauspreise. New Brunswick ist zweisprachig, und in Moncton sind die englisch-französischen Beziehungen sehr gut.

2-Bedroom-Haus CAD 78 900 bis CAD 122 500
2-Bedroom-Appartement CAD 435 (Monatsmiete)
Sackville (5500 Einwohner) liegt an der Grenze Nova Scotia/New Brunswick und ist die Stadt der Vogelbeobachter, da sich dort eine große Zugvogelroute befindet.
Saint John mit 129 000 Einwohnern ist die größte Stadt in New Brunswick. Hier finden Sie die meisten west-europäischen Gemeinden.
2-Bedroom-Haus CAD 107 000
2-Bedroom-Appartement CAD 458/Miete
Sussex (5150 Einwohner) liegt in Kings County (Fundy Tidal Coast Region). Poley Mountain ist ein bekanntes Skigebiet. Jobs finden Sie in Landwirtschaft, Pottasche-Minen und Nahrungsmittel-Industrie.

Hinweis: Southeast Shores, hier befinden sich der Fundy National Park und die Hopewell Cape Rocks, bekannt als die »Kanadische Algarve«.

Unterkünfte
Nachstehend ein Auszug aus dem »Travel Planner«. Preise gelten, wenn nicht anders angegeben, für 2 Personen pro Nacht.

The Harbour Inn Bed & Breakfast
262 Main Street
Bathurst, NB, E2A 2A8
Telefon: +1/506/546-4757
CAD 35–45

Sanfar Cottages & Country Kettle Dining Room
Restigouche Drive, Tide Head
Campbellton, NB, E0K 1K0
Telefon: +1/506/753-4287
CAD 40–45

Budget Motel Ltd
1214 Lincoln Road
Fredericton, NB, E4B 4X2
Telefon: +1/506/458-8784
CAD 30–48

Atlantic Motel
8 Brown Road, Lutes Mtn.
Moncton, NB, E1C 8J5
Telefon: +1/506/858-1988
Fax: +1/506/853-6023
CAD 35–53

Anchor Light Motel
1989 Manawagonish Road
Saint John, NB, E2M 5K9
Telefon: +1/506/674-9972
CAD 32–40

Die vollständige Broschüre erhalten Sie bei:

New Brunswick Tourism
P.O.Box 12345
Woodstock, NB, E0J 2B0
Telefon: +1/506/789-2050
Fax: +1/506/789-2044
Internet: *www.TourismNewBrunswick.ca*

Lebenshaltungskosten
Energieversorgung:
Adresse:

NB Power
239 Gilbert Street
P.O.B. 2000
Fredericton, NB, E3B 4X1
Telefon: +1/506/458-3444

Die Stromspannung beträgt 110 Volt bei 60 Hertz. Eine Umstellung auf 220 Volt/60 Hertz ist mittels eines Transformators möglich (s. Teil 3, »Elektrogeräte«). Der durchschnittliche Stromverbrauch liegt in Moncton bei 550 kWh pro Monat, dafür sind neben der monatlichen Grundgebühr in Höhe von CAD 14,50 etwa CAD 62 zu bezahlen.

Telefon:
Monatliche Grundgebühr: CAD 11–14

New Brunswick Telephone Comp. Ltd. (NBTel)
P.O.B. 6700
Fredericton, NB, E3B 5B4

Lebensmittelpreise:

Ente, gefroren	CAD 2,60/kg
Huhn, gefroren	CAD 2,20/kg
Rinderbraten	CAD 4,40/kg
Truthahn, gefroren	CAD 2,60/kg
Äpfel	CAD 1,00/kg
Bananen	CAD 1,00/3 Pfd
Becel Margarine	CAD 3,90/907 g
Emmentaler Käse	CAD 0,90/100 g
Gouda Käse	CAD 1,20/100 g
Schinken, gekocht	CAD 0,45/100 g
Brot (Toast)	CAD 0,90/570 g
Joghurt	CAD 2,20/500 g
Marmelade	CAD 2,20/250 g
Mehl	CAD 4,30/10 kg
Kaffee	CAD 1,70-3,30/ 300 g
Nudeln	CAD 1,40/375 g
Reis	CAD 4,30/1,4 kg
Tee	CAD 2,70/24 Beutel

Auto
(s. auch Teil 3, »Auto«)
Führerschein:
Ihr nationaler Führerschein ist in Verbindung mit dem Internationalen Führerschein ein Jahr gültig.

Department of Public Safety
P.O.Box 6000
Fredericton, NB, E3B 5H1
Telefon: +1/506/453-3992
Fax: +1/506/453-7481
Website: *www.web11.snb.ca*

Versicherung:
1997 Ford Taurus »Sedan« in Moncton: CAD 1126. Nicht vergessen: Ihr Schadensfreiheitsrabatt wird anerkannt.

Autovermietung:
Adressen:

Thrifty Car Rental
Saint John Airport
41800 Loch Lomond Road
Saint John, NB, E2W 1L7
Telefon: +1/506/634-6070

Motorhome-Verleih
RR 1
Moncton, NB, E1C 8J5
Telefon: +1/506/852-4115
Fax: +1/506/852-9300
(deutschsprechend)

Autokauf:
Wenn Sie ein Auto kaufen, müssen Sie es bei der nächstgelegenen »Motor Vehicle Registration« anmelden. Dort erhalten Sie die Versicherung sowie das Nummernschild. Alle Autos müssen jährlich zur Inspektion (Safety Inspection).

Preise:
Cars:
2003 Mazda Protege	CAD 21 900
2002 Chrysler Cruiser	CAD 22 900
2001 Mazda Protege	CAD 13 800
2000 Honda Civic SE	CAD 10 900
1999 Honda Civic EX	CAD 12 800

Trucks:
2003 Chevrolet Silverado 4x4	CAD 34 100
2002 Dodge Ram 4x4	CAD 27 800
2001 Dodge Dakota 4x4	CAD 24 900
2000 Mazda B4000 SE 4x4	CAD 22 800
1999 Mazda B2300	CAD 14 900

Benzin:
Normalbenzin CAD/l 0,84

Informationen & Service

Office of the Premier
P.O.Box 6000
Fredericton, NB, E3B 5H1
Telefon: +1/506/453-2144
Fax: +1/506/453-7407
Internet: *www.gnb.ca*

Department of Labour
P.O.Box 6000
Fredericton, NB, E3B 5H1
Telefon: +1/506/453-8625
Fax: +1/506/453-3990
E-Mail: bwoznow@gov.nb.ca
Internet: *www.gnb.ca*

Hier erhalten Sie die Broschüre: »Now that we are here, what is next?« Interessant für jeden Neuankömmling.

Tageszeitung:

The Times & Transcript
Box 1001
Moncton, NB, E1C 8P3
Telefon: +1/506/859-4900
Fax: +1/506/859-4904
Internet: *www.nbclassified.com*
Auflage: 42 000

Newfoundland und Labrador
Auf einen Blick
Provinzgröße: 405 720 qkm (1,1-mal so groß wie Deutschland)
Bevölkerung: 538 823, 96 % englisch-, 4 % zweisprachig
Volljährigkeit: 19 Jahre
Provinzhauptstadt: St. John's, 175 000 Einwohner

Regionen	Städte	Einwohner
West Nfld	Corner Brook	21 893

Regionen	Städte	Einwohner
	Stephenville	7764
	Pasadena	4300
Zentral Nfld	Gander	10 364
	Grand Falls	14 160
Ost Nfld	Marystown	6742
Avalon Nfld	St. John's	175 000
Labrador	Labrador City	9061
	Goose Bay	8655

Nationalparks: Gros Morne, Terra Nova
Geographie: Die Provinz Newfoundland besteht aus zwei getrennten Landesteilen: der Insel Newfoundland und dem geographisch wesentlich größeren Labrador auf dem Festland. 142 000 qkm sind bewaldet. Tiefe Einschnitte in den östlichen und südlichen Küsten schaffen Häfen für die vielen Fischerboote und andere Schiffe. Das Zentralplateau ist felsig und hat spärlichen Pflanzenwuchs. Die Nordostküste ist flacher. Ansonsten sind die Küsten zerklüftet mit Fjorden und Buchten.
Labrador hat eine große Hochfläche mit zerklüfteter Küste, ist gebirgig im Norden und hat ein Plateau im Landesinneren.
Klima: Newfoundland hat ein gemäßigtes Klima, das durch die Nähe des Ozeans gemildert wird; kühle Sommer und viele Niederschläge. Labrador dagegen hat ein subarktisches Klima und ist sechs Monate im Jahr mit Schnee bedeckt.
Zeitzone: Newfoundland Standard Time, -4,5 Std. von MEZ
Wirtschaftszweige: Bergbau, Fischerei, Holzwirtschaft, Öl-Industrie, Tourismus, Wasserkraft.
Saison: Mai bis September
Steuer: 15 % HST (Harmonized Sales Tax), Besucher erhalten die HST zum Teil zurückerstattet.

Wichtigste Häfen und Fährservice:
Argentina nach North Sydney, Nova Scotia
Juni bis Oktober 2 x wöchentlich, Überfahrt 12–14 Stunden:
Lewisporte nach Goose Bay, Labrador
ganzjährig, Überfahrt sechs Stunden:
Port aux Basques nach North Sydney, Nova Scotia
St. Anthony nach Red Bay, Labrador
St. Barbe nach Blanc Sablan, Quebec

Die Eisbrecher der »Marine Atlantik-Reederei« nehmen auf ihrer Postroute auch Passagiere mit auf die Fahrt in den einsamen Osten. Die Saison dauert von Juli bis Mitte Oktober. Information:

Canadvac PEI
Telefon: +1/902/682-2116
Fax: +1/902/682-2777

Was Sie noch wissen sollten:
Erst seit 1949 gehört Newfoundland zu Kanada. Seit 1832 hatte die englische Kolonie eine interne Selbstverwaltung gehabt, jedoch unter Kontrolle der Regierung London. Newfoundland & Labrador ist Kanadas größte Atlantik-Provinz; hier wird die britische Tradition am stärksten gepflegt.
Süd-Labrador ist das Zuhause der Sommer-Fischer und nur per Flugzeug oder Schiff zu erreichen. In Churchill Falls ist eines der größten Wasserkraftwerke der Welt.

Krankenversicherung
(s. auch Teil 3, »Gesundheits- und Sozialwesen«)
Newfoundland und Labrador erheben keine Beiträge für die Krankenversicherung. Sie wird über die allgemeinen öffentlichen Einnahmen der Provinzen finanziert. Wenn Sie den Status »Permanent Resident« haben, sind Sie vom ersten Tag an gebührenfrei versichert.
Nach Ankunft sollten Sie sofort ihre Medical-Care-Plan-Nummer beantragen, unter Vorlage Ihrer Original Einwanderungspapiere. Auskunft bei:

MCP-Medical Care Plan
Elizabeth Towers
100 Elizabeth Avenue
St. John's, NF, A1B 1R9
Telefon: +1/709/758-1500

In der Versicherung sind nicht enthalten: Kosten für Medikamente, Physiotherapeuten, Chiropraktiker, Augen- und Zahnärzte. Es wird empfohlen, zusätzlich eine Krankenversicherung (Health Insurance Plan) abzuschließen. Kinder unter 13 Jahren haben Zahnarztbesuche frei.

Sozialfürsorge (Social Assistance)
Unter der folgenden Adresse erhalten Sie finanzielle Unterstützung, wenn Sie keine Arbeit finden. Flüchtlinge, die im Rahmen des Immigration Adjustment Assistance Program hilfe suchen, wenden sich ebenfalls an diese Adresse:

Department of Social Services
Conferation Building
Prince Philip Drive
St. John's, NF
Telefon: +1/709/729-2478

Kindergeld / Child Tax Benefits:
Für jedes Kind unter 18 Jahren erhalten Sie monatlich Kindergeld. Information:

Child Tax Benefits Unit
Revenue & Taxation Centre
Freshwater Road and Empire Avenue
St. John's, NF
Telefon: +1/709/772-2996

Jobs und Gehälter

(s. auch Teil 3, »Arbeitsleben«)
Newfoundland und Labrador haben eine Arbeitslosenquote von 16,8 Prozent (Februar 1999). Um arbeiten zu können, benötigen Sie die »Social Insurance Number« (SIN), die Sie beim zuständigen Arbeitsamt beantragen. Hierfür benötigen Sie Ihre Einwanderungspapiere.
Wochenlohn-Durchschnitt: CAD 528
Der Mindeststundenlohn beträgt: CAD 5,75
Durchschnittliches Jahreseinkommen: CAD 18 132 bis CAD 35 206
Auszubildende erhalten: CAD 11–22/Stunde

Human Resources
PO Box 8700
St. John's, NF, A1B 4J6
Telefon: +1/709/729-0936
Fax:+1/709/729-2148
Website: *www.nf.hrdc-drhc.gc.ca*

Verdienstbeispiele

Jobs	union/nonunion	CAD/hr
Air Traffic Control	union	10–22
Bakers	nonunion	6–7
Bakers	union	17–18
Biologists	nonunion	18–22
Biologists	union	21–28
Bookkeepers	nonunion	8–9,50
Butchers	nonunion	6–9
Butchers	union	10–13
Carpenters	nonunion	10–17
Cashiers	nonunion	5,30–10
Chef Cooks	nonunion	7,50–9,30
Chef Cooks	union	5,60–10
Clerks	nonunion	8–13
Clerks	union	10–15
Computer Programmers	union	16–20
Computer Programmers	nonunion	13–20
Computer Systems Analysts	union	14–28
Computer Systems Analysts	nonunion	16–23
Cooks	nonunion	6–7
Cooks	union	11–12
Dental Assistants	nonunion	8–11
Dental Assistants	union	10–12
Dentists	union	28–36
Electricians	nonunion	11–15
Farm Workers, general	nonunion	5,65–7,90
Geologists	nonunion	15–21
Geologists	union	19–24
Janitors	nonunion	7–13
Journalists	nonunion	7–13
Journalists	union	14–17
Labourers	nonunion	6,80–10
Labourers	union	9–19
Librarians	union	17–42
Machinists	nonunion	11–20
Motor Vehicle Mechanics	union	14–21
Nurses	nonunion	15–26
Nurses	union	16–22
Opticians	nonunion	10–17,60

Outdoor Recreation Guide	nonunion	10–13
Painters	nonunion	11–13
Painters	union	14–16
Pharmacists	nonunion	16–23
Pharmacists	union	19–25
Physicians	union	29–34
Physiotherapists	nonunion	12–18
Physiotherapists	union	16–24
Plumbers	union	15–16
Psychologists	union	18–25
Receptionists	nonunion	7–10
Salesperson	nonunion	7–20
Secretaries	nonunion	10–14
Secretaries	union	11–16
Social Workers	nonunion	14–18
Social Workers	union	17–22
Teachers, Elementary School	union	10–32
Teachers, Secondary School	union	20–41
Tour & Travel Guides	nonunion	7–8
Typists	union	10–14
Typists	nonunion	10–12
Veterinarians	nonunion	16–21,40
Welders	nonunion	11–14
Welders	union	17–21

Business Immigration

(s. auch Teil 1, »Business Class«)

Wirtschaft: Wirtschaftszweige mit Tradition sind selbstverständlich der Fischfang und der Schiffbau. Seit den 80er-Jahren (dank der Entwicklung und Inbetriebnahme der »Hibernia«-Ölplattform) ist auch die Ölwirtschaft einer der größten Arbeitgeber in St. John's, zusammen mit der Nahrungsmittel- und der Metallindustrie. Hier wird »Dynamic Business« geleistet.

EDGE Program (Economic Development & Growth Enterprises): Noch nicht entwickeltes Crown Land (Staatsgut) erhalten Sie für eine formale Gebühr von CAD 1,00, damit sie einen Industrial/Business Park gründen können.

Business Assistance erhalten Sie hier:

Trade and Investment Division
Industry, Trade and Technology
P.O.Box 8700
St.John's, NF, A1B 4J6
Telefon: +1/709/729-2781
Fax: +1/709/729-5936
Internet: *http://www.success.nfld.net*

Department of Economic Development & Tourism
City of St. John's
P.O.Box 908
St. John's, NF, A1C 5M2
Telefon: +1/709/576-8149, Fax: +1/709/576-8246
E-Mail: economic.development@city.st-johns.nf.ca
Internet: *http://www.city.st-johns.nf.ca*

Business Development Bank of Canada (BDC)
P.O.Box 520, Station C
St. John's, NF, A1C 5K4
Telefon: +1/709/772-5505
Fax: +1/709/772-2516

Immobilien
(s. auch Teil 3, »Wohnen«)
Nachstehend einige Angaben zu Haus- und Landkauf. Wer mehr erfahren möchte, wende sich direkt an die Real Estate Agenturen.

Immobilien-Makler:
Royal LePage
81 Kenmound Road
St.John's, NF, A1B 3P8
Telefon: +1/709/579-8106
Immobilien im Internet: *www.coldwellbank.nf.net*

Central Region: Grand Falls-Windsor, Nfld, mit 14 160 Einwohnern zählt mit zu den schönsten Städten Kanadas. Die Lebenshaltungskosten sind mäßig und die Stadt hat eine niedrige Kriminalitätsrate zu verzeichnen. Ein 3-Bedroom-Bungalow kostet etwa CAD 75 000.
Avalon Region: Saint John's ist die Hauptstadt der Provinz Newfoundland & Labrador und liegt an der Südostküste von Newfoundland.

Ein 3-Bedroom-Appartement kostet monatlich CAD 597, ein 3-Bedroom-Bungalow kostet ab CAD 120 000.
West Region: Pasadena mit 4300 Einwohnern ist offen für »Small Business« und nur 28 km von der größeren Stadt Corner Brook entfernt. Ein 3-Bedroom-Bungalow kostet CAD 88 000.
In Gander befindet sich der »International Airport«.

Unterkünfte

Nachstehend ein Auszug aus dem »Travel Guide«. Die Preise gelten, wenn nicht anders angegeben, für 2 Personen pro Nacht.

Avalon Region:
Center City Motel
389 Elizabeth Avenue
St. John's, NF, A1B 1V1
Telefon: +1/709/726-0092
Fax: +1/709/726-5921
CAD 40–55

West Region:
Harmon House-Billards
Bed & Breakfast
P.O.Box 656
Stephenville, NF, A2N 3B5
Telefon & Fax: +1/709/643-4673
CAD 42–69

Central Region:
Alderburn B&B Motel
31, Hamilton Street
Gander, NF, A1V 1V8
Telefon: +1/709/653-2666
CAD 39–59

Eastern Region:
Bayside B&B
31, Water Street West
Marystown, NF, A0E 2M0
Telefon: +1/709/279-3286
CAD 40–60

Labrador Region:
Two Seasons Inn
P.O.Box 572
Labrador City, LB, A2V 2L3
Telefon: +1/709/944-2661
Fax: +1/709/944-6852
CAD 74–89

Die vollständige Broschüre erhalten Sie bei:

Tourism St. John's
P.O.Box 908
St. John's, NF, A1C 5M2
Telefon: +1/709/576-8106
Fax: +1/709/576-8246
E-Mail: Tourism@StJohns.ca
Internet: *www.StJohns.ca*

Lebenshaltungskosten
Energieversorgung:
Adresse:

Newfoundland & Labrador Hydro
Hydro Place, Columbus Drive
St.John's, NF, A1B 4K7
Telefon: +1/709/737-1335
Fax: +1/709/737-1795
Internet: *www.nlh.nf.ca*

Die Stromspannung beträgt 110 Volt bei 60 Hertz. Eine Umstellung auf 220 Volt/60 Hertz ist mittels eines Transformators möglich. Der durchschnittliche Stromverbrauch kostet monatlich etwa CAD 60.
Wasser und Kanalisation kosten jährlich rund CAD 175.

Telefon:
Monatliche Grundgebühr: CAD 20.

Newfoundland Telephone Company Ltd.
Fort William Building

St. John's, NF, A1C 5H6
Telefon: +1/709/739-2333
Internet: *http://www.newtel.com*

Lebensmittelpreise:

Butter	454 g	CAD 3,60
Brot/Toast	675 g	CAD 1,50
Eier	12 Stück	CAD 2,50
Huhn	1 kg	CAD 5,50
Käse	259 g	CAD 2,55
Kaffee	300 g	CAD 3,60
Kartoffeln	4,54 kg	CAD 2,70
Kohl	1 kg	CAD 1,00
Koteletts	1 kg	CAD 9,90
Lachs	213 g	CAD 3,20
Mehl	2,5 kg	CAD 3,30
Möhren	1 kg	CAD 1,65
Nudeln	500 g	CAD 0,90
Rindergehacktes	1 kg	CAD 4,90
Rindersteaks	1 kg	CAD 11,20
Salat	1 kg	CAD 1,90
Schweinesteaks	1 kg	CAD 11,80
Tee	72 Beutel	CAD 3,00
Zucker	2 kg	CAD 1,80
Zwiebeln	1 kg	CAD 0,95

Auto

(s. auch Teil 3, »Auto«)

Führerschein:

Ihr nationaler Führerschein ist in Verbindung mit dem Internationalen Führerschein nur drei Monate gültig. Deutsche sowie Österreicher können ihren Führerschein ohne Test gegen den kanadischen Class 5 Führerschein eintauschen.

Der Führerschein kostet CAD 80 und ist fünf Jahre lang gültig. Auskunft:

Motor Registration Division
Old Placentia Road

Mount Pearl, NF, A1N 4P4
Telefon: +1/709/729-2517

Versicherung:
1997 Ford Taurus »Sedan« in St. John's: CAD 1677/Jahr. Daran denken: Der Schadensfreiheitsrabatt (claim-rated discount max.40 Prozent) wird anerkannt.

Reisen/Autovermietung:
LeGrows Travel (Thomas Cook Group), St.John's, bietet günstige Flüge und Autovermietungen an, zum Beispiel Flug von Halifax nach St. John's CAD 99 oder Car Rentals 1 Woche ab CAD 215. Telefon: +1/709/758-6799.

Thrifty Car Rentals
St. John's Airport NF
P.O.Box 9809, Station B
St. John's, NF, A1A 4J7
Telefon: +1/709/576-4352

Autopreise:
Cars:
2003 VW Golf GL Turbo Diesel	CAD 19 200
2002 Chevrolet Malibu	CAD 13 900
2001 VW Beetle	CAD 15 900
2000 Cavalier, automatic	CAD 8 500
1999 Mazda Protege	CAD 8 000
1998 Honda Civic	CAD 8 900

Trucks:
2003 GMC Sierra 4x4	CAD 49 900
2002 Chevrolet Silverado 4x4	CAD 23 900
2001 Ford F150 4x4	CAD 22 500
2000 GMC Sierra 4x4	CAD 31 900
1999 Ford Ranger 4x4, automatic	CAD 16 000
1998 Dodge Ram	CAD 16 500

Benzinpreise:
Goose Bay Area: Normal 0,87 bis 1,08 CAD/l, Diesel 0,90 CAD/l
Benzinpreise finden sie auch im Internet unter: *www.mjirvin.com; www.pppc.nf.ca*

Informationen & Service

Tourism Newfoundland & Labrador
Box 8730
St. John's, NF, A1B 4K2
Telefon: +1/709/729-2830
Fax: +1/709/729-0057

Canada Immigration Centre
Building 223, Pleasantville
St. John's, NF
Telefon: +1/709/772-5388

Child Tax Benefits Unit (Kindergeld)
Revenue Canada – Taxation Centre
Freshwater Road and Empire Avenue
St.John's, NF
Telefon: +1/709/772-2996

Office of the Premier
Confederation Bldg
St.John's, NF, A1B 4J6
Internet: *www.gov.nf.ca/*

Association For New Canadians
P.O.Box 2031
St. John's, NF, A10 5R6
Telefon: +1/709/722-9680
Fax: +1/709/754-4407
Hier erhalten Sie die für jeden Neuankömmling interessante Broschüre »Finding your way«.

Büchereien:
Die Memorial Universitys Queen Elizabeth II (QEII) ist eine der besten Universitäts-Büchereien in Kanada.

Tageszeitung:
The Telegram
P.O.Box 5970
St.John's, NF, A1C 5X7

Telefon: +1/709/364-1313 (Anzeigen)
E-Mail: class@thetelegram.com (Anzeigenannahmestelle)
Internet: *http://www.thetelegram.com*

Northwest Territories
Auf einen Blick
Territoriumsgröße: 1,5 Millionen qkm (4,2-mal so groß wie Deutschland)
Bevölkerung: 42 083, 87 % englisch-, 6 % zweisprachig, 7 % sprechen Inuktitut, die Sprache der Eskimos.
Volljährigkeit: 19 Jahre
Hauptstadt: Yellowknife

Regionen	**Städte**	**Einwohner**
Big River	Fort Smith	2512
Big River	Hay River	2885
Western Arctic	Inuvik	2773
Western Arctic	Norman Wells	502
Arctic Coast	Cambridge Bay	1065
Baffin Island	Pond Inlete	909
Keewatin	Coral Harbour	537
Northern Frontier	Yellowknife	18 000

National Parks: Aulavik, South Nahanni, Tuktut Nogait, Wood Buffalo (ein Teil gehört zu Alberta).
Geographie: Die Northwest Territories nehmen mehr als ein Drittel von Kanadas Gesamtfläche ein. Die Inseln des arktischen Archipels gehören zu den Territories. Ein großer Prozentsatz der Region ist flach, aber auf den nördlichen arktischen Inseln erheben sich Berge bis zu einer Höhe von 2550 Metern. Die Territories haben 132 600 Quadratkilometer Süßwasserfläche, darunter der Mackenzie River, der Great Bear Lake und der Great Slave Lake. Große Teile sind Sumpf- und Marschland. Nördlich der Baumgrenze liegt die Tundra, 625 000 qkm sind bewaldet.
Klima: Gemessene Temperaturen: höchste +26, niedrigste -57,8 °C. Südlich der Baumgrenze ist das Klima oft warm, aber weiter im Norden ist es arktisch. Die Winter sind extrem kalt, aber der Schneefall ist spärlich. Von April bis Oktober scheint täglich die Mitternachtssonne und gibt bis zu 24 Stunden Tageslicht.

Zeitzone: Gebirgszonen-Normalzeit Mackenzie District, -8 Std. von MEZ
Wirtschaftszweige: Tourismus, Bergbau, Fischerei, Handwerkserzeugnisse, Transport- und Nachrichtenwesen, Holzwirtschaft, Fallenstellen, Erdgas und Öl-Raffinerien
Steuer: 7 Prozent GST (Bundesumsatzsteuer), keine Provinzsteuer, dafür 1,9 Prozent Franchise-Steuer
Was Sie noch wissen sollten:
Der Mackenzie ist der längste Fluss in Kanada mit 4241 km. Der größte See ist der Great Bear Lake mit 31 328 qkm. Der tiefste See ist der Great Slave Lake mit 614 m.
Am 1.4.1999 sind die NWT geteilt worden. Der nordöstliche Teil heißt jetzt Nunavut, der westliche Teil »Western Arctic«.

Krankenversicherung

(s. auch Teil 3, »Gesundheits- und Sozialwesen«)
Die Northwest Territories erheben keine Beiträge für die Krankenversicherung. Sie wird über die allgemeinen öffentlichen Einnahmen finanziert. Wenn Sie den Status »Permanent Resident« haben, sind Sie vom ersten Tag an gebührenfrei versichert. Nach Ankunft sollten Sie sofort das Anmeldeformular ausfüllen, damit Sie schnellstens Ihre N.W.T. Health Care Card erhalten. Hierfür benötigen Sie das Einwanderungspapier. Das Anmeldungsformular erhalten Sie in Hospitals, Public Health Centres, Medical Clinics und beim Department of Health and Social Services in Inuvik and Rankin Inlet. Ausgefüllte Formulare senden Sie an:

Health Services Administration
Department of Health and Social Services
Bag 9
Inuvik, NWT, X0E 0T0
Telefon: +1/867/777-7419
Fax: +1/867/777-3197
(Zuständig für Bewohner im Westen der N.W.T.)

Health Services Administration
Department of Health and Social Services
Bag 2
Rankin Inlet, NT, X0C 0G0
Telefon: +1/867/645-5002

Fax: +1/867/645-2997
(Zuständig für Bewohner im Osten der N.W.T.)

Department of Health / Social Services
P.O.Box 1320
Yellowknife, NWT, X1A 2L9
Telefon: +1/867/920-6173
Fax: +1/867/873-0266
Internet: *http://www.hlthss.gov.nt.ca*

Jobs und Gehälter
(s. auch Teil 3, »Arbeitsleben«)
Die N.W.T. haben eine Arbeitslosenquote von 11,7 Prozent. Die Saison beginnt Ende Mai und endet Anfang Oktober. Der Mindeststundenlohn beträgt CAD 6,50–7,50, der Lohn ist abhängig von Qualifikation und Erfahrungen. Das durchschnittliche Jahreseinkommen liegt zwischen CAD 26 467 und CAD 48 839. Der Hauptarbeitgeber ist die Regierung. Gesucht werden unter anderem Krankengymnasten, Krankenschwestern, Lehrer, Kellner, Barkellner, Kranführer.

Human Resources Centre
5020-48th Street
Yellowknife, NWT, X1A 2R3
Telefon: +1/867/873-7690
Fax: +1/867/873-0636
Internet: *www.ab.hrdc-drhc.gc.ca*

Kanadas größte Jobsite: *www.workopolis.ca*

Verdienstbeispiele:

Jobs	CAD
Administrative Assistant	25 000/year
Administration Officer	35 300/year
Aviation Programs Officer	47 500/year
Budget Analyst (School)	43 000/year
Chef-Cook (Hotel)	2000/monthly
Clerk	14–16/hr
Coordinator Public Service	47 500/year
Deputy Minister (Culture)	70 000/year

271

Economic Development Officer	38 800/year
Education Instructor	36 600–73 500/year
Finance and Adminstration Director	50 800/year
Financial Consultant	44 600/year
Highway Transportation Officer	36 000/year
Legal Surveys Manager	50 800–54 500/year
Library Technician (Part-Time)	31 000/year
Maintenance Officer (Government Buildings)	52 700/year
Medical Clerk	28 000/year
Receptionist	14–16/hr
Records Analyst (Part-Time)	35 300/year
Regional Aquatic Coordinators	16/hr
Regional Manager (Business Program)	46 800
Secretary	31 700
Senior Negotiator	61 600
Social Services	44 400
Swimming Pool Supervisors	12/hr
Systems Manager	38 600–48 200/year
By-Law Enforcement Officer	32 750

Ausbildung
Schule:
Department of Education, Culture & Employment
P.O.Box 1320
Yellowknife, NWT, X1A 2L9
Telefon: +1/867/873-7710
Fax: +1/867/873-0155

Department of Resources Wildlife & Economic Development (RWED, Parks & Tourism)
P.O.Box 1320
Yellowknife, NWT, X1A 2L9
Telefon: +1/867/873-7902
Fax: +1/867/873-0163

Business Immigration
(s. auch Teil 1, »Business Class«)
Aktuelle Informationen finden Sie auf den folgenden Websites:
www.gov.nt.ca – Regierung, click Business, click Investment and Economic Analysis

www.hrdc-drhc.gc.ca – click Business Week Magazine Online, click Interprovincial Standard »Red Seal Program« – Interessant für Einzel- und Großhändler
www.businessgateway.ca – Interessant für kleinere Arbeitgeber

Immobilien

(s. auch Teil 3, »Wohnen«)
Nachstehend einige Angaben zu Haus- und Landkauf. Wer mehr erfahren möchte, wende sich direkt an die »Real Estate Agencies«.

Immobilienmakler:
Fordern Sie die kostenlosen Real-Estate-Broschüren an. Adressen:

Coldwell Banker
4917-48th Street
Yellowknife, NWT
Telefon: +1/873/669-2100
Internet: *www.ColdwellBanker.ca*

Century 21
321 B Old Airport Road
Yellowknife, NWT
Telefon: +1/873/920-4498
Fax: +1/873/920-2871
Internet: *www.Century21.com*

Yellowknife (18 000 Einwohner) ist die Stadt der Mitternachtssonne. Im Juni/Juli können Sie 24 Stunden am Tag fischen oder Golf spielen.
1-Bedroom-Appartement monatlich CAD 500
2-Bedroom-Appartement monatlich CAD 1300
3-Bedroom-Haus CAD 180 000
Cabin CAD 122 000
Restaurant CAD 75 000

Unterkünfte:

Nachstehend ein Auszug aus dem »Travel Guide«. Die Preise gelten, wenn nicht anders angegeben, für 2 Personen pro Nacht.

Barbs B&B
31 Morrison Drive

Box 2670
Yellowknife, NWT, X1A 2P9
Telefon: +1/867/873-4786
Fax: +1/867/669-9178
E-Mail: barbbrom@internorth.com
CAD 65

Arctic Chalet Bed & Breakfast
Box 2404
25 Carn Street
Inuvik, NWT, X0E 0T0
Telefon: +1/867/777-3535
Fax: +1/867/777-4443
CAD 85

Die vollständige Broschüre erhalten Sie bei:

NWT Arctic Tourism
P.O.Box 610
Yellowknife, NWT, X1A 2N5
Telefon: +1/876/873-7200
Fax: +1/867/873-4059
E-Mail: arctic@nwttravel.nt.ca
Internet: *www.nwttravel.nt.ca*

Western Arctic Tourism Association
Box 2600
Inuvik, NWT, X0E 0T0
Telefon: +1/867/777-4321
Fax: +1/867/777-2434

Lebenshaltungskosten
Im allgemeinen sind die Preise um rund 19 Prozent höher als im restlichen Kanada.
Energieversorgung:
Northwest Territory Power Corporation
4 Capital Drive
Hay River, NWT, X0E 1G2
Telefon: +1/867/874-5200
E-Mail: Info@nt.pc.com

Die Stromspannung beträgt 110 Volt bei 60 Hertz. Eine Umstellung auf 220 Volt/60 Hertz ist mittels eines Transformators möglich. Der durchschnittliche Stromverbrauch liegt bei 500 kWh und kostet in Yellowknife CAD 73, in Inuvik CAD 94. Hinzu kommen die monatliche Grundgebühr in Höhe von CAD 15 sowie 1,9 Prozent Franchise Steuer und 7 Prozent GST (Bundesumsatzsteuer).

Telefon:
Monatliche Telefon-Grundgebühr: CAD 21

Northern Telephone Ltd. (Northwest Tel)
Yellowknife, NWT
Telefon: 1-800-661-0493 (Gebührenfrei innerhalb der N.W.T.)

Lebensmittelpreise:

Salat	CAD 0,95/Stück
Kartoffeln	CAD 3,80/5 kg
Blumenkohl	CAD 2,60/kg
Pilze	CAD 2,00/kg
Äpfel	CAD 3,00/kg
Bananen	CAD 1,50/kg
Birnen	CAD 1,80/kg
Rinderlende	CAD 10,00/kg
Gulasch	CAD 7,00/kg
Rindersteaks	CAD 8,00/kg
Geflügel	CAD 5,50/kg
Cheddar Käse	CAD 1,30/100 g
Schinken	CAD 2,00/100 g
Brot	CAD 2,50/500 g
Butter	CAD 3,90/454 g
Kaffee	CAD 2,90/300 g
Kakao	CAD 3,00/250 g
Margarine	CAD 8,30/kg
Mehl	CAD 6,60/10 kg
Reis	CAD 1,50/132 g
Teebeutel	CAD 3,00/72 Stück

Auto
(s. auch Teil 3, »Auto«)
Ihr nationaler Führerschein ist in Verbindung mit dem Internationalen

Führerschein ein Jahr lang gültig. Jedoch sollten Sie sich früh genug für den Erwerb des kanadischen Führerscheins anmelden. Führerscheinkosten: CAD 150.
Daran denken: Der Schadensfreiheitsrabatt wird anerkannt.

Autovermietung:
Falls Sie ein Fahrzeug mieten möchten, können Sie zwischen verschiedenen Verleihfirmen auswählen:

Rent a Relic
356 Old Airport Road
Yellowknife, NWT
Telefon: +1/867/873-3400
Fax: +1/867/873-3555
(Vermieten Cars, Trucks und Vans, wöchentliche, monatliche und längere Vermietungen möglich)

Delta Auto Rentals
Box 2404
Inuvik, NWT, X0E 0T0
Telefon: +1/867/777-3793
Fax: +1/867/777-4443

Autopreise:
Cars:
2002 Ford Focus	CAD 20 700
2001 Honda Civic Sedan	CAD 15 900
1999 Pontiac Grand Am	CAD 10 500
1998 Sunfire	CAD 8 500
1997 Nissan, automatic	CAD 7 000

Trucks:
2002 Toyota Tacoma	CAD 16 900
2001 Dodge Ram 4x4	CAD 32 000
2000 Toyota Tundra	CAD 31 900
1999 Dodge Dakota	CAD 17 600
1998 Dodge 4x4	CAD 17 000

Benzinpreis:
CAD/l 1,08 Normal

Informationen & Service
Office of the Premier
Legislative Assembly Building
Box 1320
Yellowknife, NWT, X1A 2L9
Telefon: +1/867/669-2311
Fax: +1/867/873-0385
Internet: *www.gov.nt.ca*
(Informationen: Arbeit, Schule, Business und vieles mehr)

Chamber of Commerce
CC 6, 4807-49 Street
Yellowknife, NWT, 1A 3T5
Telefon: +1/867/920-4944
Fax: +1/867/920-4640

New Arctic Tourism
Box 610
Yellowknife, NWT, X1A 2N5
Telefon: +1/867/873-7200
E-Mail: nwtat@nwttravel.nt.ca
Internet: *www.nwttravel.nt.ca*

Northern Frontier Visitors Association
4, 4807-49th Street
Yellowknife, NWT, 1A 3T5
Telefon: +1/867/873-4262
Fax: +1/867/873-3654
E-Mail: nfva@ssimicro.com
Internet: *www.northernfrontier.com*
(Unterkünfte, Tours and Packages)

Satellite Network:
www.SSIMICRO.com – unter anderem Wetterkarte für Yukon, Nunavut und Northwest Territories

Zeitung (mittwochs und freitags):
Northern News Services Ltd
»Yellowknifer«
5108-50th Street

Box 2820
Yellowknife, NWT, X1A 2R1
Telefon: +1/867/873-4031
Fax: +1/867/873-8507
E-Mail: nnsl@nnsl.com
Internet: *www.nnsl.com*
Auflage: 9539

Nova Scotia

Auf einen Blick

Provinzgröße: 55 491 qkm (0,15-mal so groß wie Deutschland)
Bevölkerung: 940 996, 90,4 % englisch-, 9,5 % zweisprachig
Ureinwohner: Micmac-Indianer
Volljährigkeit: 19 Jahre
Provinzhauptstadt: Halifax
Nationalparks: Cape Breton Highlands, Kejimkujik
Skilift Cape Breton: Ingonish Beach, »Cape Smoky Mtn«, 554 m
Geographie: Nova Scotia besteht aus dem Festland, einer 608 Kilometer breiten Halbinsel, und der Cape-Breton-Insel, die mit dem Festland durch den »Canso Causeway«, eine Hochstraße mit Schienenstrang, verbunden ist. Der Cabot Trail ist vielleicht die schönste Küsten-Panoramastraße Kanadas, er führt durch den Cape Breton Highlands National Park. Eine zerklüftete Küstenlinie mit Einbuchtungen bietet den vielen Fischerbooten und anderen Schiffe natürliche Häfen. Der südliche Teil von Nova Scotia ist hügelig und das Innere des Landes ist reich an Seen, Strömen und Tälern. 41 000 qkm sind bewaldet. Die höchste Erhebung (mit 554 Metern) befindet sich im Hochland von Cape Breton.
Klima: Feuchtes Kontinentalklima, milde Winter an der Ostküste durch den Golfstrom.
Temperaturen: +32 bis -18 °C
Zeitzone: Atlantische Normalzeit, -5 Std von MEZ
Wirtschaftszweige: Bergbau, Erdgas, Fischerei, Forstwirtschaft, Landwirtschaft, Nahrungsmittel-Industrie, Schiffsbau, Tourismus
Steuer: 15 Prozent HST (Harmonized Sales Tax), Besucher erhalten die HST zum Teil zurückerstattet.
Häfen: Caribou, Digby, North Sydney, Yarmouth
Ganzjähriger Fährservice: von Saint John, New Brunswick, nach Digby, Nova Scotia

Krankenversicherung
(s. auch Teil 3, »Gesundheits- und Sozialwesen«)
Nova Scotia erhebt keine Beiträge für die Krankenversicherung. Sie wird über die allgemeinen öffentlichen Einnahmen der Provinz finanziert. Nach Ankunft sollten Sie sich sofort bei der »Maritime Medical Care Inc.« (MSI) Krankenversicherung melden, um das entsprechende Formular auszufüllen, damit Sie Ihre Health Card erhalten. Hierfür wird das Einwanderungspapier benötigt. Wenn Sie den Status »Permanent Resident« haben, entsteht eine Wartezeit von drei Monaten (Beispiel: Ankunft 5.6., Versicherung tritt am 1.9. in Kraft). Eventuell für diese Zeit eine private Versicherung abschließen. Das Anmeldeformular/ Health Card Application Form erhalten Sie bei: Health Commission, Medical Clinics, Hospitals, Physicians Office. Adresse:

MSI
7 Spectacle Lake Drive
Burnside Industrial Park
(P.O.Box 500)
Dartmouth, NS, B3J 2S1
Telefon: +1/902/468-9700

Zahnärztliche Behandlung für Kinder bis zum 12. Lebensjahr wird gebührenfrei übernommen. Auch zahnärztliche Behandlungen, die im Krankenhaus vorgenommen werden müssen, sind mitversichert. Augenuntersuchungen sind gebührenfrei alle zwei Jahre für Personen unter 9 Jahre und ab 65 Jahren. Auskunft:

Department of Health
P.O.Box 488
Halifax, NS, B3J 2R8
Telefon: +1/902/424-5818
Fax: +1/902/424-0730
Internet: *www.gov.ns.ca/health*

Kindergeld / Child Tax Benefit:
Für jedes Kind unter 18 Jahren erhalten Sie monatlich Kindergeld. Den Antrag bekommen Sie bei Revenue Canada.

Jobs und Gehälter
(s. auch Teil 3, »Arbeitsleben«)
Nova Scotia hat eine Arbeitslosenquote von 10,4 Prozent. Der Mindeststundenlohn beträgt CAD 5,50, der wöchentliche Durchschnittslohn CAD 513, das durchschnittliche Jahreseinkommen CAD 14 775 – CAD 39 000. Auskunft:

Human Resources Development Canada
2269 Gottingen Street
Halifax, NS, B3K 3B7
Telefon: +1/902/426-5000
Fax: +1/902/426-8055

Verdienstbeispiele:
Nachstehend die gekürzte Wiedergabe einer Verdienstübersicht des Arbeitsamtes von Halifax:

Job	CAD (pro Jahr)
Administrative Assistant	18 500–22 600
Agriculturalist	36 318
Automechanic	19 000
Baker	12 600
Biologist	33 297
Bookkeeper	15 806
Bus Driver	21 000
Carpenter	20 200
Cashier / Teller	9603
Civil Technologist	30 000–40 000
Clerk	16 300–24 400
Cook	12 677
Crown Attorney	37 700–72 200
Dentist	47 802
Dental Lab.Techn.	18 566
Electrical Engineers	38 579
Energy Analyst	32 300–38 700
General Manager	46 242
Geologist	35 765
Government Administrator	35 265
Hairdresser	11 200
Industrial Engineer	35 615–55 000
Janitor	14 162

Labour-Mining	25 600
Cleaner	10 000
Machinist	25 800
Mail Carrier	25 540
Mail and Postal Clerk	22 660
Mechanical Engineer	43 450
Medical Lab Technician	25 380
Nurse	25 400
Painter	17 800–20 000
Pharmacist	31 195
Physiotherapist	26 120
Receptionist	13 000
Sales Person	14–36 000
Secondary Teacher	37 480
Secretary	16 700
Security-Guard	19 560
Sheet-Metal Worker	27 140
Social Worker	26 455
Truck Driver	20 700
Veterinarian	52 660
Welder	23 830

Lehre / Apprenticeship:
Je nach Beruf dauert die Lehre zwei bis fünf Jahre. Auszubildende verdienen in Cape Breton:

Carpenter	CAD 21/hr
Electrician	CAD 14/hr
Plumber	CAD 13/hr
Roofer	CAD 16/hr
Sheet Metal Worker	CAD 15/hr
Iron Worker	CAD 21/hr

Für detaillierte Information wenden Sie sich bitte an:

Department of Education and Culture,
Apprenticeship Division
Halifax
Telefon: +1/902/424-5651

Ausbildung:
Die Schule beginnt im September und endet im Juni. Kindergärten werden nur privat unterhalten (Telefonbuch, Gelbe Seiten, unter Nursery Schools oder Kindergarten).

Unabhängige Schulen:
Adressen:

Kings-Edgehill School
254 College Road
Windsor, NS, B0N 2T0
Telefon: +1/902/798-2278
(Klassen 6–12)

Dalhousie University
Halifax, NS, B3H 4H6
Telefon: +1/902/494-2211

English As a Second Language (ESL):
L.I.N.C. (Language Instruction Newcomers Canada) bietet freie Englisch-Kurse an. Kontakt:

Metropolitan Immigrant Settlement Association (MISA)
200-2131 Gottingen Street
Halifax, NS, B3K 5Z7
Telefon: +1/902/423-3607

Business Immigration
Halifax, die Hauptstadt Nova Scotias, ist auch die größte Stadt in Atlantic Canada. Die zentrale Lage von Halifax an der Südküste der Provinz und sein traditionsreicher Tiefseehafen lassen alle Verkehrsadern von Nova Scotia hier zusammenlaufen.
Wirtschaft: Traditionell ist in Halifax der Fischfang, die Nahrungsmittelindustrie und der Schiffbau wichtig. Die hauptsächlichen Arbeitgeber finden sich immer noch in den Bereichen »Food Processing« und »Ship Building«. Von Bedeutung sind ferner die Aerospace-Industrie (IMP Group Ltd., Pratt & Whitney Canada Inc.) und Wachstumsbranchen wie Software und medizinische Forschung. In der Stadt Malagash keltert seit 1978 eine rheinländische Familie erfolgreich Wein.

Nova Scotia Economic Development and Tourism Business Development
P.O.Box 519
1800 Argyle Street
Halifax, NS, B3J 2R7
Telefon: +1/902/424-6864
Fax: +1/902/424-6824
Internet: *www.NovaScotiaBusiness.com*

NS Department of Tourism & Culture
P.O.Box 456
Halifax, NS, B3J 2R5
Telefon: +1/902/424-5000
Fax: +1/902/424-2668

Das »Economic Development & Tourism Department« in Nova Scotia verfügt über Informationen für Entrepreneurs (Unternehmer) beziehungsweise ganz allgemein für Leute, die geschäftlich tätig sein wollen. Allgemeine Informationen gibt es auch beim

Business Service Centre
1575 Brunswick Street
Halifax, NS, B3J 2G1
Telefon: +1/902/426-1227

Immobilien
(s. auch Teil 3, »Wohnen«)
Nachstehend einige Angaben zu Haus- und Landkauf. Wer mehr erfahren möchte, wende sich direkt an die »Real Estate Agencies«.
Seit 1.6.1971 ist Land nur noch auf dem freien Markt erhältlich. Man kann kein Regierungssland (»Crown Land«) mehr erwerben.
Die Eigentumssteuer ist in jeder Gemeinde unterschiedlich.
Bei Landkauf oder Landübertragung fallen 2 Prozent Steuern vom Verkaufspreis an. Privat: Ab CAD 100 000 müssen 2 % Steuern bezahlt werden. Industrie: 2 % Steuern sind sofort fällig.

Immobilienmakler:
Internet: *www.Century21.com*
www.RoyalLePage.ca

Amherst: 10 170 Einwohner; Hobby-Farm, 160 000 qm: CAD 99 800
Bedford (Grafschaft Halifax): 14 140 Einwohner, eine der schönsten Städte in Kanada zum Leben und Wohnen. Bedford hat eine Kleinstadt-Atmosphäre mit unerschlossenem und offenem Gelände. Ein 5-Bedroom-Haus kostet CAD 166 000, die Miete für ein 1-Bedroom-Appartement CAD 549.
Dartmouth: 66 130 Einwohner, ein 3-Bedroom-Haus kostet CAD 105 000–135 800, die Miete für ein 1-Bedroom-Appartement CAD 590.
Halifax: 114 400 Einwohner, im Großraum Halifax leben rund 332 000 Menschen. Hier befindet sich der »Internationale Flughafen«. Ein 3-Bedroom-Haus kostet CAD 127 000–168 000, die Miete für ein 3-Bedroom-Appartement CAD 600.
Lunenburg: 92 km von Halifax entfernt, ist bekannt für seinen traditionellen Schiffsbau mit der neuesten Computer-Technologie für Schiffs-Design. Ein 2-Bedroom-Haus kostet CAD 149 900, die Miete für ein 2-Bedroom-Appartement CAD 550.
Truro (Grafschaft Colchester): 12 440 Einwohner, die alte Stadt (1875) zählt mit zu den schönsten Städten in Kanada. Niedrige Kriminalitätsrate, schottische und irische Architektur, prächtiger Park, verhältnismäßiger Wohlstand. Ein 3-Bedroom-Haus kostet CAD 90 000, die Miete für ein 1-Bedroom-Appartement CAD 550.

Unterkünfte:
Nachstehend eine kleine Auswahl aus dem »Travel Guide«. Die Preise gelten, wenn nicht anders angegeben, für 2 Personen pro Nacht.

Victorian Motel
150 East Victoria Street
Amherst, NS, B4H 1Y3
Telefon: +1/902/667-7211
CAD 46

Maritime Motel
1170 Bedford Hwy
Bedfort, NS, B4A 1C1
Telefon: +1/902/835-8307
Fax: +1/902/835-3117
CAD 65

Best Western Mic Mac Hotel
313 Prince Albert Road
Dartmouth, NS, B2Y 1N3
Telefon: +1/902/469-5850
Fax: +1/902/469-5859
CAD 70–90

Waverley Inn
1266 Barrington Street
Halifax, NS, B3J 1Y5
Telefon: +1/902/423-9346
Fax: +1/902/425-0167
CAD 92–135

Princes Inlet Retreat
RR3
Lunenburg, NS, B0J 2C0
Telefon: +1/902/634-4224
Chalets CAD 550/Woche

Berrys Motel
73 Robie Street
Truro, NS, B2N 1K8
Telefon: +1/902/895-2823
CAD 50

Die vollständige Broschüre erhalten Sie bei:

Nova Scotia Department of Tourism and Culture
1595 Barrington Street
P.O.Box 519
Halifax, NS, B3J 2R7
Telefon: +1/902/490-5946
Fax: +1/902/490-5793
Internet: *www.novascotia.com*

Lebenshaltungskosten
Energieversorgung:
Die Nova Scotia Power Corporation ist eine staatliche Vereinigung. Die

Stromspannung beträgt 110 Volt bei 60 Hertz. Eine Umstellung auf 220 Volt/60 Hertz ist mittels Transformators möglich (s. Teil 3, »Elektrogeräte«).
Durchschnittlicher Stromverbrauch monatlich 550 kWh, Kosten monatlich etwa CAD 65 (Grundgebühr: CAD 21,00 Preis per kWh CAD 0,084.

Telefon:
Monatliche Grundgebühren: CAD 25
Maritime Telegraph & Telephone Co.Ltd.(MTT), Mitglied der
Bell Canada
P.O.Box 880
Halifax, NS, B3J 2W3

Lebensmittelpreise:
Schweinebraten	CAD 5,00/kg
T-Bone-Steak	CAD 13,00/kg
Rindergehacktes	CAD 6,00/kg
Hühnerbrust	CAD 6,70/kg
Heilbutt	CAD 8,00/500g
Kabeljau	CAD 3,50/500g
Lachssteak	CAD 8,00/500g
Margarine	CAD 3,00/kg
Butter	CAD 3,55/454g
Eier 12 Stück	CAD 1,65
Milch	CAD 2,50/2 l
Cheddar Käse	CAD 4,50/340g
Bananen	CAD 1,00/kg
Äpfel	CAD 3,00/kg
Kartoffeln	CAD 4,30/5 kg
Tomaten	CAD 2,00/kg
Möhren	CAD 1,80/kg
Zwiebeln	CAD 1,30/kg
Salat	CAD 2,00
Brot	CAD 1,00/570g
Tee, 72 Beutel	CAD 3,00
Mehl	CAD 5,60/10 kg
Marmelade	CAD 2,90/750g

Auto

(s. auch Teil 3, »Auto«)
Ihr landeseigener Führerschein ist zusammen mit dem Internationalen Führerschein nur 90 Tage gültig. Für den Erwerb des kanadischen Führerscheins müssen Sie eine schriftliche Prüfung ablegen und einen Fahrtest machen. Führerscheinkosten: CAD 74. Auskunft:

Motor Vehicles, Licences/Registration Division
6061 Young Steet
Halifax, NS
Telefon: +1/902/424-5851

Versicherung.
Beispiel: Ein 1997 Ford Taurus »Sedan« kostet CAD 1210 pro Jahr.

Autovermietung:
Adressen:

Budget, Halifax International Airport
Telefon: +1/902/492-7500
Internet: *http://www.budget.com*

Rent-a-Wreck, Halifax
Neu- und Gebrauchtwagen
Telefon: +1/902/454-2121

Autopreise:
Cars:
2003 Mazda Protege, automatic	CAD 21 900
2002 Chrysler Cruiser, automatic	CAD 22 900
2001 Mazda Protege, automatic	CAD 13 800
2000 Honda Civic SE	CAD 10 900
1999 Honda Civic EX	CAD 12 800

Trucks:
2003 Chevrolet Silverado 4x4, automatic	CAD 34 100
2002 Dodge Dakota,2x4, automatic	CAD 24 500
2001 GMC Sonoma 4x4, automatic	CAD 21 500
2000 Ford Ranger 2x4	CAD 16 900
1999 Ford F250 4x4, Diesel	CAD 23 900

Benzinpreise:
CAD/l 0,85 Normal

Informationen & Service
Den Newcomers Guide Nova Scotia erhalten Sie bei:

I.R.I.S. (Immigrant Reception & Information Services)
P.O.Box 6026
Mississauga, ON, L5P 1B2

Department of Education & Culture
P.O.Box 578
Halifax, NS, B3J 2S9

Office of the Premier
Province House
Box 726
Halifax, NS, B3J 2T3
Website: *www.gov.ns.ca*

Nova Scotia Government Bookstore
1700 Granville Street
P.O.Box 637
Halifax, NS, B3J 2T3
Telefon: +1/902/424-7580
Hier finden Sie Informationen für die Öffentlichkeit.

Zeitungen
The Chronicle Herald
1650 Argyle Street
Halifax, NS, B3J 2T2
Telefon: +1/902/426-2811
Fax: +1/902/426-3014
E-Mail: newsroom@herald.ns.ca
Internet: *www.herald.ns.ca*
Auflage: 96 744

Kanada Kurier
P.O.Box 595

Bridgewater, NS, B4V 2X6
Telefon: +1/902/543-5590
Fax: +1/902/5443-4424
(Deutsche Ausgabe)

Nunavut Territory
Auf einen Blick
Territoriumsgröße:
1,9 Millionen qkm (5,3-mal so groß wie Deutschland)
Bevölkerung/Herkunft: 27 690, 85 % Inuit, 25 % englisch
Volljährigkeit: 19 Jahre
Hauptstadt: Iqaluit (3500 Einwohner)
Nationalparks: Auyuittuq, Ellesmere Island, Sirmik (North Baffin), Tuktut Nogait
Saison: Beste Zeit für Vogelbeobachtungen in Ellesmere Island ist von Mai bis August. In Cambridge Bay (und anderswo natürlich auch) ist die Tundra im Juli bedeckt mit Blumen.
Geographie: Canada's Arctic seit 1. April 1999. Das neue Territorium Nunavut ist umgeben von hunderten von Inseln des arktischen Archipels. Die größte ist Baffin Island. Der Nordwest-Teil Nunavuts hat weniger Niederschläge als die Wüste Sahara, daher wird er »Polar Desert« (Eis-Wüste) genannt. 150 000 qkm sind bedeckt von Eis und Gletschern, wovon das meiste in Ellesmere Island hineinreicht. Die arktische Region hat raue Konditionen, aber sie zeigt auch atemberaubende Natur mit faszinierenden Vögeln und Wildtieren.
Klima: Die Winter sind extrem kalt, mit spärlichem Schneefall. Die Sommer sind kurz, trocken und stürmisch. In Iqaluit gemessene Temperaturen: im Januar -30 °C, im Juli +15 °C. Im Juni hat Iqaluit 24 Stunden Tageslicht, im Dezember dagegen nur 6 Stunden.
Zeitzonen: Zentrale Normalzeit, -7 Std. von MEZ; Gebirgszonen-Normalzeit, -8 Std. von MEZ
Wirtschaftszweige: Tourismus, Bergbau, Fischerei, Handwerkserzeugnisse, Transport- und Nachrichtenwesen, Holzwirtschaft, Fallenstellen, Erdgas und Öl-Raffinerien
Steuer: 7 Prozent GST (Bundesumsatzsteuer), keine Provinzsteuer
Was Sie noch wissen sollten: Am 1.4.1999 wurden die Northwest Territorien geteilt. Der östliche Teil wurde den Inuits zugesprochen und heißt Nunavut = Unser Land. Nunavut ist das erste Staatsgebilde in Nordamerika, das eigenständig von Ureinwohnern regiert wird.

Die größte Insel Kanadas ist Baffin Island mit 507 451 qkm.

Health and Social Services
Baffin Regional Hospital
Iqaluit, NT
Telefon: +1/867/979-7300

Jobs und Gehälter
Nunavut hat 15,4 Prozent Arbeitslose zu verzeichnen. Ein Drittel der Bevölkerung ist auf Sozialhilfe angewiesen. Das durchschnittliche Jahreseinkommen liegt bei CAD 22 000 bis CAD 42 350. Gesucht werden:

Supervisors im Health Program	CAD 68 800–78 100
Community Health Nurses	CAD 56 600–64 200
Home Care Nurses	CAD 61 200–69 400
Teachers	CAD 79 200

Arbeitsinformation:
Department of Human Resources
P.O.Box 1000, Stn 430
Iqaluit, NT, X0A 0H0
Telefon: +1/867/975-6224
Fax: +1/867/975-6220
E-Mail: gnhr@gov.nu.ca
Internet: *www.ab.hrdc-drhc.gc.ca* und *www.gov.nu.ca*

Ausbildung
Schule:

Nunavut Arctic College
Box 160
Iqaluit, NT, X0H 0H0
Telefon: +1/867/979-414
Fax: +1/867/979-4118
Website: *www.nac.nu.ca*

Bussiness Immigration
(s. auch Teil 1, »Business Class«)
Geschäftsleuten wird empfohlen, sich erst einige Zeit in Nunavut umzusehen, bevor sie sich geschäftlich niederlassen. Nunavut ist offen für

Business in den Bereichen Ecotourism, Pleasure and Adventure. Weiter wird geplant, den Abbau der vorhandenen Bodenschätze wie Öl, Gas und Mineralien sowie den Fischfang zu fördern.
Website: *www.gov.nu.ca* – click Business, click Leisure Planner (enthält Wilderness Travel, Tours & Services, Maps)
Website: *www.nunavuttourism.com* - click business

Unterkünfte

Unterkünfte sind in Nunavut sehr teuer. Nachstehend ein kleiner Auszug aus dem »Arctic Travellers Guide«.

Arviat, 1559 Einwohner, 94 Prozent Inuit:
Padlei Inns North
Box 90
Arviat, NT, X0C 0E0
Telefon: +1/867/857-2919
Fax: +1/867/857-2762
CAD 175 (pro Nacht für 2 Personen inkl. Mahlzeiten)

Cambridge, 1351 Einwohner, 75 Prozent Inuit:
Inns North
Box 38
Cambridge Bay, NT, X0E 0C0
Telefon: +1/867/983-2215
Fax: +1/867/983-2085
CAD 120 (pro Person und Nacht, Mahlzeiten zusätzlich CAD 50)

Iqaluit, 5000 Einwohner, 62 Prozent Inuit:
Accommodations By-The-Sea
Jens Steenberg
Box 341
Iqaluit, NT, X0A 0H0
Telefon: +1/867/979-6074
Fax: +1/867/979-1830
CAD 110 (pro Nacht für 2 Personen)

Baker Lake, 1385 Einwohner, 91 Prozent Inuit
Iglu Hotel
Box 179
Baker Lake, NT, X0C 0A0

Telefon: +1/867/793-2801
Fax: +1/867/793-2711
CAD 125 (pro Nacht für 2 Personen)

Die vollständige Broschüre erhalten Sie bei:

Nunavut Tourism
P.O.Box 1450
Iqaluit NT, X0H 0H0
Telefon: (867)979-6551, Fax:(867)979-1261
E-Mail: info@NunavutTourism.com
Internet: www.nunavuttourism.com
Hinweis:
In Pond Inlet kostet 1 l Milch CAD 5

Transportwesen
Hier wird alles per Luft erledigt. Die Gemeinden sind nur per Flugzeug zu erreichen sowie während der kurzen Sommerzeit mit dem Schiff. Nunavut hat nur 21 km Straße. Die Gemeinden sind so klein, dass alles zu Fuß erreichbar ist.
Einige wenige Autos sind zu vermieten. Das Benzin ist sehr teuer und limitiert. Jede Gemeinde hat ihren eigenen Taxi Service.

Privat-Flugzeuge:
Privat-Flugzeuge zählen zu den wichtigsten Verkehrsmitteln in Nunavut. Sie lassen sich überall chartern und sind stets willkommen. Die Broschüren »Air Tourism Guide to the NWT« und »The Canada Flight Supplement« erhalten Sie von Nunavut Tourism, Telefon +1/867/979-5865, Internet *www.nunavuttourism.com*

Charter Air Services
Adlair Aviation (1983) Ltd.
Paul Laserich
Box 2946
Yellowknife, NWT, X1A 2R3
Telefon: +1/867/873-5161
Fax: +1/867/873-8475
Base: Rene oder Willy Laserich
Box 11
Cambridge Bay, NT, X0E 0C0

Telefon: +1/867/983-2569
Fax: +1/867/983-2847
(Learjet 25, King Air 100, Twin Otter wheels/skis, Beavers (floats); Charter Service für die ganze Central Arctic)

Informationen & Service
Government of Nunavut
Iqaluit, NT, X0A 0H0
Telefon: +1/867/975-6000
Fax: +1/867/959-6099
Website: *www.gov.nu.ca*

Chamber of Commerce
CC, Box 238
Baker Lake, NT, X0C 0H0
Telefon: (867)793-2319, Fax: (867)793-2310

Baffin Regional Chamber of Commerce
Box 59
Iqaluit, NT, X0A 0H0
Telefon: (867)979-4653, Fax: (867)979-2929

Wochenzeitung
Nunatsiaq News
Box 8
Iqaluit, NT, X0A 0H0
Telefon: +1/867/979-5357
Fax: +1/867/979-4763
E-Mail: editor@nunasiaq.com
Website: *www.NunatsiaqNews.com*

Ontario

Auf einen Blick
Ontario ist die amerikanischste Provinz Kanadas.
Provinzgröße: 1 068 580 qkm (dreimal so groß wie Deutschland)
Bevölkerung: 11,7 Mio., 86 % englisch-, 14 % zweisprachig
Volljährigkeit: 19 Jahre
Provinzhauptstadt: Toronto (4,4 Mio. Einwohner), größte Stadt Kanadas

Landeshauptstadt: seit 1867 Ottawa (1,1 Mio. Einwohner)
Nationalparks: Bruce Peninsula, Fathom Five Marine Park, Georgian Bay Islands, Point Pelee, Pukaskwa, St. Lawrence Islands
Geographie: Ontario ist Kanadas zweitgrößte Provinz. Der größte Teil seines Gebietes ist felsig, schroff und stark bewaldet. Die Halbinsel im Süden ist fast völlig von den Great Lakes eingeschlossen, die eine mildernde Wirkung auf das Klima haben.
Klima: Da die Provinz sich über ein so weites Gebiet erstreckt, bestehen große klimatische Unterschiede zwischen ihren nördlichen und südlichen Regionen. Süd-Ontario hat ein gemäßigtes Klima mit mildem Winter und warmem Sommer. Je weiter man nach Norden kommt, um so mehr fällt die Temperatur (Kontinental-Klima).
Zeitzone: Östliche Normalzeit, -6 Stunden von MEZ; Zentral-Normalzeit, -7 Stunden von MEZ
Wirtschaftszweige: Bergbau, Forst- und Landwirtschaft, Tourismus, Banken, Herstellungsindustrie, Autoindustrie in Belleville, Oakville, Oshawa, Windsor
Steuer: 7 Prozent GST (Bundesumsatzsteuer), 8 Prozent PST (Provinzverkaufssteuer)

Krankenversicherung

(s. auch Teil 3, »Gesundheits- und Sozialwesen«)
Ontario erhebt keine Beiträge für die Krankenversicherung. Sie wird über die allgemeinen öffentlichen Einnahmen der Provinz finanziert. Es entsteht eine dreimonatige Wartezeit (Beispiel: 3. Mai angemeldet, Versicherung gilt ab 3. August). Nach Ankunft sollten Sie sich deshalb sofort bei der Krankenversicherung melden, um das Formular »Registration for Ontario Health Coverage« auszufüllen. Für die Wartezeit sollten Sie eventuell eine private Krankenversicherung abschließen (Private Health Insurance).
Das Gesundheitsministerium hat ein »Immunization Program« (Impfprogramm) ins Leben gerufen. Für alle Schulkinder ist es Pflicht, an den entsprechenden Impfungen teilzunehmen. Adresse:

Ministry of Health
Registration and Claims Branch
49 Place d'Armes
Kingston, ON, K7L 5J3
Telefon: +1/613/548-6835
Fax: +1/613/548-6557

Kindergeld / Child Tax Benefit:
Für jedes Kind unter 18 Jahren erhalten Sie monatlich Kindergeld. Der Betrag hängt vom Familieneinkommen ab.

Sozialhilfe / General Welfare Assistance and Family Benefits:
Die »Welfare« überbrückt für kurze Zeit Ihre finanzielle Notlage, wenn Sie zum Beispiel Ihren Job verloren haben. Die »Family Benefits« unterstützt finanziell für längere Zeit. Die zuständige Adresse finden Sie im Telefonbuch, Blaue Seiten, unter »Government of Ontario, Community and Social Services, Family Benefits«.

Jobs und Gehälter
(s. auch Teil 3, »Arbeitsleben«)
Ontario hat eine Arbeitslosenquote von 6,6 Prozent. Der Mindestlohn beträgt CAD 7,50/Stunde, der durchschnittliche Wochenlohn CAD 526 bis CAD 652, und das durchschnittliche Jahreseinkommen liegt bei CAD 17 649 bis CAD 50 113.
Nach einem Jahr Ganztagsarbeit erhalten Sie zwei Wochen bezahlten Urlaub. Bei einer Halbtagsarbeit erhalten Sie vier Prozent vom Jahresgehalt als Urlaubsgeld. Fällt ein Feiertag auf einen »Nichtarbeitstag«, so erhalten Sie einen bezahlten Tag frei oder Sie bekommen diesen Tag extra bezahlt.
Normal ist ein 8-Stunden-Tag und eine 6-Tage- oder 48-Stunden-Woche. Viele Leute arbeiten aber nur von Montag bis Freitag und haben das Wochenende frei.

Schwangerschaft:
Sie müssen mindestens 15 Monate bei einem Arbeitgeber gearbeitet haben, um 17 Wochen bezahlten Schwangerschaftsurlaub zu bekommen. Um Unterstützung wenden Sie sich an das Arbeitsamt (Employment Insurance Maternity Benefits). Der Antrag ist zehn Wochen vor dem errechneten Geburtstermin einzureichen. Die Unterstützung läuft maximal 15 Wochen. Adresse:

Human Resources Development Canada (HRDC)
2221 Yonge Street
Toronto, ON, M4S 3B8
Telefon: +1/416/952-4473
Fax: +1/416/952-3825
Websites: *www.on.hrdc-drhc.gc.ca* und *www.gov.on.ca*

Weitere HRDC-Adressen finden Sie im Telefonbuch, Blaue Seiten unter »Government of Canada, Human Resources Development Canada, Employment Centres«

Verdienstbeispiele

Job	CAD
Accounting Clerk	20 000_24 000/year
Administrative Assistant	19 000–25 000/year
Air Cargo Agent	20 000–22 000/year
Appliance Repair	12–15/hr
Arts & Crafts Instructor	21 500/year
Auto Mechanic (Inspection)	25–40/hr
Bookkeeper	18 000–23 000/year
Building Administration Officer	38 600–46 400/year
Cashier	7,50/hr
Cleaner	7,50/hr
Clerical Assistant	17 000/year
Clerk (Health)	20 000/year
Clinical Recreologist	28 100–34 200/year
Community Therapist	17/hr
Computer Systems Coordinator	42 000–55 500/year
Computer Technician	40 000/year
Coordinator (Public Health)	43 200–48 300/year
Coordinator (Transportation)	46 000–56 300/year
Counsellors (Handicapped Adults)	7–10/hr
Database Manager	50 000–60 000/year
Data Communications Engineer	65 000/year
Delivery Driver (own car)	20 000–35 000/year
Director (Church)	80 000/year
Driver (Schwertransporte)	16–20/hr
Employment Standards Officer	33 300–39 300/year
Engineering Manager	55 000/year
Environmental Health Officer	43 200–48 300/year
Executive Director	26 000–60 000/year
Executive Consulting Sales	75 000/year
Financial Controller	27 000–33 000/year
Financial Systems Analyst	30 000–40 000/year
Fitness Instructor	20–30/hr
Historian Justice Canada	43 800–48 700/year
Homemaker	9–11/hr

Housekeeper	1300/month
Information Specialist (Health)	25 000/year
Intermediate Accountant	22 000–28 000/year
Intermediate Systems Programmer	44 600–54 600/year
Interpreter (College)	32 400–36 000/year
Junior Editor-Proofreader	11/hr
Junior Technical Analyst	40 300–46 700/year
Labourer	8/hr
Magazine Editor	32 400–41 500/year
Maintenance Technician	14/hr
Maintenance/Tooling Supervisor	40 000/year
Manager, General	23 300–35 000/year
Manager of Social Services	49 100–61 400/year
Manufacturing Systems Engineer	45 000/year
Marketing Communications	40 000/year
Marketing Coordinator	36 400–42 000/year
Nanny	1200/month
Office Administrator	42 000–49 200/year
Office Clerk	18 000/year
Office Manager	15/hr
Plant Engineer	58 000/year
Process Operator Mechanics	40 100–46 900/year
Production Supervisor	35 000/year
Professor Technology program	33 600–58 700/year
Property Manager	35 000–53 000/year
Program Director (Health)	35 000/year
Program Officer	47 400–56 000/year
Programmer Analyst	37 800–45 000/year
Programmer (PC Graphics)	35 000/year
Public Relations/Sales Travel	30 000/year
Publications Editor	51 300–59 200/year
Purchasing Clerk	21 000–23 000/year
Quality and Manufacturing Engineer	45 000/year
Radar Systems Engineer	50 000/year
Real Estate Agent	40 000–80 000/year
Receptionist	15 000–22 000/year
Research Assistants	39 700–44 900/year
Resource Clerk	18 000/year
Revisor	41 000–49 200/year
Sales Assistant	21 000/year

Salesperson	15 000–50 000/year
Sales Representative	25 000–60 000/year
School Librarian	27 000–47 000/year
Secretary	19 000–30 000/year
Security Officer (RCMP)	14/hr
Senior Auditor (Info Technology)	48 800–58 200/year
Senior Programmer/Analyst	45 100–55 000/year
Site Supervisor (Museums Help)	28 100–32 600/year
Social Worker	35 900–44 300/year
Statistical Officer	26 500–28 000/year
Store Manager	65 000/year
Supervisor (Ambulance)	20 300–21 900/year
Supervisor (Corporate Accounting)	32 000–35 000/year
Survey Technologist	33 100–40 300/year
Systems Analyst	35 000–40 000/year
Teacher	18 300–52 600/year
Techn. Assistant (Infrastructure)	36 400–43 300/year
Techn. Coordinatotr, School	39 400/year
Techn. Draftsperson (Public Work)	30 500–36 600/year
Travel Agent Counsellors	24 000–28 000/year
Typist	18 000–22 000/year
Ultrasound Technician (Clinic)	50 000/year
Waiter (Bar)	4000/month
Warehouse Helper	8/hr
Waste Safety Officer	35 000/year
Welder	17/hr

Die europäische Bäckerei »Der Brotkorb« bietet europäischen Konditoren, die eine kurze Zeit in Kanada verbringen wollen, einen vorübergehenden Job an. Adresse:

Der Brotkorb
1334 Kerrisdale Blvd.
Newmarket, ON, L3Z 7V1
Telefon: +1/905/830-0657
Fax: +1/905/830-9677

Ausbildung

Alle Kinder zwischen 6 und 16 Jahren sind schulpflichtig. Die Schule beginnt Anfang September und endet im Juni. Kinder müssen sich dem

»Immunization Program« unterziehen, bevor sie eingeschult werden. Jährliche Lehrergebühren an Universitäten liegen bei CAD 3000–4000, für Colleges bei CAD 1000–1500.

Ministry of Education and Training
Mowat Block
900 Bay Street
Toronto, ON, M7A 1L2
Telefon: +1/416/325-2929
Fax: +1/416/325-2608

Falls Sie Ihr Kind bei sich zu Hause unterrichten wollen, wenden Sie sich an:
Ontario Homeschoolers
260 Adelaide St.(E)
Box 60
Toronto, ON, M5A 1N0

Canadian Alliance of Home Schoolers
195 Markville Rd
Unionville, ON, L3R 4V8

Unabhängige Schule:
York Montessori School
65 Sheldrake Blvd
Toronto, ON, M4P 2B1
Telefon: +1/416/483-0541
(Kindergarten bis Grundschule)

Business Immigration
(s. auch Teil 1, »Business Class«)

Die wichtigsten Wirtschaftszweige:
Toronto ist das Bankenzentrum Kanadas, Finanzsektor, Industrien wie Chemie, Arzneimittel, Fahrzeugbau, Maschinenbau, Telekommunikation, Elektronik Computer & High Tech, Software, Plastik, Bergbau und Forstwirtschaft. Die Stadt Landesboro liegt in einem der fruchtbarsten Agrargebiete in Ontario. Auskunft/Business Immigration Section:

Ministry of Economic Development and Trade
Hearst Block
900 Bay Street
Toronto, ON, M7A 2E1
Telefon: +1/416/325-6986
Fax: +1/417/325-6653
Internet: *www.2ontario.com/bi/home.asp* – Alles, was man wissen sollte über Business Immigration

www.Ontario-Canada.com – Ministry of Enterprise, Opportunity and Innovation

Immobilien
(s. auch Teil 3, »Wohnen«)
Nachstehend einige Angaben zu Haus- und Landkauf. Wer mehr erfahren möchte, wende sich direkt an die »Real Estate Agencies«. Bei den Preisen sind wie immer nach oben keine Grenzen gesetzt.

Immobilienmakler:
RE/MAX
53 West Street
Goderich, ON, N7A 2K3
Telefon: +1/519/524-1900
Fax: +1/519/524-1912
Website: *www.ReMax.com*

Royal LePage
3a High Street
Barrie, ON, L4N 1W2
Telefon: +1/705/728-4067
Fax: +1/705/722-5684
Website: *www.RoyalLePage.com*

Die Vororte BridlePath, Forest Hill und Rosedale (North) von *Toronto* zählen mit zu den teuersten Wohnvierteln. Die Durchschnittsmiete in Toronto beträgt für ein 3-Bedroom-Appartement CAD 925, ein 2-Bedroom-Haus kostet CAD 257 450.
Die Durchschnittsmiete in *Ottawa* beträgt für ein 3-Bedroom-Appartement CAD 875, ein 2-Bedroom-Haus kostet CAD 179 900.

Nachstehende Städte zählen mit zu den angenehmsten in Ontario zum Leben und Wohnen:
Goderich, 14 500 Einwohner. Diese kleine ländliche Gemeinde pflegt die natürliche Schönheit Goderichs, was sich im Touristenbereich bemerkbar macht. Ein guter Platz, um Kinder großzuziehen. Ein 3-Bedroom-Haus kostet CAD 115 000.
Kingston, 62 500 Einwohner, ist eine kleine Stadt mit vortrefflichen Schuleinrichtungen. Universitäten bieten hervorragende Studienprogramme an. Nachteil: hohe Steuern und zerbröckelnde Infrastruktur. Ein 3-Bedroom-Haus kostet CAD 120 000.
Perth bietet alle Annehmlichkeiten, Rentner fühlen sich hier ausgesprochen wohl.
St. Catharines, 373 000 Einwohner, bietet Kleinstadt-Atmosphäre mit Großstadt-Kultur und wird auch Kanadas Gartenstadt genannt. Nachteil: Hafengebiet-Verschmutzungen. Ein 3-Bedroom-Haus kostet CAD 142 000.
Sarnia, 85 000 Einwohner, bietet Jobs in der petrochemischen Industrie, Landwirtschaft, Nahrungsmittelindustrie, Herstellung von Autoteilen und Schuhen sowie in der Bauwirtschaft an. Niedrige Kriminalitätsrate, großartige Hafenanlage und wunderschöne Strände. Ein 3-Bedroom-Haus kostet CAD 110 000.
Sudbury, 161 000 Einwohner. nahe der »Wildnis« gelegen, mehrsprachige Gemeinde (Englisch, Französisch, Finnisch, Deutsch, Italienisch, Polnisch, Ukrainisch). Der sonnigste Ort in Ontario, leere Wohnungen sind so gut wie nicht vorhanden. Ein 3-Bedroom-Haus kostet CAD 122 000.
Waterloo, 79 000 Einwohner. Jobs finden Sie in Tourismus, Kunsthandwerk (Möbel, Puppen, Steppdecken-Patchwork), High-Tech-Industrie und Naturwissenschaft. Sonstiges: 2 Universitäten; Wochenmarkt; niedrige Lebensmittelpreise und niedrige Kriminalitätsrate; jährlich findet das »Bavarian Oktoberfest« statt. Ein 3-Bedroom-Haus kostet CAD 138 000.

Hier erhalten Sie die Broschüre »Moving To«, die für jeden Neuankömmling interessant ist:

Moving To
44 Upjohn Road, Ste 100
Don Mills, ON, M3B 2W1
Telefon: +1/416/441-1168

Fax: +1/416/441-1641
E-Mail: movingto@idirect.com
Website: *www.movingto.com*

Unterkünfte:
Nachstehend ein Auszug aus dem »Ontario Travel Planner«. Die Preise gelten, wenn nicht anders angegeben, pro Nacht für zwei Personen.

Conways Inn
1155 Princess St.
Kingston, ON, K7M 3E1
Telefon: +1/613/546-4285
Fax: +1/613/546-0965
CAD 40–90

Melody Motel
RR1, 13065 Lundys Lane
Niagara Falls, ON, L2E 6S4
Telefon: +1/905/227-1023
Fax: +1/905/227-3712
CAD 34–68

Richmond Plaza Motel
238 Richmond Road
Ottawa, ON, K1Z 6W6
Telefon: +1/613/722-6591
Fax: +1/613/728-1402
CAD 53–75

Holiday Motel
435 Trunk Road, Hwy 17E
Sault Ste. Marie, ON, P6A 3T1
Telefon: +1/705/759-8608
CAD 50–60

Old Country Motel
500 N Cumberland ST
Thunder Bay, ON, P7A 4R8
Telefon: +1/807/344-2511
CAD 40–58

Hillcrest Motel
21443 Lakeshore Blvd W
Toronto, ON, M8V 1A1
Telefon: +1/416/255-7711
Fax: +1/905/849-6796
CAD 50–78

Die vollständige Broschüre erhalten Sie bei:

Ontarios Travel
Queens Park
Toronto, ON, M7A 2R9
Telefon: +1/416/314-0944
Fax: +1/416/443-6818
Websites: *www.travelinx.com* – Zugang zu allen Provinzen *www.canadascapital.gc.ca*

Lebenshaltungskosten
Energieversorgung:
Adresse:

Ontario Hydro
700 University Avenue
Toronto, ON
Telefon: +1/416/592-2380
Fax: +1/416/592-3852

Die Stromspannung beträgt 110 Volt bei 60 Hertz. Eine Umstellung auf 220 Volt/60 Hertz ist mittels eines Transformators möglich. Die Kosten für den durchschnittlichen Stromverbrauch liegen in Toronto bei monatlich CAD 60 (für 550 kWh, 8,75 cent/kWh, monatliche Grundgebühr CAD 7,50).

Telefon:
Monatliche Grundgebühr: CAD 22

Bell Canada
483 Bay Street
Toronto, ON
Internet: *www.bell.ca* und *www.NorthernTel.ca*

Lebensmittelpreise in Ottawa (in CAD):

Hühnerbrust	6,60/kg
Kotelett	4,40/kg
Rindergehacktes	5,00/kg
Rindfleisch	5,25/kg
Fischfilet	5,00/500 g
Shrimps	8,00/500 g
Äpfel	/3,00/2,5 kg
Kartoffeln	3,50/10 kg
Kopfsalat	0,60/Stück
Rotkohl	0,60/kg
Weißkohl	0,90/kg
Brot (Toast)	1,00/550 g
Honig	3,00/kg
Käse, Cheddar	7,00/500 g
Kaffee	2,00/300 g
Margarine	0,60/454 g
Tee	2,00/227 g

Auto

(s. auch Teil 3, »Auto«)

Führerschein:
Seit dem 1. Dezember 2000 dürfen Deutsche, die in Ontario wohnhaft und mindestens 24 Monate im Besitz einer Fahrerlaubnis sind, ihre Führerscheine der Klasse 3 oder B in Führerscheine von Ontario der Klasse G umschreiben lassen. Die Umschreibung erfordert keine Prüfung. Sie müssen sich nur einem Augentest unterziehen.
Ansonsten ist der nationale Führerschein nach Ankunft in Ontario nur zwei Monate gültig. In Verbindung mit dem Internationalen Führerschein kann man bis zu einem Jahr fahren. Ab 16 Jahre ist es erlaubt den Führerschein zu machen. Class L = Learners Licence ist ein Jahr gültig. Mit dieser »Learners Licence« darf man nur fahren, wenn man einen Beifahrer hat, der im Besitz eines gültigen Führerscheines ist.
Die Kosten für den Führerschein betragen CAD 135.
Internet: *www.mto.gov.on.ca* – Ministry of Transportation

Versicherung:
1997 Ford Taurus »Sedan« in Toronto: CAD 1794/Jahr; in Ottawa: CAD 1236/Jahr. Daran denken: Schadensfreiheitsrabatt wird anerkannt.

Autovermietung:
Ihr Alter ist wichtig, denn die Mietwagenfirmen geben ihre Autos nicht an Fahrer unter 21 Jahren ab. Eine Kreditkarte ist sehr nützlich.

Tour Camper Canada
Toronto, ON
Telefon: +1/519/393-5660
Fax: +1/519/393-5159
Schweizer Familienbetrieb, vermietet und verkauft Camper und Motorhomes, bietet auch Rückkauf an.

Thrifty Car Rental
Buttonville Airport
16th Avenue Toronto Airways
Markham, ON, L3P 3J9
Telefon: +1/416/940-6226

Volkswagen Richmond Hill
10440 Yonge Street
Richmond Hill, ON, L4C 3C4
Telefon: +1/905/883-5526
Fax: +1/905/884-4384
Deutsch sprechend, vermietet auch VW-Camper

Bestimmungen:
Sollten Sie in einen Unfall verwickelt sein, bei dem sich der Schaden auf mehr als CAD 700 beläuft oder bei dem es Verletzte gegeben hat, so ist die Polizei zu benachrichtigen.
Wer nicht angeschnallt ist, muss mit CAD 500 Geldstrafe rechnen.
Unter 18 Jahren besteht Helmpflicht für Radfahrer.

Autokauf:
In folgenden Städten werden Autos hergestellt und daher preiswerter angeboten: Belleville, Oakville, Oshawa, Windsor.
Gebrauchtwagenkauf ist immer ein Risiko. Um es dem Verbraucher einfacher zu machen, hat Ontario als erste Provinz das »Used Vehicle Information Package« (UVIP) eingeführt. Jeder, der einen Gebrauchtwagen verkaufen möchte, muss sich diese Unterlagen (CAD 20) besorgen. Dieses Formular enthält unter anderem Angaben darüber, wie viele Vorbesitzer das Auto hatte und ob es schuldenfrei ist.

Es wird empfohlen, sich für einen Gebrauchtwagen zu entscheiden, der schon ein »Safety Standards Certificate« hat.
Vom Verkaufspreis werden 8 Prozent Provinzverkaufssteuer einbehalten (s. Tipp in Teil 3, »Auto«).

Preise (CAD):
Cars:
2003 Mazda Protege automatic	CAD 20 800
2002 Toyota Camry	CAD 29 900
2001 Honda Civic LX	CAD 16 000
2000 Nissan Pathfinder	CAD 26 500
1999 VW Golf	CAD 14 900

Trucks:
2003 Chevrolet Silverado 4x4, automatic	CAD 33 200
2002 Dodge Dakota 2x4, automatic	CAD 23 600
2001 GMC Sierra 2x4	CAD 30 800
2000 Dodge Ram 4x4	CAD 26 800
1999 GMC Sierra 4x4	CAD 25 000

Benzin:
CAD/l Normal: 0,85

Auto-Im- und Export
Diese Firma hat alle Automodelle im Angebot sowie die Zielhäfen Antwerpen, Bremerhaven, Göteborg, Helsinki, Le Havre, Liverpool und Rotterdam:

United Auto Auction Ltd.
2402 Royal Windsor Drive
Oakville, ON, L6J 4Z2
Telefon: +1/905/338-9393
Fax: +1/905/338-9396

Informationen & Service
Deutsch-Kanadische Industrie und Handelskammer
480 University Avenue
Toronto, ON, M5G 1V2
Telefon: +1/416/598-3355
Fax: +1/416/598-1840
E-Mail: infor.toronto@germanchamber.ca
Internet: *www.germanchamber.ca*

The Premier of Ontario
Legislative Building
Queens Park
Toronto, ON, M7A 1A1
Internet: *www.gov.on.ca*

Citizenship Development Branch
Ministry of Citizenship
77 Bloor Street West
Toronto, ON, M7A 2R9
Hier erhalten Sie den Newcomers Guide. Diese Broschüre ist für jeden Neuankömmling empfehlenswert.

Ministry of Economic Development,
Trade and Tourism (MEDTT)
Business Immigration Section
Toronto, ON
Fax: +1/416/325-6653
E-Mail: bis@edt.gov.on.ca
Internet: *www.ontario-canada.com*
Hier erhalten Sie ein hilfreiches, 15-seitiges Regierungs-Internetverzeichnis

Moving Publications
PO Box 41212 Stn BRM B
Toronto, ON, M7Y 7E1
Telefon: +1/416/441-1168
Fax: +1/416/441-1641
E-Mail: movingto@idirect.com
Internet: *www.movingto.com*
Dieses Magazin ist für jeden Neuankömmling interessant.

Better Business Bureau (BBB)
1 St. Johns Road
Toronto, ON, M6P 4C7
Telefon: +1/416/766-5744, Fax: +1/416/766-1970
(Verbraucherzentrale)

Canada MAP Office
130 Bentley Ave

Ottawa, ON, K1A 0E9
Telefon: +1/613/952-7000
Fax: +1/613/957-8861
Hier sind Landkarten erhältlich.

German Pension Service
Deutsche und österreichische Renten- und Steuerberatung
447 Hilson Avenue
Ottawa, ON, K1Y 6C2
Telefon: +1/613/761-9651

Hilfreiche Internetseiten:
www.OntarioTravel.net – Tourist Information
www.OttawaNews.com – Ontario von A-Z (Auto, Business, Careers, Education, Health and more)

Zeitungen:
The Toronto Star
One Yonge Street
Toronto, ON, M5E 1E6
Telefon: +1/416/367-2000
Fax: +1/416/865-3988
E-Mail: newsroom@inforamp.net
Auflage: 463 218

The Ottawa Citizen
PO Box 5030
Ottawa, ON, K2C 3M4
Telefon: +1/613/829-9100
Fax: +1/613/829-5032
Auflage: 152 751

Deutsche Ausgaben:
Die Zeit
29 Coldwater Road
Toronto, ON, M3B 1Y8
Telefon: +1/416/391-4196

Deutsche Rundschau
693 Ravenshoe Road

Udora, ON, L0C 1L0
Telefon: +1/705/228-1000
Fax: +1/705/228-1110
E-Mail: klugmann@deutsche-rundschau.com
Internet: *www.deutsche-rundschau.com*
Unabhängige Zeitung für Deutschsprechende

Kanada Kurier
1500 Royal York Road
Toronto, ON, M9P 3B6
Telefon: +1/416/243-8834
Fax: +1/416/243-1860

Canada Journal
12 Lawton Boulevard
Toronto, ON, M4V 1Z4
Telefon: +1/416/927-9129
Fax: +1/416/927-9118
E-Mail: ruland@istar.ca
Internet: *www.canadajournal.ca*

Prince Edward Island
Auf einen Blick
Indian Name: Abegweit – Insel der Wiege
Provinzgröße: 5660 qkm (0,016-mal so groß wie Deutschland)
Bevölkerung: 138 928, 89 % englisch-, 11 % zweisprachig
Ureinwohner: Micmac-Indianer
Volljährigkeit: 19 Jahre
Provinzhauptstadt: Charlottetown, 137 300 Einwohner
Nationalpark: Prince Edward Island National Park
Häfen: Borden, Souris, Wood Islands
Ganzjähriger Fährservice:
Fähre von Borden nach Cape Tormentine, New Brunswick
Überfahrt: zirka 15 Minuten
Fähre von Souris nach Grindstone / Magdalen Islands, Quebec
Überfahrt: zirka 5 Stunden
Fähre von Wood Islands nach Caribou, Nova Scotia
Überfahrt: zirka 75 Minuten (mit Auto CAD 46)
Internet: *www.nfl-bay.com*

Geographie: Kanadas kleinste Provinz ist 224 Kilometer lang und hat eine durchschnittliche Breite von 32 Kilometern. Im Golf von St. Lawrence vor den Küsten von New Brunswick und Nova Scotia gelegen, ist sie mit dem Festland durch zwei Schienenwege und Fluglinien verbunden. 3000 qkm sind bewaldet. Flaches Hügelland und eingeschnittene Küstenlinie.
Klima: Feuchtes Kontinentalklima, gemäßigt durch maritime Lage.
Zeitzone: Atlantik-Normalzeit, -5 Stunden von MEZ
Wirtschaftszweige: Bootsbau, Fischerei (Hummer, Austern, Thunfisch), Kartoffel- und Tabakanbau, Landwirtschaft, Beleuchtungsindustrie, Tourismus
Steuer: 7 % GST (Bundesumsatzsteuer), keine PST (Provinz-Verkaufssteuer)
Was Sie noch wissen sollten: Prince Edward Island, kurz PE genannt, ist die kleinste Provinz Kanadas. Die längste Brücke (13 km) der westlichen Hemisphäre ist die Confederation Bridge, die Prince Edward Island mit New Brunswick verbindet. Das Überqueren dieser Brücke zu Fuß oder auf einem Fahrrad ist ein tolles Erlebnis, welches außerdem kostenlos ist. Die Überquerung mit dem Auto kostet ab CAD 40.

Krankenversicherung

(s. auch Teil 3, »Gesundheits- und Sozialwesen«)
Prince Edward Island erhebt keine Beiträge für die Krankenversicherung. Sie wird über die allgemeinen öffentlichen Einnahmen der Provinz finanziert. Wenn Sie den Status »Permanent Resident« haben, sind Sie vom ersten Tag an gebührenfrei versichert. Nach Ankunft sollten Sie sich sofort bei der Krankenversicherung melden, um das entsprechende Formular auszufüllen. Hierfür wird das Einwanderungspapier benötigt. Nach Überprüfung erhalten Sie Ihre »Health Care Card« zugeschickt. Das Anmeldeformular für Ihre »Health Care Card« erhalten Sie beim Department, in Medical Clinics, Hospitals or Physicians Offices

Auskunft:
Hospital & Social Services
35 Douses Road (PO Box 3000)
Montague, PE, C0A 1R0
Telefon: +1/902/838-0900
Fax: +1/902/838-0940

Halten Sie sich länger als sechs Monate außerhalb der Provinz auf, so verliert die Krankenversicherung ihre Gültigkeit.
Nicht versichert sind unter anderem: Zahnarzt, Brillengläser, Medikamente, Ambulanz-Service.

Dental Care Program:
Für Kinder von drei bis 17 Jahren steht dieses Programm zur Verfügung. Für eine geringe Gebühr werden die Zähne untersucht (CAD 15/Jahr bis max. CAD 35/Jahr für jede Familie).

Financial Assistance:
Personen, die in Not geraten sind, kein Einkommen haben oder den Job verloren haben, finden hier Unterstützung. Wenn jemand für Sie gebürgt hat, trifft dies allerdings nicht zu. Dasselbe gilt auch für Flüchtlinge.
Auskunft:

Regional Offices of Health and Community Services
Child & Family Services Division
Charlottetown
Telefon: +1/902/368-5330

Jobs und Gehälter
(s. auch Teil 3, »Arbeitsleben«)
Die offizielle Arbeitslosenrate liegt zwischen 14 und 18 Prozent. Das liegt zum Teil am hohen Anteil von älteren Menschen in der Bevölkerung, aber auch an der Gefährdung der Fischereiwirtschaft. Der Tourismus bietet nur saisonbedingt Arbeit an. Hauptarbeitgeber ist die Regierung. Der Mindeststundenlohn beträgt CAD 5,40, der durchschnittliche Wochenlohn CAD 496. Das durchschnittliche Jahreseinkommen liegt bei CAD 29 150.

Human Resource Centre
161 St. Peters Road
Charlottetown, PE, C1A 8K1
Telefon: +1/902/566-7797
Fax: +1/902/368-0178
Internet: *www.pe.hrdc-drhc.gc.ca*

Verdienstbeispiele:

Jobs	CAD/Jahr	CAD/hr ohne	mit Gewerkschaft
Accountants	29 912	11–15	13–26
Agricultural Engineers	27 000		
Architects	21 000–40 000		
Auto Body Mechanic	15 900	7–14	11–16
Biologists	28 200		
Bookkeepers	31 800	6–10	10–13
Bricklayer		17–20	
Carpenters	19 500	8–12	14–19
Cashier & Tellers		6–9	
Civil Engineers	32 900		
Chemists	26 331		
Clerks	19 000	6–12	8–14
Community Planners	41 000		
Computer Operator	18 000	6–10	10–15
Cooks	14 600	6–9	8–10
Dental Assistant		8–11	9–12
Dental Hygienist		14–18	12–17
Dentists	56 000–60 000		
Diesel Mechanic	18 500	7–13	13–14
Drafting Occupations	20 500	7–12	
Economists	43 500		
Electrical Engineers	27 000		
Electricians	21 700	8–15	14–20
Farm Workers	12 000–24 000	5–6	
Hairdressers	10 600	5–9,60	
Hotel Clerks	13 700		
Industrial Engineers	29 500		
Insurances Sales	35 700		
Lawyers	42 800		
Librarians	18 200		12–17
Machinists	20 000	8–14	10–15
Mechanical Engineers	45 600		
Nurses	27 500		
Nursing Assistants	16 400	8–10	9–11
Nursery Worker	16 000	6–8	
Nutritionists	36 100		
Painters	13 100	8–10	12–14

Jobs	CAD/Jahr	CAD/hr ohne	mit Gewerkschaft
Pharmacists	33 800		
Physicians & Surgeons	103 200		
Plasterer	13 400	12–15	
Plumber	20 600	8–15	17–20
Police Officer	34 300		13–20
Psychologists	36 500		
Real Estate Sales	15 000–50 000		
Receptionists	17 600	6–9	9–14
Resident Care Workers	15 000	6–10	6–11
Salespersons, Technical	24 000–70 300		
Secretaries	31 800	6–11	8–14
Security Officers	16 400	6–9	
Social Workers	26 000–36 400		8–21
Surveyors	27 200	9–12	
Systems Analysts	31 200	9–15	11–23
Teachers University	49 000–55 000		
Teachers College	31 000–40 000		
Teachers Elementary	28 300		
Teachers Secondary	31 000		
Technologists	20 000–30 000		12–19
Tile Setter			15–18
Travel Clerks	26 700	7–10	
Truck Drivers	19 500	9–14	9–14
Typist & Clerks	16 000–29 600		
Veterinarians	37 000		
Waiter/Waitress	14 000	6–7	
Welder	19 900	8–14	
Welfare Occupant	20 500	8–13	

Babysitter: CAD 3–5/hr, täglich CAD 15–25, wöchentlich CAD 75–125

Ausbildung

Die Schulausbildung ist in jeder Provinz unterschiedlich. Die Ausbildung von Klasse 1 bis Klasse 12 wird von eingenommenen Steuern finanziert. College und Universität müssen selber finanziert werden. Schulpflicht in PE besteht von 7 bis 16 Jahren.

313

School Board Office
Box 8600
Charlottetown, PE, C1A 8V7
Telefon: +1/902/566-2066
Fax: +1/902/566-9701

The Registrar
University of Prince Edward Island
550 University Avenue
Charlottetown, PE, C1A 4P3
Telefon: +1/902/566-0439

Unabhängige Schule:
Grace Christian School
50 Kirkdale Road
Charlottetown, PE, C1E 1N6
Telefon: +1/902/368-2218
(Kindergarten bis Grade 12)

Home Schooling:
PEI Home & School Federation
3 Queen Street (P.O. Box 1012)
Charlottetown, PE, C1A 7M4
Telefon: +1/902/892-0664

English as a Second Language:
Englischklassen werden überall angeboten. Für Information und Empfehlungen wenden Sie sich an:

PEI Association for Newcomers to Canada
179 Queen Street
Charlottetown, PE
Telefon: +1/902/628-6009

Business Immigration
(s. auch Teil 1, »Business Class«)
Charlottetown ist die Hauptstadt von Kanadas kleinster Provinz und liegt ungefähr in der geographischen Mitte von Prince Edward Islands. Toronto liegt 1640 km westlich. Seit der Fertigstellung der Confede-

ration Bridge über die Northumberland Strait nach New Brunswick dauert die Fahrt von Charlottetown bis nach New Brunswick nur noch rund eine Stunde.

Wirtschaft:
Charlottetown ist das Regierungs- und Verwaltungszentrum Prince Edward Islands. Staatsdiener stellen die größte Beschäftigtengruppe. Der Fischfang und natürlich die Landwirtschaft sind weitere traditionelle Branchen in der Stadt. In dem Ort Little Sands in Kings County haben sich einige Weinbauern niedergelassen. Die verarbeitende Nahrungsmittelindustrie und der Tourismus sind die Wirtschaftsmotoren mit Zukunft.

Immigration Investment and Trade Policy Division
Department of Development and Technology
Euston Street
Charlottetown, PE, C1A 7M8
Telefon: +1/902/894-0351
Fax: +1/902/368-5886
Internet: *www.gov.pe.ca*

Immobilien
(s. auch Teil 3, »Wohnen«)
Nachstehend einige Angaben zu Haus- und Landkauf. Wer mehr erfahren möchte, wende sich direkt an die »Real Estate Agencies«.
Montague, Kings County: Ein 3-Bedroom-Haus kostet CAD 114 900, die Miete für ein 1-Bedroom-Appartement CAD 395.
Cavendish, Queens County: 1000 Einwohner, auf der Nordseite der Insel gelegen. Teilt alle Geheimnisse, die das Buch »Anne of Green Gables« enthält. Ein 3-Bedroom-Haus kostet CAD 113 900, die Miete für ein 1-Bedroom-Appartement CAD 395.
Charlottetown, Queens County: 57 000 Einwohner, zählt mit zu den besten Städten Kanadas zum Leben und Wohnen. Hauptarbeitgeber ist die Regierung, gefolgt von Landwirtschaft, Tourismus und Fischerei. Ein 3-Bedroom-Bungalow kostet CAD 136 500, die Miete für ein 1-Bedroom-Appartement CAD 415.
Summerside, Prince County: 15 000 Einwohner. Ein 3-Bedroom-Haus kostet CAD 115 000, die Miete für ein 1-Bedroom-Appartement CAD 375.

Immobilienmakler:
Adresse:

Century 21 Colonial Realty Inc.
208 Kent Street
Charlottetown, PE
Telefon: +1/902/566-2121
Internet: *www.Century21.com*

Unterkünfte
Nachstehend eine kleine Auswahl aus dem »Visitors Guide« Die angegebenen Preise sind pro Nacht für zwei Personen.

Kings County:
Lanes Cottages
33 Brook Street
(Box 548)
Montague, PE, C0A 1R0
Telefon: +1/902/838-2433
CAD 50–100

Queens County:
Holiday Island Motor Inn
307 University Avenue
Charlottetown, PE, C1A 4 M5
Telefon: +1/902/892-4141
CAD 82

Prince County:
Art Gallery Bed & Breakfast
RR3, McMurdo Road
Summerside, PE, C1N 4J9
Telefon: +1/902/887-2683
Fax: +1/902//887-2683
CAD 55–80

Die vollständige Broschüre erhalten Sie bei:

Tourism PEI
Box 940

Charlottetown, PE, C1A 7M5
Telefon: +1/902/629-2400
Fax: +1/902/629-2428
E-Mail: tourpei@gov.pe.ca
Internet: *www.peiplay.com*

Lebenshaltungskosten
Energieversorgung:
Adresse:

Maritime Electric Company Ltd. (MECL)
180 Kent Street
(PO Box 1328)
Charlottetown, PE, C1A 7N2
Telefon: +1/902/629-3645
Fax: +1/902/629-3691
Internet: *www.maritimeelectric.com*

Die Stromspannung beträgt 110 Volt bei 60 Hertz. Eine Umstellung auf 220 Volt/60 Hertz ist mittels eines Transformators möglich.
Die Kosten für den durchschnittlichen Stromverbrauch liegen in Charlottetown bei monatlich CAD 63 (für 550 kWh, 7,85 cent/kWh, monatliche Grundgebühr CAD 16).

Wasser und Kanalisation:
Kosten pro Monat im Durchschnitt: CAD 23

Telefon:
Monatliche Grundgebühren in Charlottetown: CAD 22

Island Telephone Company Ltd.
PO Box 820
Charlottetown, PE, C1A 7M1
Telefon: +1/902/368-3060
Internet: *www.Islandtel.com*

Lebensmittelpreise:
Schweinesteak	CAD 1,60/500 g
Schweinefleisch	CAD 1,50/500 g
T-Bone-Steak	CAD 4,00/500 g

Truthahn, gefroren	CAD 2,55/kg
Margarine	CAD 1,40/kg
Bananen	CAD 1,00/kg
Äpfel	CAD 0,50/2,5 kg
Kartoffeln	CAD 4,00/25 kg
Tomaten	CAD 3,50/10 kg
Möhren	CAD 1,00/2,5 kg
Eier	CAD 1,20/12 Stück

Auto
(s. auch Teil 3, »Auto«)
Führerschein:
In Verbindung mit dem Internationalen Führerschein können Sie mit Ihrem nationalen Führerschein bis zu einem Jahr fahren. Jedoch sollten Sie sich früh genug für den Erwerb des kanadischen Führerscheins anmelden.
Der Führerschein Class 5 wird alle drei Jahre erneuert und kostet CAD 75.
Deutsche, Österreicher und Schweizer, die im Besitz eines gültigen Führerscheines aus dem Heimatland sind, brauchen keinen Test zu machen. Sie bezahlen nur den regulären Preis für den neuen Führerschein. Sie müssen aber Ihren vorhandenen Führerschein abgeben. Falls Sie Ihren heimatlichen Führerschein behalten wollen, machen Sie eine Prüfung mit für einen neuen Führerschein. Sie müssen so oder so die Kosten für einen neuen Führerschein bezahlen, ob mit oder ohne Tests.
Internet: *www.gov.pe.ca*

Versicherung:
1997 Ford Taurus »Sedan«: CAD 786/Jahr. Daran denken: Der Schadenfreiheitsrabatt wird anerkannt.

Autovermietung:
Adresse:

Thrifty Car Rentals
Charlottetown Airport
Brackley Point Road
(PO Box 2167)
Charlottetwon, PE

Telefon: +1/902/566-1696
Internet: *www.Autos.Canada.com*

Autopreise:
Cars:
2003 Mazda Protege automatic   CAD 21 300
2002 Chrysler Cruiser, automatic   CAD 22 600
2001 Mazda Protege automatic   CAD 13 500
2000 Honda Civic SE   CAD 10.700
1999 Honda Civic EX   CAD 12 600
Trucks:
2003 Chevrolet Silverado 4x4 automatic   CAD 33 900
2002 Dodge Dakota 2x4 automatic   CAD 24 300
2001 GMC Sonoma 4x4 automatic   CAD 21 300
2000 Ford Ranger 2x4   CAD 16 700
1999 Ford F250 4x4, Diesel   CAD 23 700

Benzinpreis: CAD 0,85/l Normal

Informationen & Service
Premiers Office
95 Rochford Street
P.O. Box 2000
Charlottetown, PE, C1A 7N8
Telefon: +1/902/368-4400
Fax: +1/902/368-4416
Internet: *www.gov.pei.ca*

P.E.I. Association for Newcomers to Canada
179 Queen Street (PO Box 2846)
Charlottetown, PE, C1A 8C4
Telefon: +1/902/628-6009
Fax: +1/902/894-4928
E-Mail: newcomers@isn.net
Internet: *www.isn.net/newcomers*
Hier erhalten Sie die Broschüre »Getting Settled«, für jeden Neuankömmling interessant.

Tageszeitung:
The Guardian
165 Prince Street
Charlottetown, PE, C1A 4R7
Telefon: +1/902/894-8506
Fax: +1/902/566-3808
Internet: *www.canada.com* – Tageszeitungen kreuz und quer durch Kanada

Quebec
Auf einen Blick
Provinzgröße: 1 540 680 qkm (4,3-mal so groß wie Deutschland)
Bevölkerung: 7,4 Mio., 57 % französisch-, 6 % englisch-, 37 % zweisprachig
Volljährigkeit: 18 Jahre
Provinzhauptstadt: Quebec City, 700 000 Einwohner, 95 Prozent Französisch sprechend
Nationalparks: Forillon, La Mauricie, Mingan Archipelago, Saguenay-St. Lawrence Marine Park
Geographie: Quebec ist Kanadas größte Provinz. 940 000 qkm sind bewaldet. Da vier Fünftel der Provinz innerhalb des kanadischen Schilds liegen, ist ein großer Teil des Bodens unfruchtbar und felsig. Die Niederungen von St. Lawrence sind die am dichtesten besiedelten Gebiete mit Industriezentren und fruchtbarem Ackerland. Nördlich von Montreal liegt das berühmte Laurentian-Erholungsgebiet, eine hügelige Landschaft mit vielen Seen und Flüssen. Weiter nördlich liegen weite, bewaldete Landstriche, die reich an Wasserkraft und wertvollen Bodenschätzen sind.
Südlich des St.-Lawrence-Stroms ist das Land, das einen Teil des Appalachen-Gebirges bildet, auf seinen Höhen stark bewaldet, hat aber in den Tälern fruchtbares Ackerland.
Klima: Durch seine Größe hat Quebec verschiedene Klimazonen – subarktisch im Norden und Nordwesten, im Süden mit kaltem Winter und warmem Sommer.
Zeitzonen: Östliche Normalzeit, -6 Stunden von MEZ; östlicher Teil von Quebec -5 Stunden von MEZ
Wirtschaftszweige: Elektronik, Energie, Forstwirtschaft, Maschinenbau, Pharmaindustrie, Luft- und Raumfahrtindustrie
Saison: Mai bis Oktober

Steuer: 7,5 % PST (Provinz-Verkaufssteuer) und 7 % GST (Bundesumsatzsteuer)

Fähren:
Cap-aux-Meules/Magdalen Islands nach Souris/Prince Edward Island:
Überfahrt 5 Stunden, in Betrieb 1. April bis 31. Januar
Levis nach Quebec City:
Überfahrt 15 Minuten, ganzjährig in Betrieb
Matane/Godbout nach Baie-Comeau:
Überfahrt 2 Stunden und 20 Minuten, ganzjährig geöffnet
Rieviere-du-Loup nach Saint Simeon
Überfahrt 90 Minuten, in Betrieb März bis Januar
Tadoussac nach Baie-Sainte-Chatherine:
Überfahrt 8 Minuten, ganzjährig in Betrieb

Was Sie noch wissen sollten:
Englisch wird, wo immer es geht, vermieden. Die kleinste Stadt Kanadas ist L'lle-Dorval: 0,18 qkm mit 2 Einwohnern.
Einwanderung: Quebec ist die einzige durchgängig französischsprachige Provinz. 80 Prozent der Einwohner bezeichnen Französisch als ihre Muttersprache, lediglich 10 Prozent sprechen zu Hause Englisch. Beim letzten Referendum 1998 sprachen sich 60 Prozent gegen die Unabhängigkeit aus.
Aus politischen Gründen ist es nach wie vor am einfachsten nach Quebec einzuwandern, da Quebec sich vom restlichen Kanada trennen will. Interessiert? Ein Schnellkursus in Französisch wäre dann angebracht (s. Teil 1, »Einwanderung in Quebec«).

Krankenversicherung / The Quebec Health Insurance Plan
(s. auch Teil 3, »Gesundheits- und Sozialwesen«)
Quebec erhebt keine Beiträge für die Krankenversicherung. Sie wird über die allgemeinen öffentlichen Einnahmen der Provinz finanziert. Wenn Sie den Status »Permanent Resident« haben, sind Sie vom ersten Tag an gebührenfrei versichert. Nach Ankunft sollten Sie sich sofort bei der Regierung (Krankenversicherung) melden, um das entsprechende Formular auszufüllen. Hierfür wird das Einwanderungspapier benötigt.
Für Kinder unter 10 Jahren sind zahnärztliche Behandlungen frei. Für jedermann sind zahnärztliche Operationen, die im Krankenhaus vorgenommen werden, kostenlos.

Für Personen unter 18 und ab 65 Jahren sind Augenuntersuchungen frei. Auskunft (auch in Englisch) erteilt:

Regie de l'assurance-maladie du Quebec
Admissibilite et Inscription des beneficiaires
Case postale 6600
Quebec, PQ, G1K 7T3
Telefon: +1/418/646-4636
Internet: *www.gouv.qc.ca*

Kindergeld:
Child tax credit
Revenue Canada, Quebec Region
Telefon: 1-800-387-1193

Jobs und Gehälter
(s. auch Teil 3, »Arbeitsleben«)
Quebec hat eine Arbeitslosenquote von 11 Prozent. Es wird 35 bis 44 Stunden pro Woche gearbeitet. Der Mindeststundenlohn liegt bei CAD 6,90. Kellner(innen) erhalten nur CAD 6,15/hr, weil man ja Trinkgeld erhält. Der durchschnittliche Wochenlohn liegt zwischen CAD 446 und CAD 580, das durchschnittliche Jahreseinkommen zwischen CAD 14 877 und CAD 41 067.
Sie erhalten Ihre »Social Insurance Card« (SIN) bei Ihrem nächstgelegenen Human Resources Centre. Adresse:

Developpement des ressources humaines Canada
(Human Resources Centre Canada)
1575 Chomedey Blvd
Laval, PQ, H7V 2x2
Telefon: +1/819/371-6656
Fax: +1/819/371-6999
Internet: *www.qc.hrdc-drhc.gc.ca*

Berufliche Aussichten in Montreal:
Die folgende Liste dient nur zur Information. Um Missinterpretationen zu vermeiden, ist hier der Originaltext wiedergegeben:

Occupations Codes and Titles
Based on the National Occupational Classification (NOC)

Titles	Codes
Management Occupations	00 and 0
Professional Occupations in Business and Finance	11
Skilled Administrative and Business Occupations	12
Clerical Occupations	14
Professional Occupations in Natural and Applied Sciences	21
Technical Occupations Related to Natural and Applied Sciences	22
Professional Occuaptions in Health	31
Technical and Skilled Occupations in Health	32
Assisting Occupations in Support of Health Services	34
Professional Occupations in Social Science, Education, Government Services and Religion	41
Paraprofessional Occupations in Law, Social Services, Education and Religion	42
Professional Occupations in Art and Culture	51
Technical and Skilled Occupations in Art, Culture, Recreation and Sport	52
Skilled Sales and Services Occupations	62
Intermediate Sales and Services Occupations	64
Elemental Sales and Services Occupations	66
Trades and Skilled Transport and Equipment Operation, Installation and Maintenance	74
Trades Helpers, Construction Labourers and Related Occupations	76
Occupations in Primary Industry	82-86
Processing, Manufacturing and Utilities Supervisors and Skilled Operators	92
Processing and Manufacturing Machine Operators and Assemblers	94-95
Labourers in Processing, Manufacturing and Utilities	96

Internet: *http://info.oad-otea.hrdc-drhc.ca* _ click Canada Labour Code

Verdienstbeispiele:

Job	CAD
Accountant	16 000–40 000/year
Auto Mechanics Repairer	8–14/hr
Baker	19 678/year
Bookbinder	7/hr
Bookkeeper	26 587/year
Carpenters	29 731/year
Chefs	25 246/year
Chimmney-Sweeper	10/hr
Clerk	27 173/year
Computer Programmer	39 548/year
Computer System Analysts	47 910/year
Cook	18 305/year
Dental Therapist	7–12/hr
Draughtsman	9–13/hr
Guardian	7–9/hr
Machinist	10–12/hr
Nurse	39 294/year
Pharmacists	13–18/hr
Physiotherapist	20 000–35 000/year
Printer	8/hr
Receptionist	22 383/year
Sales Representative	2200/month
Secretary	26 121/year
Shop-Assistant	7–10/hr
Slaughterer	8–12/hr
Storekeeper	7–9/hr
Technician	8–15/hr
Welder	31 151/year

Ausbildung

Die Schule beginnt Anfang September und endet im Juni. Schulpflicht besteht von 6 bis 16 Jahren. Die anglophone Gemeinde hat ihr eigenes Schulnetz. Da französisch die offizielle Sprache ist, wird empfohlen, die Kinder auch in einer französischsprachigen Schule anzumelden. Einschulung ist am 1. Oktober, die Kinder müssen 6 Jahre alt sein. Kinder werden angemeldet beim

Ministere de l'Education du Quebec
Direction regionale de Quebec
Telefon: +1/418/643-7934
Internet: *www.CMEC.ca* – (Council of Ministers of Education Canada, CMEC)

Unabhängige Schule:
Ecole Montessori Ville-Marie Inc.
6520 Boul Gouin Ouest
Montreal, PQ, H4K 1B2
Telefon: +1/514/747-2232
(Kindergarten bis 8. Klasse)

Deutsche Schule:
Alexander-von-Humboldt-Schule
216 Victoria Drive
Baie d'Urfe, PQ, H9X 2H9
Telefon: +1/514/457-2886
Fax: +1/514/457-2885

Home Schooling:
Quebec Home Schooling Advisory
4650 Acadia
Lachine, PQ, H8T 1N5

Französisch für Einwanderer:
Ministere des Affaires internationales de l'Immigration et des communautes culturelles (MAIICC): Hier werden diverse Französisch-Kurse kostenlos für Einwanderer angeboten, dafür wird das Einwanderungsdokument benötigt.

Business Immigration
(s. auch Teil 1, »Business Class«)
Das frankophone Quebec ist reich an Rohstoffen. Die Wasserkraftreserven sind die größten der Welt und dienen zur Stromerzeugung. Elektrizität ist daher im Überfluss vorhanden und ein Exportartikel. Vorrangiges Ziel der Quebec-Regierung ist der Abbau des noch hohen Staatsdefizits.

Wirtschaftszweige nach Regionen:
Abitibi-Temiscamingue: Bergbau (Gold, Kupfer, Zink), Holzwirtschaft
Bas-Saint-Laurent und Gaspesie: Holz- und Landwirtschaft, Bergbau (Kupfer), Fischerei, Torfabbau
Cote-Nord: Bergbau (eisenhaltige Metalle), Papierindustrie, Stromerzeugung
Estrie: Getränke- und Lebensmittelindustrie, Papier- und Bekleidungsindustrie, metallverarbeitende Industrie
Mauricie: Holzwirtschaft, Papierindustrie, Textil- und Bekleidungsindustrie, chemische und elektronische Produkte
Montreal: Apfel- und Gemüseanbau, Milchwirtschaft, Lebensmittelindustrie, Computer, Elektronik, Luftfahrtindustrie, Medikamente, Raffinerien, metallverarbeitende Industrie, Druck- und Verlagsgewerbe
Outaouais: Holzwirtschaft, Papierindustrie
Quebec City und Beauce: Getränke- und Lebensmittelindustrie, Holz- und Landwirtschaft, metallverarbeitende Industrie, Papierindustrie
Saguenay und Lac-Saint-Jean: Papierindustrie, Stromerzeugung, Bergbau (Aluminium)
Auskunft (auch in Englisch) erteilen:

Quebec Government, Investment Services
770 Sherbrooke St.West
Montreal, PQ, H3A 1G1
Telefon: +1/514/982-3013
Fax: +1/514/873-450
Internet: *www.gouv.qc.ca*

Canadian-German Chamber of Industry and Commerce
1010 Sherbrooke Street, West
Montreal, PQ, H3A 2R7
Fax: +1/514/844-1473

Den vorläufigen Einwanderungsfragebogen (Preliminary Immigration Questionnaire) für Ihre dauerhafte Niederlassung in Quebec fordern Sie bei Ihrem zuständigen Immigration Office (siehe unten) an.
Hier können Sie Ihren Antrag stellen, wenn Ihr Wohnsitz unter anderem in Belgien, England, Niederlande, Schweden, Schweiz ist:

Service d'Immigration du Quebec
Delegation generale du Quebec
46, Avenue des Arts
1000, Brussels, Belgium
Telefon: +32/(0)2/51-20036
Fax: +32/(0)2/51-142641

Hier stellen Sie Ihren Antrag, wenn Ihr Wohnsitz unter anderem in Bulgarien, Deutschland, Österreich, Polen, Rumänien, Ungarn ist:

Service d'Immigration du Quebec
c/o Canadian Embassy
Laurenzerberg 2
A-1010 Vienna, Austria
Telefon: +43/(0)1/531-38-3005
Fax: +43/(0)1/531-38-3443

Informationen über Einwanderung nach Quebec erhalten Sie im Internet unter *www.mrci.gouv.qc.ca.* (s. auch Teil 1, » Einwanderung in Quebec«)

Immobilien

(s. auch Teil 3, »Wohnen«)
Nachstehend einige Angaben zu Haus- und Landkauf. Wer mehr erfahren möchte, wende sich direkt an die »Real Estate Agencies«. Mit folgenden Durchschnittsmieten kann man rechnen, wobei nach oben allerdings keine Grenzen gesetzt sind. Kosten für Heizung und Wasser sind bei Appartements im Mietpreis eingeschlossen.

Kirkland mit 19 000 Einwohnern ist eine der angenehmen Städte Kanadas. Es liegt ländlich, ist nur 30 km von Montreal entfernt und hat eine sehr gute Verbindung in die Stadt. Arbeitgeber finden Sie unter Arzneimittelfirmen, Hauptbüros von Küchenzubehör und -geschirr sowie Elektronik-Firmen. Ein 3-Bedroom-Haus kostet CAD 115 000, die Miete für ein 1-Bedroom-Appartement CAD 380.

Lac-Brome, 4800 Einwohner, ist geprägt von britischen und irischen Siedlern und bekannt für seinen Weinanbau.

Lennoxville mit 5000 Einwohnern hat Kleinstadt-Flair und ist eine von den offiziell zweisprachigen Gemeinden in Quebec. ein 3-Bedroom-Haus kostet CAD 92 000, die Miete für ein 1-Bedroom-Appartement CAD 340.

Montreal ist mit 1,017 Millionen Einwohnern die zweitgrößte Stadt Kanadas. Ihr französisches Herz ist die Altstadt Vieux Montreal aus dem 17. bis 19. Jahrhundert. Ein 2-Bedroom-Haus kostet CAD 123 000, die Miete für ein 3-Bedroom-Appartement CAD 570. Die teuerste Wohngegend finden Sie in East and North Westmound. Internt: *www.montrealonline.com*

Pierrefonds mit 46 000 Einwohner zählt mit zu den schönsten Städten Quebecs. Ein gutes Verhältnis zur Zweisprachigkeit, gute Schulen und Sportmöglichkeiten sowie ein »First Class Bus System« machen es möglich.

Quebec City hat 647 000 Einwohner und zählt mit zu den gesündesten Städten. Frische Luft vom St. Lawrence River, keine stinkende Verunreinigung, niedrige Kriminalitätsrate und europäisches Flair kennzeichnen die Stadt. Sie können quer durch Quebec City in zirka 40 Minuten fahren. Ein 1-Bedroom-Haus kostet CAD 95 000, die Miete für ein 1-Bedroom-Appartement CAD 570.

Immobilienmakler:
Adresse:

Royal LePage
Sigrid Alfers
50, Boul. St.-Charles, Bureau 16
Beaconsfield, PQ, H9W 2X3
Telefon: +1/514/697-9181
Fax: +1/514/697-9499
Internet: *www.royallepage.ca*
(spricht deutsch)

Unterkünfte

Nachstehend ein kleiner Auszug aus dem »Travel Guide«. Angegebene Preise gelten pro Nacht für zwei Personen.

Motel Le Chablis
6951 St-Jacques St. West
Montreal, PQ, H4B 1V3
Telefon: +1/514/488-9561
Fax: +1/514/489-3811
CAD 63–74

Hotel Manoir de la Terrasse
4, rue de la Portte
Quebec, PQ, G1R 4M9
Telefon: +1/418/694-1592
Fax: +1/418/694-1167
CAD 45–80

Bed & Breakfast
Chateau Alexandre le Bienheureux
3432 Hutchison St
Sherbrooke, PQ, H2L 2G4
Telefon: +1/514/282-3340
CAD 100

Die vollständige Broschüre erhalten Sie in französisch, englisch, spanisch oder deutsch bei:

Tourism Quebec
Box 979
Montreal, PQ, H3C 2W3
Fax: +1/514/864-3838
Internet: *www.tourisme.gouv.qc.ca*

Lebenshaltungskosten
Energieversorgung:
Adresse:

Hydro Quebec
75, Boulevard Rene-Levesque Ouest
Montreal, PQ, H2Z 1A4
Tel: +1/514/289-6687
Fax:+1/514/289-6608

Die Stromspannung beträgt 110 Volt bei 60 Hertz. Eine Umstellung auf 220 Volt/60 Hertz ist mittels eines Transformators möglich.
Die Kosten für den durchschnittlichen Stromverbrauch liegen in Montreal bei monatlich CAD 43 (für 550 kWh, 4,66 cent/kWh zuzüglich Grundgebühr).

Telefon:
Monatliche Grundgebühr: CAD 20

Bell Canada
1050, Cote du Beaver Hall
Montreal, PQ, H2Z 1S4
Telefon: +1/514/287-5045
Internet: *www.bell.ca*

Lebensmittelpreise:

Brot/Toast	CAD 1,20/675g
Butter	CAD 3,20/454g
Eier	CAD 1,80/12 Stück
Gehacktes (Rind)	CAD 3,60/kg
Huhn	CAD 5,00/kg
Käse	CAD 2,55/250g
Kaffee	CAD 2,60/300g
Kartoffeln	CAD 2,00/4,54kg
Kohl	CAD 0,60/kg
Koteletts	CAD 7,50/kg
Lachs	CAD 19,00/kg
Mehl	CAD 3,50/2,5kg
Möhren	CAD 1,55/kg
Nudeln	CAD 0,95/500g
Rinderbraten	CAD 13,00/kg
Rindersteaks	CAD 10,00/kg
Salat	CAD 1,90/kg
Schweinesteaks	CAD 13,00/kg
Tee	CAD 3,00/72 Beutel
Truthahn	CAD 4,40/kg
Zucker	CAD 1,55/2 kg
Zwiebeln	CAD 0,90/kg

Auto
(s. auch Teil 3, »Auto«)

Führerschein:
Ihr landeseigener Führerschein ist nur drei Monate in Quebec gültig. Der Führerschein muss alle zwei Jahre erneuert werden. Kosten: CAD

10 schriftliche Prüfung, CAD 25 praktische Prüfung, CAD 34 Learners Licence, CAD 69 Führerschein für zwei Jahre.
Adresse:

Societe de l'assurance automobile du Quebec
2012,Boulevard Charest Ouest
Sainte-Foy, PQ, G1N 4N6
Telefon: +1/418/643-7620

Bestimmungen:
In der Provinz Quebec ist es nicht erlaubt, bei Rotlicht rechts abzubiegen!

Versicherung:
1997 Ford Taurus »Sedan« in Montreal: CAD 1759/Jahr. Schadenshaftpflicht-Versicherung muss mindestens CAD 250 000 abdecken. Daran denken: der Schadensfreiheitsrabatt wird anerkannt.

Autovermietung:
Adressen:

Alamo Rent-a-car
Montreal, PQ, Airport (Dorval)
Telefon: +1/514/633-1222
Internet: *www.goalamo.com*

Thrifty Car Rentals
Flughafen Quebec
Ste-Foy, PQ, G2E 5W1
Telefon: +1/418/877-2870

Autopreise:
Cars:
2003 Ford Focus	CAD 18 900
2002 Acura	CAD 26 900
2001 Audi Quattro	CAD 28 600
2000 Acura	CAD 13 900
1999 Honda CRV 4x4	CAD 15 900

Trucks:
2003 Dodge Dakota, 4x4	CAD 27 500

2002 Nissan Frontier 4x4   CAD 30 500
2001 Toyota Tundra 4x4   CAD 31 900
2000 Ford F150 4x4   CAD 28 900
1999 Dodge Dakota 4x4   CAD 15 900

Käufer und Verkäufer im Internet: *www.carclick.com*

Benzinpreis: CAD 0,85/l Normal

Informationen & Service

Im allgemeinen sind die Banken Montag bis Freitag von 10 bis 15 Uhr geöffnet. Viele Banken sind auch Donnerstag- und Freitagabend geöffnet.
Die meisten Geschäfte sind geöffnet Montag bis Freitag von 9.30 bis 21 Uhr.
Kellner erwarten 10–15 % vom Rechnungsbetrag vor der Steuer als Trinkgeld.
Tourist Information: *www.bonjourquebec.com* (Französisch und Englisch) und *www.bonjourquebec.de* (Deutsch)

Gouvernement du Quebec
Cabinet du Premier Ministre
885 Grande-Allee Est
Quebec, PQ, G1A 1A2
Internet: *www.gov.qc.ca*

Gouvernement du Quebec
Ministere des Affaires internationales, de l'Immigration et des communautes culturelles du Quebec
890, Avenue de Levis
Quebec, PQ, G1S 3E1
Telefon: +1/418/643-1435
Hier erhalten Sie das Handbuch »Bienvenue au Quebec (Guide for new residents)«. Für jeden Neuankömmling empfehlenswert!

Tageszeitung
The Gazette
250 St. Antoine St. W.
Montreal, PQ, H2Y 3R7
Telefon: +1/514/987-2222

Fax: +1/514/987-2420
E-Mail: letters@thegazette.southam.ca
Internet: *www.montrealgazette.com*
(Die einzige Tageszeitung in englischer Sprache!)

Französische Ausgabe:
Le Journal, Quebec
Telefon: +1/418/683-1573
Fax: +1/418/688-8181

Saskatchewan
Auf einen Blick
Provinzgröße: 652 330 qkm (1,8-mal so groß wie Deutschland)
Bevölkerung: 1,02 Millionen, 94 % englisch-, 6 % zweisprachig
Volljährigkeit: 19 Jahre
Provinzhauptstadt: Regina, 194 000 Einwohner
Nationalparks: Grasslands, Prince Albert
Geographie: Saskatchewan ist die mittlere der Prärieprovinzen. Der nördliche Teil ist gekennzeichnet durch viele Seen und Flüsse, weite Gebiete von Moor- und Marschland, ausgedehnte Wälder und verstreute, herausragende Felsen. Zwei Drittel der südlichen Provinz bestehen aus flachem Prärie-Weizenland, das von wellenförmigen Hügeln und Tälern durchzogen wird. Drei große Flussnetze durchqueren Saskatchewan und münden in die Hudson Bay: der Assiniboine, der North und South Saskatchewan und die Churchill Rivers.
Klima: Das Klima ist trocken, mit kontinentalem, heißem Sommer und kaltem Winter. Saskatchewan ist bekannt für Sonnenschein und seinen klaren, blauen Himmel.
Zeitzone: Gebirgszone, -8 Stunden von MEZ
Wirtschaftszweige: Landwirtschaft, Fleischverarbeitung, Bergbau, Erdölraffinerie, Tourismus
Saison: Mai bis Oktober
Steuer: 7 % GST (Bundesumsatzsteuer), 6 % PST (Provinzverkaufssteuer)

Krankenversicherung
(s. auch Teil 3, »Gesundheits- und Sozialwesen«)
Saskatchewan erhebt keine Beiträge für die Krankenversicherung. Sie wird über die allgemeinen öffentlichen Einnahmen der Provinz finan-

ziert. Wenn Sie den Status »Permanent Resident« haben, sind Sie vom ersten Tag an versichert. Nach Ankunft sollten Sie sich sofort bei der Krankenversicherung melden, um das entsprechende Formular auszufüllen. Hierfür wird das Einwanderungsdokument benötigt. Auskunft:

Saskatchewan Health Insurance Registration
3475 Albert Street
Regina, SK, S4S 6X6
Telefon: +1/306/787-3696

Jobs und Gehälter
(s. auch Teil 3, »Arbeitsleben«)
Saskatchewan hat eine Arbeitslosenquote von 6,5 Prozent im Februar. Um arbeiten zu können, benötigen Sie die »Social Insurance Number« Sie erhalten sie auf dem Arbeitsamt. Der Mindeststundenlohn beträgt CAD 6, der durchschnittliche Wochenlohn CAD 535. Das Jahreseinkommen liegt im Durchschnitt zwischen CAD 29 500 und CAD 63 000. Saskatchewan Job Futures (Berufsaussichten) finden Sie im Internet unter *www.sk.hrdc-drhc.gc.ca*

Human Resource Centre of Canada
2045 Broad Street
Regina, SK, S4P 2N6
Telefon: +1/306/787-1400
Fax: +1/306/780-6848
Internet: *www.hrdc-drhc.gc.ca*

Verdienstbeispiele:

Job	CAD
Accountant Manager (Bank)	38 100–53 300/year
Air Traffic Controllers	28 700–75 700/year
Assistant Manager (Bookstore)	28 200–39 100/year
Auto Mechaniker	30 000–40 000/year
Babysitting	2,50/hr or 10/day
Business Analyst II (Bank)	38 000/year
Carpet Cleaning Technician	30 000/year
Clerk	1400/month
Computer Instructor	150/day
Deputy Director (Correctional Centre)	37 300–48 500/year

Director of Communication	43 120–56 000/year
Executive Director (Social Services)	56 400–73 400/year
Executive Director (Home Care)	40 300–52 300/year
Feedlot Specialist	37 300–45 400/year
General Manager (Public Housing)	30 000/year
Heavy Duty Mechanic	17/hr
Housecleaning	7–10/hr
Instructor (Sign Prod. Industry)	1800–3200/month
Junior Registered Engineer (Mines)	31 900–41 600/year
Land Representative (Agrologist)	37 300–45 400/year
Librarian Helper	6/hr
Loans Officer (Bank)	2400–3400/month
Manager, Public Affairs (Bank)	50 000/year
Marketing Coordinator (Craft Council)	11–13/hr
Nurse (Community Health)	2600–2900/month
Nurse (Health Service)	29 600–36 400/year
Nurse (Mental Health)	26 800–32 700/year
Nurse (Public Health)	33 400–41 600/year
Pharmacists (Hospital)	2900–3600/month
Pizza-Driver (Delivery)	6/hr
Programs Coordinator (Data Processing)	30 300–42 500/year
Recreation Coordinator	2300–2700/month
Regional Director (Family Services)	46 100–59 900/year
Regional Director (Mental Health)	49 300–64 100/year
Resource Economist	32 300–39 500/year
Senior Research Appraiser	35 400–43 400/year
Senior Policy Analyst	40 300–52 300/year
Senior Program Officer	32 300–39 500/year
Service Techniker (Fotokopierer)	24 000/year
Tourism Industry Consultant	38 800–47 300/year

Ausbildung
Unabhängige Schule:
Adresse:

Christian Centre Academy
102 Pinehouse Drive
Saskatoon, SK, S7K 5H7
Telefon: +1/306/242-7141
(Kindergarten bis Klasse 12)

Business Immigration

(s. auch Teil 1, »Business Class«)
Saskatchewans multikulturelle Gesellschaft heißt alle Einwanderer willkommen.
Die wichtigsten Wirtschaftszweige: Landwirtschaft (54 % Weizenanbau), Kultur-Industrie (Film-Produktionen und so weiter), Nahrungsmittel-Industrie, Forstwirtschaft, Bergbau, Erdöl und Natur-Gas, Schweinezucht, Technologie und Tourismus.
Auskünfte:

Saskatchewan Industry and Resources
2103-11th Avenue
Regina, SK, S4P 3V7
Telefon: +1/306/787-2232
Fax: +1/306/787-3872

Saskatchewan Department of Economic Development
1919 Saskatchewan Drive
Regina, SK, S4P 3V7
Telefon: +1/306/787-2188
Fax: +1/306/787-8447
Internet: *www.gov.sk.ca*

Immobilien

(s. auch Teil 3, »Wohnen«)
Die Lebensqualität in der Provinz Saskatchewan ist hoch, die Lebenshaltungskosten sind niedrig. Deshalb ist Saskatchewan ein guter Platz, um dort zu leben und Kinder zu erziehen sowie in ein Geschäft zu investieren oder sich selbständig zu machen.
Nachstehend einige Angaben über Wohnungsmiete oder Hauskauf. Bei den Preisen sind wie immer nach oben keine Grenzen gesetzt. Kosten für Heizung und Wasser sind bei Apartments im Mietpreis inbegriffen. Außerhalb der Stadt sind Wohnungen und Grundstücke wesentlich billiger.
Estevan, 12 000 Einwohner, erhält mehr Sonnenlicht als andere Orte in Nordamerika und ist somit Kanadas »Sunshine City« mit jährlich 2540 Sonnenlicht-Stunden. Wirtschaft: Naturgas, Erdöl und Kohleabbau.
Cypress Hills Interprovincial Park hat mit 1392 m die höchste Erhebung in Saskatchewan.

Prince Albert, 42 000 Einwohner, liegt am North Saskatchewan River und hat niedrige Lebenshaltungskosten und eine niedrige Kriminalitätsrate. Wirtschaftszweige: Papier-Industrie, Landwirtschaft, Tourismus, Bergbau. Ein 3-Bedroom-Bungalow kostet CAD 80 000.
Regina, 194 000 Einwohner. Ein 3-Bedroom-Bungalow kostet CAD 97 000.
Saskatoon, 219 000 Einwohner. Ein 3-Bedroom-Bungalow kostet CAD 97 000.
Swift Current, 17 000 Einwohner, hat fortschrittliche Schulen mit kleinen Klassen, niedrige Hauspreise und niedrige Arbeitslosigkeit. Nachteil: Nach Beendigung der Highschool sind weiterbildende Schulen nur begrenzt vorhanden.
Winnipeg-Gegend: Ein 3-Bedroom-Bungalow kostet CAD 85 000 bis CAD 135 000.

Immobilienmakler:
Re/Max
2350 2nd Ave.
Regina, SK, S4R 1A5
Telefon: +1/306/352-7611
Internet: *www.ReMax.com*

Unterkünfte
Nachstehend ein kleiner Auszug aus dem Saskatchewan-Übernachtungsführer. Angegebene Preise gelten pro Nacht für 2 Personen. Hotels/Motels bieten oft außerhalb der Saison preiswerter an (bitte nachfragen).

Estevan Motel
905-4th Street
Estevan, SK, S4A 0W2
Telefon: +1/306/634-2609
Fax: +1/306/634-7109
CAD 45

Porters Motel
RR2, Hwy 2 South
Prince Albert, SK, S6V 5P9
Telefon: +1/306/764-2374
CAD 37

Coachman Inn
8335 Victoria Avenue
Regina, SK, S4N 0R5
Telefon: +1/306/522-8525
CAD 40–55

Heritage Inn
102 Cardinal Crescent
Saskatoon, SK, S7L 6H6
Telefon: +1/306/665-8121
Fax: +1/306/665-0064
CAD 50–70

City Centre Motel
Hwy 1 East
Swift Current, SK, S9H 3X6
Telefon: +1/306/773-4422
CAD 32–52

Die vollständige Broschüre erhalten Sie bei:

Tourism Saskatchewan
500-1900 Albert Street
Regina, SK, S4P 4LP
Telefon: +1/306/787-2300
Fax: +1/306/787-5744
Internet: *www.sasktourism.com*

Lebenshaltungskosten
Energieversorgung:
Adresse:

SaskPower
12SE, 2025 Victoria Avenue
Regina, SK, S4P 0S1
Telefon: +1/306/566-3170
Fax: +1/306/566-2548

Die Stromspannung beträgt 110 Volt bei 60 Hertz. Eine Umstellung auf 220 Volt/60 Hertz ist mittels eines Transformators möglich. Die Kosten für den durchschnittlichen Stromverbrauch liegen bei monatlich CAD 59 (für 550 kWh).

Telefon:
Monatliche Grundgebühr CAD 23

SaskTel
Cornwall Centre
2121 Saskatchewan Drive
Regina, SK, S4P 3Y2
Fax: +1/306/931-6071
Internet: *www.sasktel.com*

Lebensmittelpreise:

Rindfleisch	CAD 1,65/500 g
Rindergehacktes	CAD 1,90/500 g
Schweinefleisch	CAD 0,90/500 g
Scheinesteaks	CAD 1,70/500 g
Äpfel	CAD 17,50/20 kg
Kartoffeln	CAD 12,00/40 kg
Kohl	CAD 0,15/500
Tomaten	CAD 0,50/500 g
Eier	CAD 1,20/12 Stück

Auto
(s. auch Teil 3, »Auto«)

Führerschein:
Ihr nationaler Führerschein ist in Verbindung mit dem Internationalen Führerschein 90 Tage gültig. Sie sollten sich früh genug für den Erwerb des kanadischen Führerscheins anmelden. Kosten: schriftliche Prüfung CAD 10, praktische Prüfung CAD 22, Learners Licence CAD 25, Drivers Licence CAD 25, Nummernschild CAD 75.

Licensing and Registration Services
2260 11th Avenue
Regina, SK, S4P 0J9
Telefon: +1/306/775-6900
Internet: *www.sgi.sk.ca* – Saskatchewan Insruance Company, click Public site, click Car Insurance, Drivers Licences

Bestimmungen:
Nicht vergessen, dass das Anlegen der Sicherheitsgurte Pflicht ist – es drohen erhebliche Geldstrafen.

Versicherung:
1997 Ford Taurus »Sedan« 774/Jahr. Daran denken: der Schadensfreiheitsrabatt wird anerkannt.

Autovermietung:
Adressen:

Budget Car & Truck Rental
Regina, SK
Telefon: +1/306/791-6810

Hertz Rent A Car
Regina Airport, SK
Telefon +1/306/791-9131

RV Rental (Motorhomes)
Western Mobile Homes
Saskatoon, SK
Telefon: +1/306/374-2282

Autokauf:
Hilfreiche Internetseiten sind
www.canada.com – click Saskatoon, click classifieds, click Star Phoenix, click Automotive
www.Saskclassifieds.com – click Vehicles

Preise:
Cars:
2003 VW Beetle	CAD 24 300
2002 Acura	CAD 23 700
2001 Honda Civic	CAD 15 500
2000 VW Golf	CAD 17 500
1999 VW Jetta	CAD 18 000

Trucks:
2003 Ford F250 4x4 Diesel	CAD 45 500
2002 Ford F150 4x4	CAD 22 000

2001 Dodge Dakota 4x4   CAD 19 800
2000 Dodge Dakota 4x4   CAD 17 900
1999 Ford F150 4x4   CAD 16 700
Benzin:
CAD 0,84/l

Informationen & Service
Tourist Information: *www.sasktourism.com*

Premier of Saskatchewan
Legislative Building
Regina, SK, S4S 0B3
Telefon: +1/306/787-6271
E-Mail: premier@sasknet.sk.ca
Internet: www.gov.sask.ca

Tageszeitung:
The Leader Post
Regina, SK, Canada
Telefon: +1/306/664-8340
Fax: +1/306/664-8208

The Star Phoenix
204 5th Ave N
Saskatoon, SK, S7K 2P1
Telefon: +1/306/652-9200
Internet: *www.saskstar.sk.ca*

The Whitewood Herald
708 South Railway Street
Whitewood, SK, S0G 5C0
Telefon: +1/306/735-2230
Fax: +1/306/735-2899
Internet: *www.whitewoodherald.sk.ca*

Deutsche Zeitung:
Kanada Kurier
305 Osler Street
Regina, SK, S4R 1V7
Telefon & Fax: +1/306/543-5284

Yukon Territory

Auf einen Blick
Territoriumsgröße: 483 450 qkm (1,3-mal so groß wie Deutschland)
Bevölkerung/Herkunft: 30 000, 48,1 % britisch, 24,5 % aboriginal, 36,2 % europäisch, 13,5 % französisch und 3,3 % asiatisch und afrikanisch.
Volljährigkeit: 19 Jahre
Hauptstadt: Whitehorse, 22 100 Einwohner
Nationalparks: Ivvavik, Kluane, Vuntut
Polarkreis: Nördlich von Eagle Plains überquert der Dempster Highway, »Kanadas Arctic Highway«, den Polarkreis. Im Sommer geht hier die Sonne vier Tage lang nicht unter (um den 20./21. Juni), allgemein bekannt als Mitternachtssonne. Mitternachtssonne und Nordlichter sind zu sehen in der Zeit vom 10.5. bis 2.8. in Barrow, Fort Yukon, Prudhoe Bay, Inuvik, Kotzebue.
Saison: Ende Mai bis Ende September
Geographie: Yukon wird im Norden vom nördlichen Eismeer, im Westen von Alaska, im Süden von British Columbia und im Osten von den Northwest Territories eingeschlossen. Sein Gebiet besteht aus weiten Flusstälern, ausgedehnten Hochflächen, wellenförmigen Hügeln und einigen der höchsten Berge Nordamerikas. Es wird von den Haupt-Flüssen Peel und Yukon durchzogen. Im hohen Norden dominiert die offene Tundra.
Klima: Warme und trockene Sommer, wenig Niederschläge. Temperaturen im Winter bis -53 °C (Dezember und Januar).
Zeitzone: Pazifische Normalzeit, -10 Std. von MEZ
Wirtschaftszweige: Tourismus, Bergbau, Fischfang
Steuer: 7 % GST (Bundesumsatzsteuer), keine Provinzsteuer

Nördliches Abenteuer

Eine junge Krankenschwester, die ein Jahr in einer abgelegenen Gemeinde im Yukon lebte, berichtet von ihren Erfahrungen.
Im Juli ließ sie sich in Fort McPherson (Nähe Inuvik) nieder, einem Dorf mit zirka 800 Einwohnern, von denen über 80 Prozent Ureinwohner (Indianer) sind und der Rest aus Inuits und Weißen besteht.
Der Arzt besucht das Dorf nur einmal monatlich; ansonsten kümmern sich die Krankenschwestern um die Dorfbewohner. Im Winter werden in erster Linie Frostbeulen behandelt. Die Dorfbewohner leben hauptsächlich vom Jagen und Fallenstellen. Daher besteht das Essen in erster Linie aus Karibus, Elchen und Fischen aus dem Peel River.

Die Dorfbewohner sind bekannt für ausgezeichnete Handarbeiten und Perlenstickereien. Die Sommer sind kurz, mit dem ersten Schneefall ist bereits im August zu rechnen.

Fort McPherson liegt am Dempster Highway, der nach 2,5 Stunden Autofahrt und einer Flussüberquerung in Inuvik endet. Über den Mackenzie River gelangt der Reisende im Sommer mit Hilfe einer Fähre. Im Winter ist die Überquerung problemlos, da der Fluss von einer dicken Eisdecke überzogen ist. Aber im Frühjahr, wenn das Eis schmilzt, wenn also der Fluss aufbricht, kommt der Verkehr über den Mackenzie River eine Zeitlang völlig zum Erliegen, und die Preise in den Geschäften steigen rapide. Dann kostet zum Beispiel ein Liter Milch CAD 9,20 oder eine Banane CAD 1,20.

Krankenversicherung / Yukon Health Care Insurance Plan

(s. auch Teil 3, »Gesundheits- und Sozialwesen«)

Yukon erhebt keine Beiträge für die Krankenversicherung. Sie wird über die allgemeinen öffentlichen Einnahmen des Territoriums finanziert. Wenn Sie den Status »Permanent Resident« haben, sind Sie vom ersten Tag an gebührenfrei versichert. Nach Ankunft sollten Sie sich sofort bei der Krankenversicherung melden, um das entsprechende Formular auszufüllen. Hierfür wird das Einwanderungsdokument benötigt. Auskunft:

Health and Social Services
Government of Yukon
Box 2703
Whitehorse, YT, Y1A 2C6
Telefon: +1/403/667-5209

Jobs und Gehälter

(s. auch Teil 3, »Arbeitsleben«)

Die hohe Arbeitslosenquote wurde verursacht durch die Schließung der Anvil Range Mine, Faro, in 1998. Hinzu kam, dass die Metall-Preise weltweit fielen. So schwanken die Arbeitslosenzahlen zwischen 6 Prozent im Sommer und 17,5 Prozent im Winter.

Gesucht werden Facharbeiter, Handwerker, Bergwerk- und Bauarbeiter, Kranführer sowie Kontoristinnen, Sekretärinnen, Buchhalter mit Computererfahrungen und Sozialarbeiter. Hauptarbeitgeber sind die Regierung und der Bergbau. Der Mindeststundenlohn beträgt CAD 7,20, der durchschnittliche Wochenlohn liegt bei CAD 695. Auskunft:

Human Resources Centre of Canada
125-300 Main Street
Whitehorse, YT, Y1A 2B5
Telefon: +1/867/667-5083
Internet: *www.workfutures.yk.ca* und *www.yt.hrdc-drhc.gc.ca*

Verdienstbeispiele:

Jobs	CAD ohne	CAD mit Gewerkschaft
Accountant	16–19/hr	
Auto Mechanic	17–20/hr	19–21/hr
Baker	7/hr	20/hr
Bartender	6–10/hr	
Bookkeeping Clerk	9–15/hr	
Bus Driver	16–17/hr	20/hr
Camp Cook	7,50/hr	20–21/hr
Campground Attendant	7,50/hr	16,50/hr
Carpenter	11–21/hr	23/hr
Chamberperson	7–8,50/hr	
Chefs and Cooks	7,50–17,30/hr	
Childcare Worker	7,50–15/hr	
Dental Assistant	9–19/hr	
Desk Clerk	7,50–10/hr	
Dishwasher/Kitchen Help	6,50–7/hr	
Driller	13–17/hr	15,60/hr
Electrician	20/hr	21–23/hr
First Aid Attendant		13/hr
Flagperson		15/hr
General Office Clerk	6,50/hr	14/hr
Heavy Duty Mechanic	19,60/hr	21/hr
Heavy Equipment Operator		19/hr
Janitor	6,50–8,50	12/hr
Labourer	7–13/hr	16/hr
Lodgeworker	7,50/hr	
Machinist		21–23/hr
Maintenance Person	10–15/hr	
Millwright		20/hr
Miner		17/hr
Nurse		15–18/hr
Nursing Assistant	10/hr	16–30/hr
Partsperson	8–11/hr	

Painter	11–19/hr	
Plumber	11–19/hr	23/hr
Receptionist	6,50/hr	14/hr
Researcher (Archives)		16,50/hr
Sales Clerk	6,50–9,80/hr	
Secretary/Steno	6,50	13–19/hr
Security Guard	8–13/hr	
Server	6–8/hr	8–9/hr
Service Station Attendant	6–8,50/hr	
Stationary Engineer		17–19/hr
Surveyor		16/hr
Survey Assistant	15/hr	16/hr
Tellers & Cashiers	13–18/hr	
Truck Driver	8–17/hr	18/hr
Typists & Clerks	10–12/hr	
Welder		20/hr
Warehouseperson		16–20/hr
Wildlife Technician		16/hr

Saisonbedingte Feuerwehrcrew	CAD ohne	CAD mit Zertifikat
Crew Boss	11,55/hr	13,15/hr
Initial Attack Firefighter	10,20/hr	11,35/hr
Unit Firefighter	7,15/hr	8,75/hr

Ausbildung

Schule:
Adressen:

Department of Education
Box 2703
Whitehorse, YT, Y1A 2C6
Telefon: +1/867/667-5141
Fax: +1/867/393-6254

Yukon College
P.O. Box 2799
Whitehorse, YT, Y1A 5K4

Telefon: +1/867/668-8800
Internet: *www.yukoncollege.yk.ca*

Business Immigration
(s. auch Teil 1, »Business Class«)
Whitehorse ist Kanadas nordwestlichste Stadt und die Hauptstadt des Yukon Territoriums. Über 70 Prozent von Yukons Bevölkerung lebt in Whitehorse. 23 Prozent der Bevölkerung sind Ureinwohner. Während des »Gold Rush« 1898 war Whitehorse eine Minen-Stadt. Noch heute sind die Hauptarbeitgeber im Bergbau (Mining Industry) zu finden. Auskünfte über Investmentmöglichkeiten erhalten Sie bei:

Industry, Trade and Investment
Department of Economic Dvelopment
211 Main Street, Box 2703
Whitehorse, YT, Y1A 2C6
Telefon: +1/867/667-5466
Fax: +1/867/667-8601
Internet: *www.economicdevelopment.gov.yk.ca* – Department of Energy, Mines and Resources

City of Whitehorse
2121 Second Avenue
Whitehorse, YT, Y1A 1C2
Telefon: +1/867/667-6401
Fax: +1/867/668-2421

Whitehorse Chamber of Commerce
101-302 Steele Street
Whitehorse, YT, Y1A 2C6
Telefon: +1/867/667-7545
Fax: +1/867/667-4507

Immobilien
(s. auch Teil 3, »Wohnen«)
Nachstehend einige Informationen zu Haus- und Landkauf. Wer mehr erfahren möchte, wende sich direkt an die »Real Estate Agencies«.
Dawson City, 1820 Einwohner. Im Jahr 1896, als noch Gold im Bonanza Creek gefunden wurde, lebten hier 30 000 Einwohner. Viele der originalen Gebäude sind noch erhalten. Ein 3-Bedroom-Haus kostet

CAD 124 900, die Miete für ein 1-Bedroom-Appartement CAD 325.
Haines Junction, 805 Einwohner, ist der Haupteingang zum Kluane National Park mit Kanadas höchstem Berg, dem Mt. Logan (5959 m). Ein 3-Bedroom-Haus kostet CAD 144 000, die Miete für ein 2-Bedroom-Appartement CAD 750.
Watson Lake, 1550 Einwohner, bildet das Tor zum Yukon. Eine moderne Gemeinde mit Flughafen und das Zuhause der Wasserflugzeuge. Ein 3-Bedroom-Haus kostet CAD 115 500, die Miete für ein 2-Bedroom-Appartement CAD 300.
Whitehorse, 22 130 Einwohner, hat eine Kleinstadt-Atmosphäre. Erschwingliche Hauspreise und eine gesunde Wirtschaft machen es zu einer angenehmen Stadt, in der es sich gut wohnen und leben lässt. Hier befindet sich auch der Internationale Flughafen. Ein 3-Bedroom-Haus kostet CAD 152 000, die Miete für ein 2-Bedroom-Appartement CAD 660.

Immobilienmakler:
Adressen:

Century 21
Upnorth Realty Sales Ltd
4230-4th Avenue
Whitehorse, YT, Y1A 1K1
Telefon: +1/867/667-7000
Fax: +1/867/667-7005
E-Mail: century21@yukon.net
(sprechen Deutsch)

Coldwell Banker
Redwood Realty
4150-4th Avenue
Whitehorse, YT, Y1A 1J2
Telefon: +1/867/668-3500
Fax: +1/867/667-2299
(sprechen Deutsch)

Unterkünfte
Auszug aus dem Vacation Guide. Es sind keine Übernachtungspreise mehr angegeben, diese müssten Sie sich erfragen. Rechnen Sie mit CAD 77 aufwärts pro Nacht für 2 Personen (Übernachtung und Frühstück).

Klondike Kates Cabins, Rooms & Restaurant
Box 417
Dawson City, YT, Y0B 1G0
Telefon: +1/867/993-6526
Fax: +1/867/993-6044

The Cabin B&B
Box 5334
Haines Junction, YT, Y0B 1L0
Telefon & Fax: +1/867/634-2626

Belvedere Motor Hotel
Box 370 Station B
Watson Lake, YT, Y0A 1C0
Telefon: +1/867/536-7712
Fax: +1/867/536-7563

River View Hotel
102 Wood Street
Whitehorse, YT, Y1A 2E3
Telefon: +1/867/667-7801
Fax: +1/867/668-6075
Internet: *www.riverview.ca*
(sprechen Deutsch)

Die vollständige Broschüre erhalten Sie bei:
Tourism Yukon
P.O. Box 2703
Whitehorse, YT, Y1A 2C6
Telefon: +1/867/667-5340
Fax: +1/867/667-3546
Internet: *www.touryukon.com*
www.yukonweb.com/tourism – Unterkünfte

Lebenshaltungskosten
Die durchschnittlichen Lebenshaltungskosten sind zirka 19 Prozent höher als in Vancouver / British Columbia.

Energieversorgung:
Adresse:

The Yukon Electrical Co. Ltd.
P.O. Box 4190
Whitehorse, YT, Y1A 3T4
Telefon: +1/867/633-7000
Fax: +1/867/668-3965
Internet: *www.yukonelectrical.com*

Die Stromspannung beträgt 110 Volt bei 60 Hertz. Eine Umstellung auf 220 Volt/60 Hertz ist mittels eines Transformators möglich. Der durchschnittliche Stromverbrauch von monatlich 1000 kWh kostet in Whitehorse etwa CAD 106.

Telefon:
Grundgebühren: monatlich CAD 19 privat beziehungsweise CAD 22-56 geschäftlich
Telefonanschluss: CAD 37,50

Yukon Telephone Co. Inc.
Box 873809
Wasilla, AK 99687-3809
USA
E-Mail: yukon@yukontel.com
Internet: *www.yukontel.com*

Lebensmittelpreise:

Broccoli	CAD 1,00/500 g
Brot/Toast	CAD 1,50/450 g
Butter	CAD 4,20/500 g
Camembert	CAD 2,80/200 g
Kaffee	CAD 2,30/300 g
Kartoffeln	CAD 1,50/2,5 kg
Margarine	CAD 3,00/kg
Möhren	CAD 1,12/500 g
Prawns (Garnelenart)	CAD 17,60/kg
Reis	CAD 1,80/200 g
Rinderbraten	CAD 7,50/kg
Rinderfilet	CAD 7,00/500 g
Rindergehacktes	CAD 2,20/500 g
Rindergulasch	CAD 2,70/500 g
Rindersteak	CAD 4,50/500 g

Salat	CAD 0,90/Stück
Schweinesteak	CAD 8,80/kg
Shrimps (Garnelenart)	CAD 12,00/40 Stück
Truthahn, frisch	CAD 3,50/kg
Zwiebeln	CAD 0,50/500 g

Auto

(s. auch Teil 3, »Auto«)
Ihr nationaler Führerschein ist in Verbindung mit dem Internationalen Führerschein ein Jahr lang gültig. Jedoch sollten Sie sich früh genug für den Erwerb des kanadischen Führerscheins anmelden. Kosten: Erstausstellung CAD 80, erforderliche Erneuerung alle fünf Jahre CAD 50.

Versicherung:
Daran denken: Der Schadensfreiheitsrabatt wird anerkannt.

Autovermietung:
Falls Sie ein Fahrzeug mieten möchten, können Sie zwischen verschiedenen Verleihfirmen wählen:

National Tilden
Norcan
213 Range Road
Whitehorse, YT, Y1A 3E5
Telefon: +1/867/668-2137
Fax: +1/867/633-3110
E-Mail: tilden@norcan.yk.ca

Budget
4178 4th
Whitehorse, YT, Y1A 1J6
Telefon: +1/867/667-6200
Fax: +1/867/667-2732
E-Mail: budget@mail.klondike.com

Klondike Recreational Rentals Ltd
Box 5156
Whitehorse, YT, Y1A 4S3
Telefon: +1/867/668-220

Fax: +1/867/668-6567
E-Mail: klondike@shuswap.net
(Vermieten Wohnmobile)

Autopreise:
Cars:
2003 Ford Focus	CAD 20 100
2002 Chrysler Cruiser	CAD 22 900
2001 VW Golf	CAD 17 700
2000 Honda Civic	CAD 12 900
1999 Toyota Camry	CAD 14 800

Trucks:
2003 Dodge Dakota 4x4	CAD 28 500
2002 Nissan Frontier 4x4	CAD 30 500
2001 Toyota Tundra 4x4	CAD 32 900
2000 Ford F150 4x4	CAD 29 900
1999 Dodge Dakota 4x4	CAD 16 900

Benzinpreis:
CAD 0,90/l Normal

Informationen & Service

Banken befinden sich in Carmacks, Dawson City, Faro, Haines Junction, Teslin und Whitehorse. Die Banken in Whitehorse sind CIBC, Royal Bank, Toronto Dominion, Bank of Montreal und Bank of Nova Scotia.

Tourist Information: *www.touryukon.com* und *www.visitYukon.com*

Government of Yukon
P.O. Box 2745
Whitehorse, YT, Y1A 5B9
Internet: *www.gov.yk.ca*

Canada Immigration & Customs
2150-300 Main Street
Whitehorse, YT, Y1A 2B5
Telefon: +1/867/667-5010

Zeitungen

Yukon News
211 Wood Street
Whitehorse, YT, Y1A 2E4
Telefon: +1/867/667-6285
Fax: +1/867/668-3755
Internet: *www.yukon-news.com*
(erscheint Montag, Mittwoch und Freitag)

Whitehorse Star
2149-Second Avenue
Whitehorse, YT, Y1A 1C5
Telefon: +1/867/667-4774
Fax: +1/867/668-7130
Internet: *www.whitehorsestar.com*

Anhang

Nützliche Adressen

Auswandererberatungstellen
Demjenigen, der seinen Wohnsitz ins Ausland verlegen will und der aus diesem Grund Informationen und Beratung sucht, stehen über 70 Beratungsstellen unterschiedlicher Trägerverbände im Bundesgebiet zur Verfügung.

ICMC (International Catholic Migration Commission)
– Hauptgeschäftsstelle –
65 Rue de Lausanne
CH-1201 Genf, Schweiz
Telefon: +41/(0)229/191020
Fax: +41/(0)229/191048

Vertretungen der International Catholic Migration Commission in der Bundesrepublik Deutschland:

Beratungsstelle für Auswanderer, Auslandstätige und Ehen mit Ausländern (St.-Raphaels-Verein)

Raphaels-Werk
Adenauerallee 41
20097 Hamburg
Telefon: +49/(0)40/248442
Fax: +49/(0)40/248442

Raphaels-Werk
Georgstraße 20
50676 Köln
Telefon: +49/(0)221/2010225
Fax: +49/(0)221/2010149

Das Raphaels-Werk, ein Fachverband des Deutschen Caritasverbandes, unterhält 26 Beratungsstellen im Bundesgebiet, ist staatlich anerkannt

und arbeitet eng mit dem Bundesverwaltungsamt – Amt für Auswanderung – zusammen.
Hier erhalten Sie kostenlose Beratung über entsprechende Auswanderungsländer. Sie erhalten Hilfe bei der Antragstellung und während der ganzen Dauer der Antragsbearbeitung. Sie werden auch beraten beim Abschluss von Verträgen für Auslandstätige sowie bei allen Fragen, die sich bei einer Auswanderung auf Zeit (Entwicklungshilfe, Aufenthalt im Ausland zur Berufsfortbildung u.Ä.) ergeben.

Diakonisches Werk
der Evangelischen Kirche in Deutschland
– Hauptgeschäftsstelle –
Referat Wanderung
Stafflenbergstraße 76
70184 Stuttgart
Telefon: +49/(0)711/2159541
Fax: +49/(0)711/2159130

Das Diakonische Werk unterhält 14 Beratungsstellen.

Institut für Auslandsbeziehungen e.V.
– Auslandsinformations- und Beratungsstelle –
Charlottenplatz 17
70173 Stuttgart
Telefon: +49/(0)711/2225138
Fax: +49/(0)711/2264346
E-Mail: info@ifa.de
Internet: *www.ifa.de*

Bundesverwaltungsamt
Informationsstelle für
Auslandstätige und Auswanderer
Marzellenstraße 50-56
50728 Köln
Telefon: +49/(0)221/7580
Fax: +49/(0)221/7582768

Das Bundesverwaltungsamt ist Herausgeber der Merkblätter für Auslandstätige und Auswanderer wie zum Beispiel: »Merkblatt

Kanada«. Es unterhält ferner ein Informationssystem über mehr als 130 Staaten der Erde.

Bundesstelle für Außenhandelsinformation
Agrippastraße 87-93
50445 Köln
Telefon: +49/(0)221/20570, Fax: +49/(0)221/2057212
E-Mail: bfai@geod.geonet.de
Internet: *www.bfai.com*

Die BfAI veröffentlicht unter anderem Wirtschaftsstruktur- und Wirtschaftslageberichte sowie Kurzmerkblätter und stellt diese gegen Entrichtung eines Selbstkostenbeitrags zur Verfügung. Länderbezogene Übersichten (Verzeichnisse) über alle BfAI-Veröffentlichungen können dort kostenlos angefordert werden.

Einwanderungsberater

Beratungsstellen in Kanada
Jeder kann sich in Kanada Einwanderungsberater (Immigration Consultant) nennen. Weder eine Lizenz noch Erfahrung ist nötig. Daher sei vor unseriösen Beratern gewarnt.
Auch sollten zukünftige Einwanderer bedenken, dass die Intervention von privaten, gebührenpflichtigen Agenturen oder anderen Personen zwar hilfreich sein kann, letztlich aber keinen Einfluss auf die Annahme bzw. Bearbeitung des Antrags hat.
Sie können ohne weiteres zum Beispiel einen Berater in British Columbia wählen, auch wenn Sie nach Ontario möchten.
Einwanderungsberatergebühren liegen bei CAD 3000 bis 15 000 und werden nur fällig, wenn der Antrag angenommen wird. Die Hälfte wird angezahlt und der Rest ist nach Erhalt des Einwanderungsbescheides fällig. Bei einer Ablehnung werden jedoch CAD 1000 als Unkosten einbehalten.
Hinweis: Die Auflistung der nachfolgend genannten Adressen ist nicht als Empfehlung zu verstehen. Es wird auch keine Gewähr für die Qualität etwaiger in Anspruch genommener Dienstleistungen übernommen noch gar für einen positiven Ausgang des Verfahrens.

Alberta
Pathfinder Consulting

14107-55 Avenue
Edmonton, AB, T6H 0Y4
Telefon: +1/403/437-5131
Fax: +1/403/438-1962
E-Mail: pathfind@agt.net
(Thomas Hess, deutschsprechend)

Bauland Inc.
1200, 340-12 Avenue S.W.
Calgary, AB, T2R 1 L5
Ansprechpartner: Jörg Becker (deutschsprechend)
Telefon: +1/250/358-7966
Fax: +1/250/358-2791
E-Mail: magicplaces@netidea.com
(»Mit dem Entrepreneurprogramm nach Kanada«)

British Columbia
O.I.C. Confraternity Canada Ltd.
Robert Bradley
Immigration Consultants
404-999 Canada Place
Vancouver, BC, V6C 3E2
Telefon: +1/604/913-0389
Fax: +1/604/913-0389
E-Mail: passport@infoserve.net
Internet: *www.oiccanada.com*
(deutschsprechend, ehemaliger »Interviewer« in der Kanadischen Botschaft in Deutschland)

Ahornblatt Canadian Immigration Services Ltd.
Martina Stierli
2252 Breckenridge Court
Kelowna, BC, V1V 1W2
Telefon: +1/250/860-5806
Fax: +1/250/860-5809
E-Mail: info@ahornblatt.com
Internet: *www.ahornblatt.com*

Rechtsanwälte
Die Gebühren liegen zwischen CAD 170 und 250 pro Stunde.

Sylvia Jacob
deutsch-kanadische Anwältin
Büro Kanada:
250 Dundas Street, West
Toronto, ON, M5T 2Z5
Telefon: +1/416/597-2283
Fax: +1/416/597-3370
E-Mail: sjacob@intlaw.m.eunet.de
Büro Deutschland:
Leopoldstraße 77
80802 München
Telefon: +49/(0)89/33040707
Fax: +49/(0)89/33040706

Reiner O. Rothe
deutsch-kanadischer Anwalt
50, 41 Street Avenue West,
Vancouver, BC, V5Z 2M9
Telefon: +1/604/267-1668
Fax: +1/604/267-1698

Richard Kurland
Rechtsanwalt
(Lawyer of »Canadian Bar Associations Immigration Section«)
1788-1111 Georgia Street West
Vancouver, BC, V6G 2V7
Telefon: +1/604/669-0838

Bediako K. Buahene
Suite 501-134 Abbott Street
Vancouver, BC, V6B 2K4
Fax: +1/604/689-5666
Rechtsanwälte, spezialisiert auf Einwanderungen, sprechen Deutsch, Englisch, Französisch, Chinesisch, Russisch und Serbisch

Citizenship and Immigration Canada
Den Selbstbewertungstest können Leser mit Internet-Zugang und ausreichenden Englisch- oder Französisch-Kenntnissen auf der Website von »Citizenship and Immigration Canada« einsehen:
http://cicnet.ci.gc.ca

http://www.canada.gc.ca
www.cdnemb-washdc.org – Kanadische Botschaft, Washington D.C., USA
www.canadianconsulatebuf.org – Kanadisches Konsulat, Buffalo, NY, USA
www.canada.seattle.org – Kanadisches Konsulat, Seattle, WA, USA

Botschaft der Bundesrepublik Deutschland
1 Waverley Street
P.O. Box 379, Station A
Ottawa, ON, K1N 8V4, Kanada
Telefon: +1/613/2321101
Fax: +1/613/594-9330

Generalkonsulat der Bundesrepublik Deutschland
77 Admiral Road
P.O. Box 523, Station P
Toronto, ON, M5S 2T1, Kanada
Telefon: +1/416/9252813
Fax: +1/416/9252818
E-Mail: 106167.430@compuserve.com

Generalkonsulat der Bundesrepublik Deutschland
Marathon Bldg, 43e etage
1250, Boulevard Rene Levesque Ouest
Montreal, PQ, H3B 4X1, Kanada
Telefon: +1/514/9312277
Fax: +1/514/9317239

Generalkonsulat der Bundesrepublik Deutschland
World Trade Centre
999 Canada Place
Vancouver, BC, V6C 3E1, Kanada
Telefon: +1/604/6848377
Fax: +1/604/6848334

Deutsch-Kanadische Industrie- und Handelskammer
Canadian German Chamber of Industry and Commerce Inc.
480 University Avenue, S.1410
Toronto, ON, M5G 1V2, Kanada

Telefon: +1/416/5983355
Fax: +1/416/5981840
E-Mail: 106170.2643@compuserve.com

Zweigstelle:
Canadian German Chamber of Industry and Commerce Inc.
1010 Sherbrooke Street West
Montreal, PQ, H3A 2R7, Kanada
Telefon: +1/514/8443051
Fax: +1/514/8441473
E-Mail: 106334.2300@compuserve.com

Zweigstelle:
Canadian German Chamber of Industry and Commerce Inc.
1030 West Georgia Street
Vancouver, BC, V6E 2Y3, Kanada
Telefon: +1/604/6814469
Fax: +1/604/6814489
E-Mail: 102717.2241@compuserve.com

Zentralstelle für Arbeitsvermittlung
Auslandsabteilung
Feuerbachstraße 42-46
60079 Frankfurt
Telefon: +49/(0)69/71110
Hier erhalten Sie Informationen über Arbeitsmöglichkeiten und die Vermittlung von Arbeitsplätzen im Ausland.

> **Tipp:** Eine sehr gute Hilfe beim Ermitteln von Adressen der Öffentlichen Hand sind die »Blauen Seiten« im Telefonbuch. Dort finden sie auch eine wichtige gebührenfreie Rufnummer des öffentlichen Informations-Service über Kanada. Bevor Sie im Einzelfall verzweifelt das Telefonbuch wälzen, wenden Sie sich an »Reference Canada« (in jedem Provinz-Telefonbuch, Blaue Seiten, unter »Reference Canada«). Wenn Sie Fragen haben zu Business, Patenten, Rente, Sozialhilfe und so weiter: Hier erhalten Sie die entsprechende Regierungs-Rufnummer, unter der Ihnen weitergeholfen wird.

Adressen der Provinz-Regierungen

Briefe an den »Prime Minister« sowie an Minister, die Member of Parliament (MP) sind, sind innerhalb Kanadas portofrei, aber nur, wenn sie an das House of Commons in Ottawa, Ontario, geschickt werden. Nachstehend die Adressen der Premier-Büros der einzelnen Provinzen. Sie sind eine gute Anlaufstelle für irgendwelche aufkommenden Fragen, sei es über die Provinz oder bis hin zur Geschäftseinwanderung. Ihre Fragen werden automatisch an die zuständigen Stellen weitergeleitet. Korrespondenz in Englisch oder in Quebec in Französisch.

Alberta
Office of the Premier
Legislature Building
Edmonton, AB, Canada
T5K 2B7
www.gov.AB.ca

British Columbia
Office of the Premier
Parliament Buildings
Victoria, BC, Canada
V8V 1X4
www.gov.BC.ca

Manitoba
Office of the Premier
204 Legislature Building
Winnipeg, MB, Canada
R3C 0V8
www.gov.MB.ca

New Brunswick
Office of the Premier
Box 6000
Fredericton, NB, Canada
E3B 5H1
www.gnb.ca

Newfoundland and Labrador
Office of the Premier
Confederation Bldg
St. Johns, NF, Canada
A1B 4J6
www.gov.NF.ca

Nova Scotia
Office of the Premier
Province House
Box 726
Halifax, NS, Canada
B3J 2T3
www.gov.NS.ca

Northwest Territories
Government of Northwest Territories
Legislative Assembly Building
Yellowknife, NWT, Canada
X1A 2L9
www.gov.NT.ca

Nunavut Territory
Government of Nunavut
P.O. Box 1450
Iqaluit, NT, Canada
X0H 0H0
www.gov.NU.ca

Ontario
The Premier of Ontario
Legislative Building
Queens Park
Toronto, ON, Canada
M7A 1A1
www.gov.ON.ca

Quebec
Gouvernement du Quebec
Cabinet du Premier Ministre
855, Grande-Allee Est
Quebec, PQ, Canada
G1A 1A2
www.gouv.QC.ca

Yukon Territory
The Yukon Government
Box 2703
Whitehorse, YT, Canada
Y1A 2C6
www.gov.YUK.ca

Prince Edward Island
Office of the Premier
P.O. Box 2000
Charlottetown, PE, Canada
C1A 7N8
www.gov.PE.ca

Saskatchewan
Premier of Saskatchewan
Legislature Building
Regina, SK, Canada
S4S 0B3
www.gov.SK.ca

Adressen zur Mobilität

Die Einfuhr des eigenen Wagens nach Kanada ist zwar relativ unproblematisch, kostenmäßig aber nur rentabel, wenn Sie sich dort mehrere Monate aufhalten. Einwanderer dürfen Ihr Auto ab Einwanderungsdatum für die nächsten zwei Jahre nicht verkaufen.
Transport Canada
Vehicle Importation
344 Slater Street
Ottawa, ON, K1A 0N5
Telefon: +1/613/998-2508
(Informationen für Auto-Überführungen)

BCAA (B.C. Automobile Association)
4567 Canada Way
Burnaby, BC, V5G 4T1
Telefon: +1/604/268-5000
(Autoclub ähnlich dem ADAC)

ICBC (Insurance Corporation of BC)
151 West Esplanade
Vancouver, BC, V7M 3J9
Telefon: +1/604/661-2800

Jeder kanadische Bürger, der Auto fährt, muss eine Versicherung haben. Weitere Adressen finden Sie im Telefonbuch unter »Insurance« in den Gelben Seiten.

Reisen in Kanada

Mit dem Bus:
Greyhound Canada
Air & Bus Passenger Information
1150 Station Street
Vancouver, BC, V6A 2X7
Telefon: +1/604/482-8747
Fax: +1/604/683-0144

Mit dem Flugzeug (Inlandsflüge):
Es gibt eine ganze Anzahl regionaler Fluggesellschaften, die ermäßigte Flüge innerhalb des Landes anbieten. Im Telefonbuch, Gelbe Seiten, unter »Airlines« nachschauen oder in den Wochenendausgaben der wichtigsten Tageszeitungen der jeweiligen Provinz nach Angeboten Ausschau halten.

Mit dem Zug:
BC Rail Ltd
221 West Esplanade
Vancouver, BC, V7M 3J3
Telefon: +1/604/986-2012, innerhalb Vancouvers: 631-3510
(Informationen über Tagestouren und Ferienpakete)

VIA Rail Canada Inc.
CN Station
Main Street at Terminal Avenue
Vancouver, BC, V6A 2L7
Telefon: +1/604/669-3050
Ihr Liniennetz erstreckt sich von Küste zu Küste. Eine Reise quer über den Kontinent dauert etwa fünf Tage.

Mit dem Mietwagen:
Grundsätzlich muss das Mindestalter des Mieters 21 bzw. 23 Jahre betragen; es genügt der eigene nationale Führerschein. Die Vermieter akzeptieren als Sicherheitsleistung die Kreditkarte. Ratsam ist es auf jeden Fall, eine Vollkasko- und eine Insassenversicherung abzuschließen. Achten Sie im Mietvertrag genau auf die gestellten Bedingungen, vor allem darauf, ob Kilometer- oder Rückführungsgebühren zum Ausgangsort erhoben werden; das kann nämlich bei den riesigen Entfernungen sehr teuer werden.
Hinweis: Viele Kreditkarten beinhalten schon eine Autoversicherung. Achten Sie also darauf, dass Sie nicht doppelte Gebühren bezahlen.

Camper- und Mobilehome-Verleih:
Alldrive Canada
1908 10th Avenue, South West
Calgary, AB
Telefon: +1/403/245-2935
Fax: +1/403/245-2959
E-Mail: sales@alldrive.com
Internet: *www.alldrive.com*
(deutschsprechend)

Candan RV Rentals
Motorhome Holidays
20257 Langley Bypass
Langley, BC, V3A 6K9
Telefon: +1/604/530-3645
Fax: +1/604/530-1696
E-Mail: rentals@candan.com
Internet: *www.candan.com*
(deutschsprechend)

Takers Motor Home Rentals
P.O. Box 532, Shearwater
Halifax, NS, B0J 3A0
Telefon & Fax: +1/902/465-3335
(deutschsprechend)

Volkswagen Richmond Hill
10440 Yonge Street
Richmond Hill, ON, L4C 3C4
Telefon: +1/905/883-5526
Fax: +1/905/884-4384
(deutschsprechend)

Spediteure / Versandhäuser
Übersee-Spediteure
Container-Sammelverkehr, Verschiffung, Verzollung und Anschlusstransport zum Endempfänger:

J.H.Bachmann GmbH & Co.
Schlachte 15-18
Postfach 10 75 09
280075 Bremen
Telefon: +49/(0)421/17680
Fax: +49/(0)421/1768-400

Kühne & Nagel (AG&Co)
Buchholzer Straße 62-65
13156 Berlin
Telefon: +49/(0)30/7511668
Fax: +49/(0)30/47690835

Moeller Transporte
Internationale Spedition
Kölner Landstraße 270
52351 Düren
Telefon: +49/(0)2421/7105255
Fax: +49/(0)2421/73104

Trans-Trading-Süd GmbH
Internationale Spedition
82502 Wolfratshausen
Telefon: +49/(0)8171/4298
Fax:+49/(0)8171/429870

Spediteure in Kanada
J.H. Bachmann Canada Inc.
6205 Airport Road
Mississauga, ON, L4V 1E1
Telefon: +1/905/678-9880
Fax: +1/905/673-7598

Geologistics
205A-4831 Miller St.
Richmond, BC
(Vancouver Airport)
Telefon: +1/604/270-7582
Fax: +1/604/270-4712
Internet: *www.geo-logistics.com*

Kühne & Nagel International Ltd.
700-535 Thurlow Street
Vancouver, BC, V6E 3L2
Telefon: +1/604/684-4531
Fax: +1/604/688-3290

Spediteure in Kanada finden Sie im Telefonbuch, Gelbe Seiten, unter »Shipping Agent« oder »Freight Forwarders«.

Versandhäuser / Kataloge
Conrad Elektronik Versand
92240 Hirschau
Hier erhalten Sie einen Transformator (Vorschalttrafo von 110V auf 220V), mit dem Sie Elektrogeräte aus Ihrer Heimat in Kanada betreiben können.
IKEA Geschäftsstellen in Kanada:
Calgary und Edmonton, AB / Coquitlam und Richmond, BC / Burlington, North York, Ottawa und Toronto, ON / Boucherville und Montreal, QC
Internet: *www.Ikea.ca*
Sears Canada Inc.
Box 8890, Station B
Willowdale, ON, M2K 9Z9
E-Mail: home@sears.ca
Internet: http://www.sears.ca

Lee Valley
P.O.Box 6295, Stn.J
Ottawa, ON, K2A 1T4
Internet: *www.leevalley.com*
Einkauf von erstklassigem Werkzeug für Feinmechanik, Holzbearbeitung und Gartenwerkzeuge
Zweigniederlassungen: Calgary und Edmonton, AB / Coquitlam und Vancouver, BC / Burlington, London, Ottawa und Toronto, ON / Halifax, NS / Winnipeg, MB

Cabelas
Fishing-Hunting-Outdoor Gear
8112 13th Avenue
Sidney, NE 69160, USA
Internet: *www.cabelas.com*

Zeitungen
Die wichtigsten Tageszeitungen finden Sie in den Beschreibungen der jeweiligen Provinzen.

Deutsche Ausgaben im Abonnement
German Canadian News Company, Ltd.
25-29 Coldwater Road
Toronto, ON, M3B 1Y8
Telefon: +1/416/391-4192
Fax: +1/416/391-4194
Erhältlich: *Der Spiegel, Die Zeit*

Deutsche Rundschau
Klugmann Communications Inc.
693 Ravenshoe Road
Udora, ON, L0C 1L0
Telefon: +1/705/228-1000
Fax: +1/705/228-1110
E-Mail: klugmann@deutsche-rundschau.com
Internet: *www.deutsche-rundschau.com*
(monatliche Ausgaben)

Kanada Kurier
955 Alexander Ave

Winnipeg, MB, R3C 2X8
Telefon: +1/204/774-1883
Fax: +1/204/783-5740

Kanadische Ausgaben
The Globe and Mail
444 Front Street West
Toronto, ON, M5V 2S9
Telefon: +1/416/585-5000
Fax: +1/416/585-5085
E-Mail: circulation@globeandmail.com
Internet: *www.theglobeandmail.com*
(Kanadas nationale Tageszeitung)

The Western Producer
(Box 2500), 2310 Millar Avenue
Saskatoon, SK, S7K 2C4
Telefon: +1/306/665-3515
Fax: +1/306/653-8750
Internet: *www.producer.com*
Auflage: 1,14 Mio.
Kanadas größte wöchentliche Farmerzeitung. Auch interessant, wenn Sie auf einer Farm arbeiten möchten. Zu kaufen in den Provinzen Alberta, British Columbia, Manitoba und Saskatchewan.

British Columbia & Yukon
Community Newspapers Association
230-1380 Burrad Street
Vancouver, BC, V6Z 2H7
Telefon: +1/604/669-9222
Fax: +1/604/684-4713
Mit dieser »Network Classified« erreichen Sie mehr als drei Millionen Leser, eine Anzeige kostet CAD 280.

Buy & Sell
350 Columbia Street, N West
Vancouver, BC, V3L 1A6
Telefon: +1/604/540-4455
Fax: +1/604/540-6451
Kostenlose Kleinanzeigen, es wird auch International inseriert.

Hinweis:
Jede Provinz, jede Region und jede größere Stadt hat ihre eigene Zeitung mit kostenlosen Kleinanzeigen.

The Georgia Straight
1770 Burrard Street
Vancouver, BC, V6J 3G7
Telefon: +1/604/730-7000
Fax: +1/604/730-7010
E-Mail: info@straight.com
Internet: *www.straght.com*
Diese kostenlose Stadt-Zeitung wird jeden Donnerstag in Vancouver verteilt; meistens in Cafes und Buchläden.

Canada Employment Weekly
15 Madison Avenue
Toronto, ON, M5R 2S2
Telefon: +1/416/964-6069
Fax: +1/416/964-3202
E-Mail: mci@mediacorp2.com
Internet: *www.mediacorp2.com*
Hier finden Sie Job-Angebote in Kanada.

Moving To
44 Upjohn Road Suite 100
Don Mills, ON, M3B 2W1
Telefon: +1/416/441-1168
Fax: +1/416/441-1641
E-Mail: movingto@idirect.com
Internet: *www.movingto.com*
Interessantes Magazin für jeden Neuankömmling. Fragen Sie nach Ihrer Provinzausgabe, CAD 10.

> **Tipp:** In der Bücherei nach »Canadian Advertising Rates & Dates« von Maclean-Hunter fragen. Dies enthält »The Canadian Newspaper and Magazine Directory«. Oder nach »Ethnic Publications« fragen. Hier finden Sie Adressen von Zeitschriften in allen Sprachen, die in Kanada veröffentlicht werden.

Kostenlose Kanada-Information per E-Mail
Seit Oktober 2000 können Sie jede Woche aktuelle Informationen in deutscher Sprache über Ereignisse in Kanada und die deutsch-kanadischen Beziehungen als E-Mail zugeschickt bekommen. Der elektronische Informationsdienst ist ein kostenloses Angebot der kanadischen Botschaft in Deutschland. Um in den Verteiler aufgenommen zu werden, müssen Sie einfach eine kurze Mitteilung an eine der folgenden E-Mail-Adressen schicken:
listserv@listserv.gmd.de oder webmaster@kanada-info.de
Internet: *www.kanada-info.de/main/gmalmain.htm*

Die 15-seitige Broschüre »Helpful Internet Sites of Governments« mit wichtigen Regierungs-Internetadressen und Links erhalten Sie beim Ministry of Economic Development, Trade and Tourism (MEDTT):
MEDTT-Business Immigration Section, Toronto, Ontario
Fax: +1/416/325-6653
E-Mail: bis@edt.gov.on.ca

Empfehlenswerte Magazine und Bücher

Magazine
- *Backpacker,* monatliches amerikanisches Abenteuerreise-Magazin mit Tests; Zelt, Rucksack, Wanderschuhe usw.
- *Beautiful British Columbia,* monatliches Naturmagazin
- *Explore,* vierteljährliches kanadisches Abenteuerreise-Magazin
- *Harrowsmith,* monatliches Gartenmagazin (Gärtnern ohne Gift)
- *The Macleans Guide to Canadian Colleges,* (jährlich neu)

Canada Journal
12 Lawton Blvd.
Toronto, ON, M4V 1Z4
Telefon: +1/416/927-9129
Fax: +1/416/927-9118
E-Mail: info@canadajournal.ca
Internet: *www.canadajournal.ca*
oder:
Canada Journal
Leserservice
Postfach 990152
D-51083 Köln

(Deutschsprachiges internationales Kanada-Magazin für Geschäftsleute und Touristen, erscheint alle zwei Monate)

Canadian Consumer Magazine oder *US-Consumer Buying Guide* Jahrbuch ähnlich dem der »Stiftung Warentest«

Catalogue of Canadian Catalogues
Enthält über 900 Katalog-Adressen. Wenn nicht im Buchladen vorhanden, direkt bestellen bei:
Alpel Publishing
Box 203
Chambly, PQ, J3L 4B3
Telefon: +1/514/658-6205
Fax: +1/514/658-3514

Self-Counsel Press
1481 Charlotte Road
North Vancouver, BC
V7J 1H1
Telefon: +1/604/986-3366
Fax: +1/604/986-3947
Fordern Sie den kostenlosen »Self-Counsel« Buchkatalog an. Er enthält Titel zur Rechtshilfe in Fragen von Business über Einwandern bis hin zum Ruhestand.

International Press Publications
90 Nolan Court, 21
Markham (Toronto), ON, L3R 4L9
Telefon: +1/905/946-9588
Fax: +1/905/946-9590
E-Mail: ipp@interlog.com
Internet: *www.interlog.com/~ipp*, *www.ippbooks.com* oder *www.internationalmailinglists.net*
Fordern Sie hier das umfangreiche Bücherverzeichnis (über 5000 Buchtitel) an vom Messe-Leitfaden über Wörterbücher bis hin zum »erfolgreichen Geschäftsmann«.

Bücher
»Wealth without Risk for Canadians«, Charles J. Givens, Stoddart Publishing, Toronto, ON, Canada

Dieses Buch enthält Wissenswertes über Themen von Versicherungen über Hypotheken bis hinein ins Wirrwarr des Steuernetzes und ist für jeden verständlich geschrieben.

»Know Your Rights«, Readers Digest, Montreal, QC, Canada
Ähnlich wie das »Bürgerliche Gesetzbuch«; verständlich geschrieben.

»The Canadian Global Almanac«
Das Buch enthält fast alles, was Sie über Kanada wissen wollen. (Jährliche Neuauflage.)

> **Tipp:** Benötigen Sie spezielle Regierungs-Adressen, Regierungs-Informationen, Anschriften von Privaten Schulen und vieles mehr, so gehen Sie in die nächste Bücherei und fragen nach dem »Canadian Sourcebook« oder »Canadian Almanac Directory«. Diese Bücher erscheinen jährlich neu und werden nicht ausgeliehen.

Bücher und Landkarten für Reisende
»Klix Ultimate Travel Guide«, Beautiful British Columbia Magazine-Verlag, Victoria, BC, Canada
Gute Reiseinformationen über British Columbia und Alberta.

»The Milepost«, Morris Verlag, Georgia, USA
Internet: *www.themilepost.com*
Gute Informationen über Alaska, Alberta, British Columbia, Nordwest Territorien und Yukon, mit Fährenübersicht und Straßenkarte.

Apa Guides Kanada, Nelles Verlag, München

Gadd, Ben: Handbook of the Canadian Rockies, Corax Verlag, Jasper, AB, Canada

Goward, Trevor, und Hickson, Cathie: Nature Wells Gray, Lone Pine Verlag, Edmonton, AB, Canada

Canada Map Office
130 Bentley Avenue
Ottawa, ON, K1A 0E9

Telefon: +1/613/952-7000
Fax: +1/613/957-8861
Hier erhalten Sie topographische und Flugnavigationskarten.

Hilfreiche Internet-Seiten
Arbeit
(HRDC = Human Resources Development Canada)
www.ab.hrdc-drhc.gc.ca – Jobangebote für Alberta, Northwest Territories, Nunavut
www.hrdc.gc.ca – Map of Canada, Jobs
www.hrdc.gc.ca/career – Karriere-Berufe
www.jb-ge.hrdc-drhc.gc.ca – kanadaweite Jobsuche, Studenten
www.labour.gov.bc.ca/minimumwage – Provinz British Columbia
www.pe.hrdc-drhc.gc.ca – Prince Edward Island, Jobangebote und mehr
www.qc.hrdc-drhc.gc.ca – Quebec, Jobangebote und mehr
http://workplace.hrdc-drhc.gc.ca – Job Listings, Gesuche kanadaweit
www.hrdc-drhc.gc.ca – Jobangebote (320 Büros kanadaweit)
www.careerclick.com – Kleinanzeigen
www.hunt.ca – Zeitarbeit
www.mediacorp2.com – Career Directory
www.workdestinations.org – Für Kanadier oder Einwanderer und Studenten: Berufe und Handel in Kanada, vom Umzug bis hin zur Arbeitsmarktsituation
www.workinfonet.ca – virtual library of career and employment information
www.workopolis.com – Kanadas größte Website mit Arbeitsangeboten
www.worksearch.gc.ca – Strategien für die Arbeitssuche
www.worksitecanada.com/news – Kleinanzeigen kanadaweit
http://rcpsc.medical.org – The Royal College of Physicians
www.physiotherapy.ca – alles über Krankengymnastik
www.wwoof.ca – weltweite Möglichkeiten, als Volunteer (freiwilliger Helfer) auf Bio-Bauernhöfen zu arbeiten

Ausbildung
www.aucc.ca – Association of Universities and Colleges of Canada
www.accc.ca – Association of Canadian Community Colleges
www.directioncanada.gc.ca – Ausbildung, Sprache, Schule
www.edu.gov.on.ca – Ministry of Education and Training
www.schoolfinder.com – alle kanadischen Universitäten, Schulen, Colleges

Auto
www.adac.de
www.autos.canada.com – Gebrauchtwagen
www.bcaa.bc.ca – Autoclub British Columbia
www.CanadaTrader.com – British Columbias größte Website mit Gebrauchtwagen und -Trucks
www.mjervin.com – aktuelle Kraftstoffpreise, kanadaweit
www.mto.gov.on.ca – Ministry of Transportation
www.pppc.nf.ca – Kraftstoffpreise
www.saferoads.com – aktuelle Straßenberichte

Mietwagen
www.avis.com
www.budgetrentacar.com
www.hertz.com
www.thrifty.com
www.leggrowstravel.nf.ca – (Newfoundland)
www.goalamo.com
www.alldrive.com
www.candan.com

Business
www.bfai.com
www.businessgateway.ca
www.cbsc.org – Canada Business Service Centre
www.cse.gov.bc.ca/immigration – click business
www.economicdevelopment.gov.yk.ca – Department of Energy, Mines and Resources, Yukon Territory
www.entrepreneurmag.com/resource.hts – Franchising Magazine
www.expoguide.com – worldwide Trade Shows
www.HomeBusinessReport.com – Business Magazine kanadaweit
www.hrdc-drhc.gc.ca – click business week magazine online
www.iciworld.com – Suchmaschine für kanadische commercial real estate properties
www.IHK-Koeln.de – click International; Auslandsgeschäfte und Länderinformationen
www.magicplaces.ca – Ausstieg auf Zeit
www.novascotiabusiness.com – Provinz Nova Scotia
www.ontario-canada.com – Ministry of Enterprise
www.2ontario.com/bi/home.asp – alles, was man wissen sollte für

Business Immigration
www.strategis.gc.ca – kanadische Industrie
www.success.nfld.net – Trade and Investment in Newfoundland/Labrador
www.web11.snb.ca – Business, Employment, Catalogues

Einwanderungsberater
www.oiccanada.com
www.ahornblatt.com

Immobilien
www.crea.ca – Links zu Commercial, International and Residential Properties
www.landmgmt.gov.mb.ca – Regierungsland erwerben
www.mls.ca/mls/home.asp – Multiple Listing Service, Haus- und Landkauf kanadaweit oder
www.MultipleListing.ca – kanadaweit residential properties
www.ruralroutes.com/countrynewcomer

Immobilienmakler
www.Century21.com
www.ColdwellBanker.ca
www.ReMax.com
www.RoyalLePage.com

Regierung
www.canada.gc.ca – Government of Canada; Service for: Canadians, non Canadians and Canadian Business
www.canadainternational.gc.ca – Für Nicht-Kanadier, business with Canada, immigrating and visiting, alle Provinzen und Territorien
www.canada.org.uk – Citizenship and Immigration Canada, London, UK; Visa und Informationen für Flüchtlinge
www.canadian-health-network.ca – Gesundheitsinformationen
www.ccra-adrc.gc/ca – Canada Customs and Revenue Agency, Kindergeld, Steuern
www.cfia-acia.agr.ca – Canadian Food Inspection Agency
www.cgii.gc.ca – Government of Canada Informationen
www.hc-sc.gc.ca – Health Canada
www.mrmi.gov.bc.ca – Newcomers Guide
www.passport.gc.ca – Kanadischer Reisepass, online forms

www.statcan.ca – Statistic Canada
www.tc.gc.ca – Transportwesen, click Vehicle Importation
www.theweathernetwork.com – Wetter-Informationen
www.weatheroffice.ec.gc.ca – Wetter-Informationen

Provinzregierungen
Die folgenden Regierungs-Websites bieten sehr viele Informationen und sehr nützliche Links:
www.gov.ab.ca – Provinz Alberta
www.gov.bc.ca – Provinz British Columbia
www.mb.ca – Provinz Manitoba
www.gov.gnb.ca – Provinz New Brunswick
www.nf.ca – Provinz Newfoundland/Labrador
www.gov.ns.ca – Provinz Nova Scotia
www.gov.nt.ca – Northwest Territories
www.gov.nu.ca – Nunavut Territory
www.gov.on.ca – Provinz Ontario
www.gov.pe.ca – Provinz Prince Edward Island
www.gouv.qc.ca – Provinz Quebec
www.gov.sk.ca – Provinz Saskatchewan
www.gov.yk.ca – Yukon Territory

Citizenship and Immigration
http://cicnet.ci.gc.ca – Citizenship and Immigration Canada
www.cic.gc.ca/english/Applications/fees.html – Einreise- und Einwanderungsgebühren
www.cic.gc.ca/english/Contacts/que.html – List of Quebec Immigration Offices
www.cic.gc.ca/englisch/Newcomer/guide – interessant für jeden Neuankömmling
www.cic.gc.ca/english/Pr-card/prc-process.html – Permanent Resident Card
www.cic.gc.ca/english/skilled/assess/Education.asp – Facharbeiter
www.cic.gc.ca/english/skilled/assess/Language.asp – Sprachen
www.cic.gc.ca/english/Sponsor/index.html – Familienbürgschaft
www.cic.gc.ca/english/Work/index.html – temporär arbeiten in Kanada
www.immigration-quebec.gouv.qc.ca/anglais – Immigration Quebec
www.Kanada-infos.de – Kanadische Botschaft, Berlin
www.mrci.gouv.qc.ca – Einwanderung Quebec

Department of Foreign Affairs and International Trade (DFAIT)
http://www.dfait-maeci.gc.ca – Department of Foreign Affairs and International Trade
www.dfait-maeci.gc.ca/canadaeuropa/germany/linksber-de.asp
www.dfait-maeci.gc.ca/canadaeuropa/germany/visa-fees-de.asp – Einreise- und Einwanderungsgebühren
www.dfait-maeci.gc.ca/canadaeuropa/germany/visa-work-procedure-de.asp – Website in Deutsch: zeitlich befristet Arbeiten in Kanada
www.dfait-maeci.gc.ca/canadaeuropa/switzerland/menu-en.asp – Kanadische Botschaft, Bern
www.dfait-maeci.gc.ca/english/study/index.html – Studying in Canada
www.voyage.gc.ca – Website des Departments of foreign affair and International Trade; 270 Büros in über 180 Ländern; Informationen und Unterstützung für Kanadier im Ausland, Links zu Citizenship, Immigration, Customs, Health, Passport, Provinzen von A-Z

Reisen
www.followme.de – Billigflüge weltweit
www.greyhound.ca – mit dem Linienbus kreuz und quer durch Kanada
www.rkymtnrail.com – per Bahn durch die Rocky Mountains
www.bbcanada.com – Unterkünfte
www.bonjourquebec.com oder *www.bonjourquebec.de* – Reisen in Quebec
www.canadascapital.gc.ca – Ottawa, Ontario
www.gov.nf.ca – click tourism
www.nunanet.com – Reisen in Nunavut Territory
www.nwttravel.nt.ca – Reisen in den Northwest Territories
www.OntarioTravel.net – Reisen in Ontario
www.peiplay.com – Reisen in Prince Edward Island
www.sasktourism.com – Reisen in Saskatchewan
www.TourismNewBrunswick.ca – Reisen in New Brunswick
www.tourisme.gouv.qc.ca – Reisen in Quebec
www.touryukon.com – Reisen im Yukon Territory
www.TravelAlberta.com – Reisen in Alberta
www.travel.bc.ca – Reisen in British Columbia
www.travelmanitoba.com – Reisen in Manitoba
www.travelinx.com – Zugang zu allen Provinzen
www.travel2canada.com
www.visityukon.com – Yukon Territory
www.worldofvacations.com
www.Yukonweb.com/tourism – Übernachtungsmöglichkeiten

Versandhäuser
www.ikea.ca
www.sears.ca
www.leevalley.com

Zeitungen und Magazine
www.alivepublishing.com – kostenloses Gesundheitsmagazin
www.buysell.com – kostenlose Kleinanzeigen, Okanagan-Gegend, BC
www.canada.com – Auswahl von Tageszeitungen verschiedener Städte kreuz und quer durch Kanada
www.interiorbuysell.com – kostenlose Kleinanzeigen, Vancouver und Umgebung
www.canadajournal.ca – monatliches Magazin über Geschäfte, Reisen, Einwanderung
www.deutsche-rundschau.com
www.edmontonjournal.com
www.calgaryherald.com – Alberta
www.freepress.mb.ca – Tageszeitung von Manitoba
www.ippbooks.com – International Press Publications
www.macleans.ca – politisches Magazin
www.montrealgazette.com – Quebecs einzige Tageszeitung in englischer Sprache
www.movingto.com – Magazin für Neuankömmlinge
www.nnsl.com – Zeitung von Yellowknife, NWT
www.NunatsiaqNews.com – Zeitung im Nunavut Territory
www.producer.com – Kanadas Farmerzeitung
www.southam.com – Zeitungen von Alberta, British Columbia, Ontario, Quebec, Saskatchewan
www.straight.com – Vancouvers Stadtzeitung
www.theglobeandmail.com – Tageszeitung *The Globe and Mail*
www.themilepost.com – Buch The Milepost
www.thetelegram.com – Tageszeitung von Newfoundland/Labrador
www.vancouversun.com – Tageszeitung von Vancouver
www.whitewoodherald.sk.ca – Tageszeitung von Whitewood, Saskatchewan

Allgemeine Informationen
www.babelfish.altavista.com – Übersetzt einzelne Wörter und Texte bis zu 150 Wörtern in verschiedene Sprachen
www.betterbusiness.ca – Verbraucherzentrale. Büros der Organisation

finden sie in jeder größeren Stadt.
www.bdc.ca – Business Development Bank of Canada (BDC)
www.canadainfo.com – Informationen zu Business, Finanzen, Industrie, Ausbildung und Erholung
www.candirectory.com – Business-Gesuche der einzelnen Provinzen, Kategorien wie Herstellung, Immobilien, Handel, Annoncieren etc.
www.currency.co.nz – Wechselkurse, Währungskalkulator
www.oanda.com/converter/classic – tägliche Währungen
www.eweekly.com – resource list to help you find exactly what you are looking for
www.germancorner.com – Gelbe Seiten, Kleinanzeigen, Web-Directory
www.GermanEmbassyOttawa.org – Deutsche Botschaft in Ottawa
www.google.com – kanadische Suchmaschine
www.isn.net/newcomers – Prince Edward Island Newcomers Guide
www.mortgage-finder.com – Hypotheken
www.OttawaNews.com – Information von A-Z, Auto, Business, Health, Education, Career and more
www.ssimicro.com – Satellite Network
http://taxes.yahoo.com – Checklist, Tipps, Guide for Investors. Tax calculator
www.worldpages.com – Gelbe-Seiten-Verzeichnis, weltweit

Anmerkung

Dieses Buch erhebt keinen Anspruch auf Vollständigkeit. Gerne bin ich aber bereit, zusätzliche Fragen zu beantworten, soweit mir das möglich ist.
Die viele Leserpost und die sich häufenden zusätzlichen Anfragen haben mich veranlasst einen Beratungsdienst zu führen in Sachen Einwandern, Leben und Urlaub machen in Kanada. Darüber hinaus stehe ich auch für persönliche Beratungsgespräche zur Verfügung. Terminvereinbarungen für ein persönliches Beratungsgespräch bitte nur über mein Büro in Kanada:

G15-C12-RR1,
Winlaw, BC,
VOG 2 JO,
Canada

Die anfallenden Gebühren richten sich nach Umfang und Ausmaß der Anfrage. Bitte fügen Sie einen »Internationalen Antwortschein« bei.
Ich möchte darauf hinweisen, dass sich mit wechselnder politischer

Lage Einwanderungsbestimmungen ändern können und dass dieses Buch nur ein Leitfaden sein soll.
Alle Angaben in diesem Buch wurden sorgfältig recherchiert und entsprachen bei Redaktionsschluss dem gültigen Stand. Da sich die Gegebenheiten mit der Zeit jedoch ändern, sind wir für jeden Hinweis auf Änderungen dankbar, um diese in der nächsten Auflage berücksichtigen zu können. Wenn Sie Stichworte/Themen vermissen oder nützliche Anregungen geben wollen, schreiben Sie bitte an:

Paul Pietsch Verlage
Postfach 10 37 43
70032 Stuttgart
Germany

Der Verlag wird Ihre Anfragen beziehungsweise Anmerkungen dann nach Kanada weiterleiten.
Für eine spätere Neuauflage dieses Buches wäre es für mich auch von Interesse, welche Informationen Ihnen besonders hilfreich waren, welche Erfahrungen und Kenntnisse Sie aus Ihrer Auswanderungs-Praxis gewonnen haben und ob Sie diese vielleicht anderen Auswanderungswilligen zugute kommen lassen wollen.

Die Autorin

Karin Leja, Jahrgang 1947, wanderte mit Ihrem Mann 1988 nach Kanada aus. Um in British Columbia größerer Nähe zur Natur zu leben, gab sie ihren Beruf als Chefsekretärin einer großen Kölner Stahlhandelsfirma auf. Stress und Konsumdenken der Gesellschaft in Deutschland hatte sie zunehmend als Belastung empfunden.
Heute arbeitet sie in den Sommermonaten als Bäckerin in einer Wilderness Lodge, in der sie ihre Backleidenschaft mit grandiosem Naturerleben verbinden kann. Nebenbei betreibt sie auch zu Hause eine kleine Bäckerei.
Ausgedehnte Wanderungen und Kanutouren, ihr großer Garten und das Sammeln von alten Sachen sind neben dem Backen ihre liebsten Freizeitbeschäftigungen. »Mein Leben hat an Qualität gewonnen, seit ich die Pumps meiner Sekretärinnenzeit gegen Wanderschuhe ausgetauscht habe«, sagt sie.

Notizen

Notizen

Notizen

Nichts wie weg!

Ulrich F. Sackstedt
Australien
Dieses Handbuch zeigt den richtigen Weg zum fünften Kontinent.
352 Seiten, 28 Farbbilder
Bestell-Nr. 50431   **€ 24,90**

Ulrich F. Sackstedt
USA
Die Neuausgabe dieses Ratgebers hilft, von Anfang an Ärger, Zeit und Geld zu sparen. Sie zeigt systematisch und verständlich alle wichtigen Schritte auf dem Weg, die begehrte Green Card zu erhalten und in Übersee erfolgreich Fuß zu fassen, informiert über Immobilien, den Arbeitsmarkt und soziale Bedingungen.
320 Seiten, 40 Farbbilder
Bestell-Nr. 50402   **€ 24,90**

Halwart Schrader
Irland
Leben auf der »Grünen Insel«.
224 Seiten, 80 Farbbilder
Bestell-Nr. 50403   **€ 22,–**

Insa Näth
New York
Ganz weit oben auf der Hitliste.
256 Seiten, 39 Farbbilder
Bestell-Nr. 50366   **€ 22,–**

Jan Leek
Schweden
Mittsommernacht und Knäckebrot.
176 Seiten, 68 Farbbilder
Bestell-Nr. 50387   **€ 22,–**

Halwart Schrader
England
192 Seiten, 49 Farbbilder,
2 Zeichnungen, 1 Karte
Bestell-Nr. 50365   **€ 22,–**

IHR VERLAG FÜR ABENTEUER-BÜCHER
Postfach 10 37 43 · 70032 Stuttgart
Telefon (07 11) 2 10 80 65 · Telefax (07 11) 2 10 80 70

Für die Wälder Kanadas

Hugh McManners
Survival total
Überleben nach den Regeln der »Royal Marine Commando«.
192 Seiten, 950 Farbbilder
Bestell-Nr. 50216 € 26,–

Chris McNab
Ernährung draußen
Experten haben sich das Überlebens-Training der Elite-Einheiten angesehen und ausgewertet. Dass man Essbares und Wasser finden und bekömmlich machen kann, sind zwei der wichtigsten Voraussetzungen, um in der Wildnis zu überleben. Wie man sich mit und ohne Hilfsmittel draußen ernähren kann, zeigt dieses Buch.
176 Seiten, 115 Zeichn.
Bestell-Nr. 50438 € **14,90**

Matthias Hake
Field Manual
Über Trecking- oder Hikingtouren.
256 Seiten, 29 Bilder, 40 Zeichn.
Bestell-Nr. 50352 € **16,–**

Jan Boger
Alles über Survival
Ausrüstung, Technik, Fertigkeiten.
152 Seiten, 257 Bilder
Bestell-Nr. 50025 € **22,–**

Garth Hattingh
Outdoor Survival
Hilfe für's Überleben in der Natur.
160 Seiten, 367 Farbbilder
Bestell-Nr. 50400 € **26,–**

Volker Lapp
Wie helfe ich mir draußen
»Der Lapp« – völlig überarbeitet.
346 Seiten, 18 Bilder, 243 Zeichn.
Bestell-Nr. 50432 € **12,90**

Stand November 2003 – Änderungen in Preis und Lieferfähigkeit vorbehalten

IHR VERLAG FÜR ABENTEUER-BÜCHER **pietsch**
Postfach 10 37 43 · 70032 Stuttgart
Telefon (07 11) 2 10 80 65 · Telefax (07 11) 2 10 80 70